FSC
www.fsc.org
MIX
Papier aus ver-
antwortungsvollen
Quellen
Paper from
responsible sources
FSC® C105338

Seelenhunde

Geschichten & Erfahrungen

Von ganz besonderen Hunden...
...aus einer anderen und gestreiften Welt

Von

Stefan Klink

IMPRESSUM

Bibliografische Information der Deutschen Nationalbibliothek:
Die Deutsche Nationalbibliothek verzeichnet diese Publikation in der Deutschen Nationalbibliografie; detaillierte bibliografische Daten sind im Internet über www.dnb.dnb.de abrufbar.

Titel: Seelenhunde…Geschichten & Erfahrungen

Umschlaggestaltung: Stefan Klink
Umschlagfotos: Stefan Klink
Fotos / Bilder: Stefan Klink
Text / Gestaltung: Stefan Klink

Buch-Seite / Homepage: www.hund-mit-streifen.de

Verlag: BoD · Books on Demand GmbH, Überseering 33, 22297 Hamburg, bod@bod.de
Druck: Libri Plureos GmbH, Friedensallee 273, 22763 Hamburg

ISBN: 978-3-8192-6265-4

Dieses Buch ist meinem treuen und gestreiften Freund *Pablo* gewidmet.
Einem echten „Hund mit Streifen", mehr als nur ein treuer Weggefährte,
mehr als nur ein ganz besonderer Freund auf seinen vier Pfoten!
Seine einzigartigen, wundervollen und funkelnden Bernstein-Augen
erloschen am 05. Juni 2021, als er in meinen Armen starb.
Unvergessen, mein kleiner tapferer und gestreifter Krieger!
Pablo lebt in unseren Herzen weiter…
„Para Siempre"…für immer, mein treuer Freund und Weggefährte!

Fast zehn Jahre lang sind wir gemeinsam und unaufhaltsam unseren steinigen Weg des Lebens gegangen. Haben von unseren etwas „anderen" Hunde-Geschichten, von unseren gemeinsamen Erlebnissen und all unseren Abenteuern erzählt und in diese Welt getragen.
Seite an Seite kämpften wir für all die „Vergessenen", verliehen all diesen Hunden so eine reale Stimme und haben diese Welt vielleicht ein kleines Stückchen gemeinsam bewegt, vielleicht sogar so manchen ein kleines Stückchen Hoffnung gegeben, für all diese Hunde in den Tötungsstationen, Heimen und dem ehrlichen Tierschutz, die immer noch auf ihre kleine Chance auf ein besseres Leben, ein schönes Zuhause und nicht zuletzt auf ihren ganz besonderen Menschen hoffen und warten…

So viele Freunde und Seelen (auf zwei wie auch auf vier Beinen) sind in den letzten Monaten und bei der Arbeit an diesem Buch von uns gegangen, dass es wirklich sehr schwerfällt, so manche Zeile hier zu schreiben.
Aber einen ganz besonderen Freund auf vier Pfoten möchten wir hier nicht vergessen, weil er uns in all den Jahren so manches wo wir unsere Bücher schreiben, uns so manches Abenteuer und Geschichten aus seinem Leben und Alltag erzählt und uns allen geschenkt hat!
Lieber Rivan, wo auch immer du jetzt bist, in unseren Gedanken lebst du ewig weiter und bleibst für uns alle unvergessen.

 # Inhalt:

Vorwort

Werte Leser dieses Buches, sehr geschätzte Hunde & Tierschutz-Freunde!

Herzlich willkommen in unserer etwas „anderen" und gestreiften Hunde-
Welt. Dies ist nicht einfach nur irgendein weiteres Hunde- oder Tierschutz-
Buch in dieser Welt. Oder nur eine kleine Reise und ein tiefer Einblick in die
reale und wahre Welt von echten Seelenhunden!
Begleitet uns einfach ein kleines Stück unseres gemeinsamen Weges,
begleitet uns durch all die folgenden Geschichten.
Denn das sind all die Geschichten von zahlreichen und realen Menschen,
die ihren persönlichen Seelenhund gefunden haben, oder als treuen
Begleiter durch das eigene Leben an ihrer Seite haben / hatten.
Vielen merkwürdigen Dingen werden wir auf unserer gemeinsamen Reise
durch dieses Buch begegnen, vielleicht aber auch die ein oder andere Frage
endlich zu diesem Thema der Seelenhunde beantworten können?!
Manches nennt sich Hoffnung, Liebe und Vertrauen.
Manch anderes nennt sich aber auch Trauer und tiefer Schmerz.
Folgt uns, in eine andere Welt, in die Welt der Seelenhunde!
Eine Welt zwischen „Zeit und Raum", die man nicht immer mit den richtigen
oder den passenden Worten erklären kann.
Dies alles sind wahre, reale und erlebte Geschichten!
Geschrieben und erzählt von zahlreichen und ganz besonderer Menschen,
die in ihren treuen und gestreiften Weggefährten auf vier Pfoten mehr
sehen, als nur ein Tier oder gar „nur einen Hund".

Anmerken muss ich natürlich zu diesem Buch hier (wie eigentlich immer an dieser Stelle und zu all unseren Büchern), dass von uns niemand (die hinter den Kulissen des Buches) und zu keinem Zeitpunkt der Gestaltung dieses Buches großen Wert gelegt wurde, die Form der Texte, die direkte Text-Gestaltung und das geschriebene Wort (auch abseits gültiger Rechtschreib-Reformen usw.) in den Vordergrund zu stellen!

Viele Texte und Zeilen entstammen meinen freien Gedanken und wurden lediglich hier zu Papier gebracht. Auch lag es mir wirklich fern, manches in der Weise / Schrift-Form, oder direkten Gestaltung zu verändern und „schön" zu schreiben, zu verfremden, oder gar zu beeinflussen! Dies gilt insbesondere für all die Zeilen, Texte und Gedanken all der Menschen, die an diesem Buch mitgewirkt haben! Das dies natürlich so manchen Buch-Kritiker, Schriftkünstler oder studierten Grammatikologen auf das Programm ruft, oder zur absoluten Höchstform auflaufen und erzürnen lässt, ist mir / uns absolut bewusst! Aber was soll es! Warum muss oder soll in dieser modernen und verrückten Welt alles immer wirklich PERFEKT und vollkommen sein?! Das ist ein wirklich ehrliches Buch, erzählt wahre Geschichten, reale Erlebnisse und ein Stück echt erlebter Alltag von mir und zahlreichen anderen Menschen / Hundehaltern!

Bekanntlich liest sich die Wahrheit oftmals und vollkommen anders, als es sich der einzelne Betrachter / Leser vielleicht nur zu gerne wünscht?!

Man sollte generell dieses Buch einfach so sehen, wie es das wahre Leben und die tägliche Realität vorgibt! Anders halt, mit all ihren vielen Ecken und Kanten...dennoch sehr liebenswürdig und wirklich einzigartig!

An dieser Stelle wünsche ich / wir nun viel Spaß mit diesem etwas „anderen" und vielleicht für manchen Leser ein etwas ungewöhnliches Buch, unterhaltsame und natürlich auch viele nachdenkliche Stunden, in der Welt dieser Seelenhunde.

DANKE für Ihr / Dein Verständnis! 

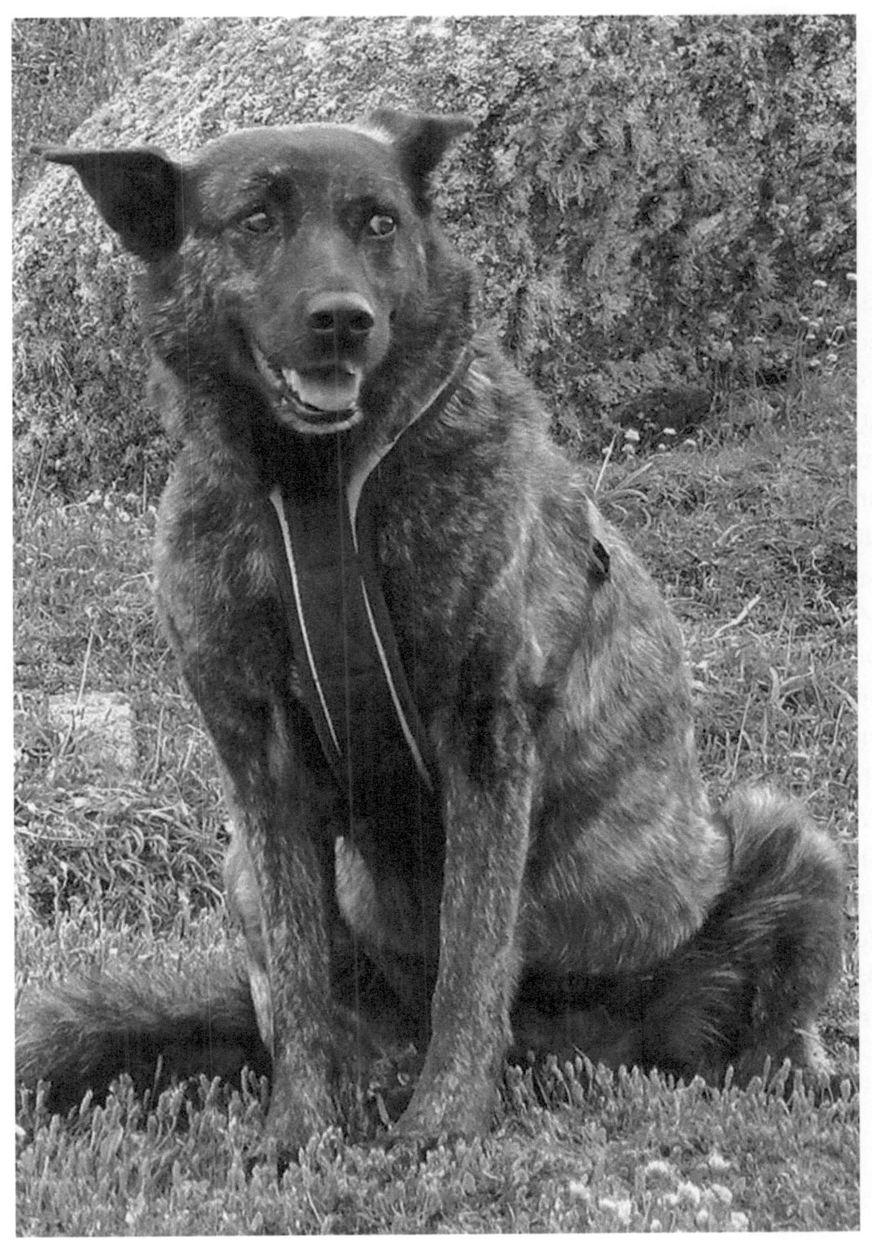

Kapitel 1

Der Seelenhund

Es ist wirklich sehr schwer, einem anderen Menschen zu erklären, was ein echter „Seelenhund" wirklich ist, oder dieser für uns tatsächlich bedeutet.
Vor allem dann, wenn dieser Mensch selbst leider noch nie das große Glück erlebt hatte, einen solch einzigartigen und ganz besonderen Hund kennen zu lernen, oder gar selbst als treuen Begleiter durch unser Leben schätzen und lieben lernte.
Nicht einfach nur ein Hund, so wie vielleicht viele andere auf ihren Pfoten!
Auch nicht einfach nur ein gewöhnliches Haustier, oder felliges Familien-Mitglied in unserem Alltag und eigenen Leben.
Dieser eine ganz besondere Hund, der uns und unseren Alltag mehr als nur bereichert, uns Trost spendet in harten Zeiten, uns immer treu ergeben ist, uns Tag für Tag unbestechlich zur Seite steht und auch auf unseren Wegen stets begleitet.
Wie ein echter „Fels in der Brandung des Lebens", der jedem Sturm des Alltags und im wahren Leben trotzt.
Uns Tag für Tag bedingungslos sein Herz, seine grenzenlose Treue und sein Vertrauen schenkt, über uns wacht und auch beschützt.
Das ist das, was viele Menschen einen echten Seelenhund nennen!
Sein ganzes Leben lang, bis zu seinem letzten Atemzug...

Stefan Klink

Der Seelenhund

Ein ganz sensibler Begriff, die Seele eines Lebewesens, eine
Seelenverbindung, ein Seelenhund, von dem wir alle schon einmal gehört
haben und diesen Begriff wahrscheinlich auch schon selbst benutzt haben?
Aber was versteht jeder EINZELNE wirklich unter diesen Begriffen zum
Thema Seelenhunde?
Ich persönlich denke, es gilt diesen Begriff individuell zu empfinden und
diese Empfindung diesem bereits bestehenden Begriff zuzuordnen.
Wir wissen also grundsätzlich, praktisch und / oder theoretisch, was es mit
diesem Begriff auf sich hat. Über die Bedeutung des Begriffes Seele, sind
wir uns alle im GROSSEN UND GANZEN sicherlich einig?!
Über den tatsächlichen Inhalt dieser Bedeutung dürfte wahrscheinlich jeder
sehr individuell nachdenken, fühlen, empfinden, denn um ihn zu benutzen,
muss man annehmen oder glauben, eine echte Seelenbegegnung gehabt zu
haben, oder eine Seelenverbindung eingegangen zu sein.
Grundvoraussetzung ist schlechthin auch der Glaube an etwas, welches
man mit dem Wort Seele beschreiben, aber nicht mit den Händen greifen
oder berühren kann.
Seele, Seelenverbindung und / oder Seelenhund muss man also für sich
persönlich und ganz speziell definieren können, um überhaupt annehmen
zu können, eine solche Berührung erlebt zu haben oder eine solche
Verbindung eingegangen zu sein.
Aber hierfür muss ein Bewusstsein dafür vorliegen, was dieser Begriff für
einen selbst bedeutet und wie man überhaupt sein eigenes Seelenleben
empfindet, erlebt und definiert.
Wer überzeugt ist, niemals einem Seelenhund oder einem Seelen-
Verwandten begegnet zu sein, hat andersherum betrachtet aber auch seine
feste Vorstellung darüber, was es für ihn selber zu bedeuten hat, oder wie
es sich anzufühlen hat.

Denn sonst könnte er ja nicht annehmen, noch nie damit konfrontiert worden zu sein!?

Andersherum kann natürlich auch hier einfach der Glaube daran fehlen, sodass es zu dieser definierten Bezeichnung auch nicht kommen kann, man selber nicht erkennt oder benennen kann, was man persönlich wahrnimmt.

Die Bezeichnung Seelenhund ist für mich ein extrem tiefes und sehr intimes Gefühl für ein Mitgeschöpf und anderes Lebewesen, welches mir persönlich immer schon sehr am Herzen lag und liegt, mit dem ich persönlich schon mein ganzes Leben lang zu tun hatte / habe.

Dies alles zu beschreiben, ist gar nicht mal so einfach!

Wenn man es dann genauer in Worte fassen soll, weil es halt ein tiefes und sehr persönliches Gefühl ist, eine Empfindung ist, welche uns ganz intensiv und sehr besonders berührt, einen Hafen in unserem Selbst sucht, von dem wir vielleicht nicht einmal genau wissen, wo dieser verborgen liegt.

Aber genau zu empfinden, dass unsere Seelenverbindung ihn gefunden hat und dort eingefahren ist, sei es der Seelenhund, die Seelenkatze, der Seelenmensch oder auch der Seelenverwandte.

Ich persönlich glaube, dass man eigentlich mit jeder Spezies eine tiefe Seelenverbindung eingehen kann.

Wer z.B. einen Hund seinen Seelenhund nennt, tut dies persönlich ganz sicher aus einem sehr großen und intensiv erlebten Gefühl heraus, oder aus einer qualitativ sehr tiefen Bindung zu seinem Mitgeschöpf.

Hier spielt sich ein gegenseitiges SUCHEN UND FINDEN ab, ohne überhaupt bewusst diese Suche angestrebt zu haben.

Aber wir empfinden ein übermächtiges Gefühl, wenn beide Geschöpfe sich an einem gemeinsamen Ort gefunden haben, sich dort ihre Seelen berühren und das Gefühl sich entfaltet, dass das Glück perfekt ist, wenn man seinen Seelenhund fühlt, spürt, sich mit ihm auf einem Niveau von Liebe und Vertrauen austauscht und begegnet.

Zumindest ist das meine persönliche Interpretation dazu.

Das Gefühl, ein Geschöpf in seiner Nähe zu wissen und in dieser Nähe einfach nur Vertrauen und Zufriedenheit zu empfinden, ohne zu fordern, ohne Fragen stellen zu müssen, jeden Atemzug mit einem Gefühl der Verbundenheit aufzunehmen, jeden Blick in sich aufzusaugen und einfach zu spüren, was der andere empfindet, glaubt zu wissen, was der andere fordert, erwartet, benötigt und immer versucht, einen ausgeglichenen Gefühlszustand füreinander zu erreichen und zu erhalten.

Vor allem aber, damit man kein Leid, Unglück oder Schmerz des anderen empfängt, denn unter negativen Gefühlslagen des anderen leidet man selber sehr gleichwertig mit, dann bedeutet das für mich, dass ich meinen Seelenhund gefunden habe.

Ich persönlich glaube, wenn sowohl Mensch als auch Tier bereits gegenseitig auf die bestehenden positiven und negativen Gefühlslagen reagieren, sodass sich Freude, Glück und Schmerz 1:1 auf den anderen übertragen, dann haben sich unsere Seelen nicht nur berührt, dann haben sie sich verbunden und gefunden.

Wer diesen Zustand noch nie erlebt hat, der dürfte jetzt annehmen, dass Menschen die davon berichten und erzählen, ein besonderes Talent besitzen, maßlos zu übertreiben, sich Dinge einzubilden, Dinge fehl zu interpretieren und in extremer Weise ein Wunschdenken an den Tag legen.

Was auch immer diese Empfindungen ankurbelt, was auch immer andere Menschen darüber zu denken vermögen, es ist für viele Menschen real, selbst wenn ihre Erklärung dazu andere Worte findet.

Am Ende wissen alle, worüber man spricht, wenn es um einen Seelenhund geht und man selber einen solchen besitzt oder besaß.

Warum findet man manchmal diese tiefe Verbindung nicht?

Wir Menschen versuchen leider viel zu oft nur Zustände als möglich zu akzeptieren, wenn sie erklärbar sind, belegbar sind, messbar sind oder zu beweisen sind. Wir sind in diese realistische Denkweise natürlich auch hinein erzogen worden. Für alles hat es eine Erklärung mit Beweis zu geben.

Als Kind sind wir noch nicht so extrem an vorgegebene und messbare Wahrheiten gebunden. Wir sind als Kinder unglaublich gefühlsbetont, sehr intuitiv, phantasievoll, was uns oft andere und sehr viel tiefere Einblicke und Verbindungen zu anderen Lebewesen gewährt.

Die freie und nicht fordernde Art von Kindern auf andere Lebewesen zuzugehen, sich auf sie selbstverständlich einzulassen, lässt meines Erachtens nach sehr oft Seelenverbindungen zu, auch wenn man sich als Kind überhaupt nicht wirklich darüber bewusst ist.

Wie oft berichten erwachsene Menschen später von ganz außergewöhnlichen Freundschaften zu Tieren, die sie als Kinder schon einmal erlebt hatten!

Oft berichten Menschen darüber, dass es ihnen als Kind generell viel leichter fiel, mit Tieren umzugehen, denn sie waren offen und frei von Vorurteilen oder vorgegebenen Maßstäben.

Kinder empfinden auf eine unbekümmerte reine und offene Art und Weise, wie Tiere es auch tun. Sie verlassen sich auf ihre Instinkte, handeln spontan aus dem Gefühl und der Situation heraus.

Natürlich können auch Kinder hier blockiert sein, wenn sie z.B. mit einer Spezies schlechte Erfahrungen gemacht haben, oder von ihrem Umfeld negativ beeinflusst wurden und mit Vorurteilen konfrontiert werden.

Wenn Eltern ihren Kindern in Bezug auf Hunde immer wieder sagen, dass alle Hunde beißen, dann könnte ein Kind annehmen, dass Hunde generell beißen und folge dessen gefährlich und gemein sind.

Eine solche Spezies würde ich dann auch lieber meiden wollen und hätte wahrscheinlich bereits gewisse Ängste aufgebaut.

Wir alle, egal ob Mensch oder Tier, besitzen alle eine große Persönlichkeit und in dieser Persönlichkeit ist meines Erachtens auch unser Seelenteil zu finden. Wir bestehen körperlich und geistig, daran dürfte kein Zweifel bestehen, auch wenn dieses Bewusstsein natürlich nicht jeder Lebensform zugesprochen wird.

Aber es kommt auch immer darauf an, wie und ob wir überhaupt eine
Verbindung zu einem anderen Lebewesen eingehen möchten?!
Denn erst dann erhält das Wort Persönlichkeit / Geist / Seele ein ganz
anderes Ausmaß, ein Ausmaß an Wichtigkeit.
Ich bin mir sicher, dass wir die ganze Persönlichkeit, die geistige Ebene
eines anderen Lebewesens nur empfangen können, wenn wir uns offen und
ohne Vorbehalt darauf einlassen.
Es sind immer zwei Geschöpfe / Lebewesen dafür nötig!
Zwei, die sich vielleicht nicht gesucht, aber dennoch gefunden haben.
Es schützt uns natürlich auch, wenn wir von vorneherein keine tiefere
Verbindung / Bindung suchen oder gar zulassen.
Wenn das Gefühl zu einem Mitgeschöpf fehlt, dann bleiben wir unberührt
und unversehrt, wenn es diesem Mitgeschöpf, aus welchem Grund auch
immer, nicht gut geht. Tiere (insbesondere Hunde) machen es uns leichter,
mit ihnen eine sehr tiefe und bedeutsame Bindung einzugehen.
Ich habe immer das Gefühl, dass es für viele Menschen generell einfacher
ist, zu einem Tier eine Seelenverbindung aufzubauen, als zu einem anderen
Menschen. Vielleicht auch gerade deswegen, weil es nichts Ehrlicheres als
ein Tier gibt und ein Tier vorbehaltlos auch vertrauen kann.
Ich nehme an, dass der Grund dafür darin zu finden ist, dass wir durchaus
wissen, dass ein Tier ein tiefes und persönliches Gefühl unsererseits, eine
Form von Ehrlichkeit und Verbundenheit, nicht missbrauchen wird und uns
in der Beziehung nicht enttäuschen wird.
Haben wir Menschen nicht schon oft in unserem Leben durchaus das
Gefühl erlebt, in einem Menschen einen Seelenverwandten gefunden zu
haben, gegenüber dem wir eine tiefe und sensible Ehrlichkeit offenbart
haben und mussten dann bedauerlicherweise feststellen, dass Menschen
durchaus die Fähigkeit besitzen und auch einsetzen, dieses persönliche
Wissen vielleicht irgendwann gegen einen selbst einzusetzen, zu
missbrauchen, einen also maßlos enttäuscht haben?

Wer mag es uns wirklich verdenken, dass wir viel eher bereit sind, eine so tiefgreifende und vertrauensvolle Verbindung mit einem tierischen Mitgeschöpf einzugehen, denn der Einzige der dieses Vertrauen, diese tiefe Bindung noch verletzen könnte, wären nur wir selbst.
Schon als Kind fand ich die tiefen und bedeutsamen Verbindungen zu all den Tieren.
Ich selber erinnere mich an einige solcher Verbindungen zu Tieren und mich als Kind. Ich weiß auch, dass ich als Kind eine weitaus ungezwungenere und viel offenere Art Tieren gegenüber besaß.
Ohne Vorurteile, ohne Angst, ohne viel Wissen, ohne sich über alles Gedanken und Sorgen zu machen, ist man auf ein Tier eingegangen, auf das Tier zugegangen und völlig selbstverständlich mit ihm umgegangen.
Das Tier hat spürbar dasselbe erwidert, oder halt auch nicht.
Aber wenn ich mich als Kind zu einem Tier hingezogen gefühlt habe und dieses Tier sich ebenfalls zu mir, dann hat sich die Qualität der Beziehung zueinander ganz klar von anderen deutlich unterschieden.
Sie war unglaublich intensiv und unglaublich vertrauensvoll, selbstverstehend und selbsterklärend, was nicht heißt, dass die Qualität zu anderen Tieren schlechter war.
Hier erkennt man aber die Wichtigkeit, dass für eine Seelenverbindung die Bereitschaft diese einzugehen unabdingbar von beiden Seiten nötig ist.
Erst dann wird sich diese Verbindung entwickeln und an Tiefe annehmen.
Wenn wir erwachsen werden, blockieren wir häufig unsere offene Art und unsere Fähigkeit diese tiefen Strukturen anzunehmen, oder überhaupt richtig zu erkennen.
Wir hinterfragen viel zu viel, wir machen uns viel zu viele Gedanken über alles und jeden und verstehen es nur noch selten ungezwungen und offen auf etwas zuzugehen, auf etwas einzugehen, ohne große Erwartungen an den anderen zu stellen, offen für das zu sein, was passiert und wie sich das alles so entwickelt.

Wenn wir erwachsen sind, möchten wir uns ungerne überraschen lassen,
denn es könnte ja auch etwas sehr Negatives sein. Wir möchten gerne alles
genau im Vorfeld planen, so z.B. auch eine Anschaffung eines Tieres.
Wir glauben, dass Planung uns eine gewisse Sicherheit bietet.
Wir werden auch von unserem Umfeld beeinflusst, oder unsere
Erfahrungen stellen sich uns allzu oft in den Weg.
Wir wissen schon bevor ein Hund bei uns einzieht, was wir erwarten von
diesem Tier, wie es sich entwickeln soll, was wir im Verhalten bevorzugen
würden und was wir überhaupt nicht akzeptieren möchten.
Das alles sind die schlechtesten Voraussetzungen, weil uns die Reinheit, die
Klarheit und Offenheit fehlt, nämlich dann genau dieser neuen Seele
ungezwungen zu begegnen und auch die Persönlichkeit dieses Lebewesens
wahrzunehmen und ihr eine wichtige Berechtigung zugestehen.
Auch die Betrachtungsweise einer anderen Spezies ist für diese Verbindung
für mich persönlich von großer Bedeutung.
Wenn ich immer nur von einem Hund spreche, davon was Hunde tun, was
Hunde tun dürfen, was Hunde tun sollen, dann blockiere ich mich und auch
den Hund maßlos und reduziere den Hund auf Werte und Maßstäbe, die
nur von einem Menschen so vorgegeben werden können.
Wenn ich in einem Hund ein Lebewesen sehe, welches artgerechte
Bedürfnisse hat, eine völlig eigenständige Persönlichkeit besitzt, dann kann
ich diesem Lebewesen viel offener begegnen, eine authentische
Verbindung schaffen, einen Zugang zu viel tieferen Ebenen, die das
entdecken der Seele doch erst möglich machen.
Es geht dabei auch nicht darum einen Hund zu vermenschlichen, was auch
fatal und unfair wäre.
Aber wir sollten diesem Lebewesen mit Faszination, Offenheit, Ehrfurcht
und Neugier begegnen und es nicht auf Dinge reduzieren, die halt von
Menschen so vorgegeben werden und vor allem in der Vergangenheit sogar
falsch vorgegeben wurden.

Mein Hund kann mein Beschützer von Haus und Hof sein, mein persönlicher Wächter und auch Vertrauter, mein Jäger an meiner Seite, meine Unterstützung im Alltag, über einen vernünftigen Gehorsam verfügen und trotzdem kann daraus etwas viel Größeres entstehen, als nur die Nutzung der Eigenschaften dieses Lebewesens.

Aber auch zum besten Freund, den wir in einem Menschen schon lange nicht mehr finden.

Wenn ich meinem Tier nur mit Erwartungen begegne, dann würden wir zwar schon zusammenleben, dass Tier würde sicherlich auch voll und ganz versuchen unseren Erwartungen zu entsprechen, seine Aufgaben gut zu erfüllen versuchen, aber wir würden kein Leben im tieferen Sinne miteinander führen, die Tiefe der Beziehung würde wahrscheinlich ausbleiben und dann würden wir auch niemals berichten können, in diesem Hund unseren Seelenhund gefunden zu haben.

Es kann aber auch passieren, dass wir ein ganz großes und sehr tiefes Gefühl für ein Lebewesen empfinden, dieses tiefe Gefühl nach Erwiderung lechzt. Wir streben an, in diese Beziehung viel tiefer einzutauchen, aber wir stellen enttäuscht fest, dass von der anderen Seite keine so innige und tiefe Erwiderung eintritt.

Die Qualität zwischen den zwei Spezies kann auch dann einwandfrei sein, denn ein Mensch / Tier Beziehung funktioniert auch ganz wundervoll, wenn man nicht unbedingt das Gefühl verspürt, hier eine tiefe Seelenverbindung erreicht zu haben.

Man kann diesen Zustand nicht erzwingen!

Denn er muss von ganz alleine entstehen, wachsen und sich entwickeln.

Aber auch wenn am Anfang ein Mensch / Tier Beziehung vielleicht noch kein Ansatz von Seelenverbindung zu spüren war, kann es im Laufe der Zeit auf ganz wundervolle Weise dann doch irgendwann passieren.

Deshalb sollte man die eigene und persönliche Suche, nach so einer wundervollen und einzigartigen Verbindung, niemals unter Zwang stellen!

Aber auch niemals diese persönliche Suche aufgeben, oder gar daran zweifeln, denn die passenden Seelen werden immer einen / ihren Weg finden, sich irgendwann und irgendwo zu treffen.

Anuschka Schöle

Mein Seelenhund

Sehr schwierig für mich zu beantworten, obwohl es für die meisten klar ist,
dass es sie wirklich gibt, diese Seelenhunde. Aber nur den einen?
Oder doch mehrere in unserem Leben?
Was genau macht sie aus?
Für mich zumindest ist klar, Anouk ist mein Seelenhund.
Er sieht mich, mehr als jedes andere Lebewesen.
Er kennt mich besser, als ich mich selbst kenne. Er weiß einfach alles!
Er sieht in alle Ecken meiner Seele, die ich selbst nicht sehe.
Wir fühlen unser Leid.
Wir kommunizieren über unsere Seelen.
Vielleicht ist es das, was es wirklich nur einmal im Leben gibt?!
Trotzdem; einige Hunde haben inzwischen mein Leben verändert und auch
auf den Kopf gestellt. Mich als Mensch zu dem gemacht, was ich heute bin.
Meine Einstellungen gebildet, mich begleitet und auch sehr geprägt.
Ich lebe so wie ich lebe, durch meine Hunde.
Auch mein Hund Jana hat tief in meine Seele geblickt.
Sie hatte mir Stärke und großen Halt gegeben, in einer Zeit, in der ich es so
sehr brauchte. Als sie ging, ist ein Teil in mir mitgegangen.
Ich war nicht mehr ich selbst. Und ich bin mir sicher, dass sie es war, die
mich aus ihrer neuen Welt heraus geheilt hat.
Vielleicht ist es der Unterschied zu all den Menschen, denn sie war immer
an meiner Seite und immer für mich da. Sie hatte mich gehalten, mich
gerettet, so wie vielleicht ich sie, aber Anouk weiß eben mehr und könnte
es vielleicht auch besser hier erklären.

Miriam Berthold

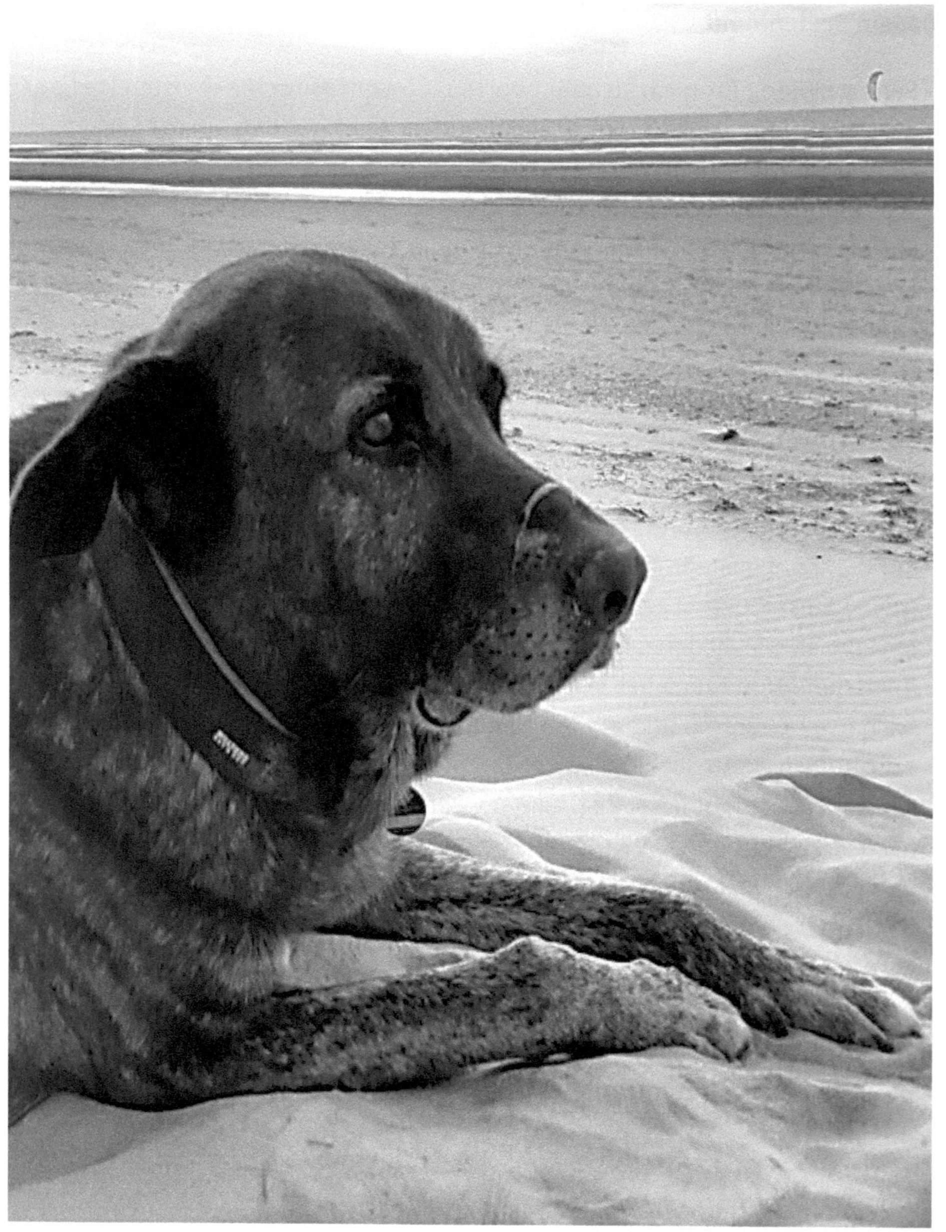

Seelenhunde

Sie wohnen unter Deiner Haut, mitten in Dir drin und einen Zentimeter links
vom Herzen. Es ist die Stelle, an der die Seele ihren Mittelpunkt hat und wo
alle unsere Tränen und Lachfalten ihr Zuhause haben.
Sie sind immer bei Dir, begleiten Dich durch Euer gemeinsames Leben und
bleiben auch da, wenn sie schon lange gegangen sind.
Sie fangen Dich auf, wenn Du fällst, und sie stützen Dich, wenn Du keine
Kraft hast. Da, wo sie sind, ist der Ort, an dem Du zuhause bist.
Seelenhunde sind der Anker, an dem Dein Leben hängt.
Euch verbindet ein unsichtbares Band wie aus Gummi und je weiter Ihr
auseinander seid, desto mehr zieht es Euch zurück.
Eure bittersten Tränen verschwinden, wenn sie sich auf Eurem Schoß zu
einem Kringel zusammenrollen.
Ihre großen Erlebnisse und kleinen Erfolge lassen Euch jedes Mal lachen
und die gemeinsame Freude lässt Euch alle Sorgen vergessen.
Wenn andere Dinge Stress und Anspannung in euer Leben gebracht haben,
sind sie da und zeigen Euch den Weg nach Hause.
Gemeinsame Spaziergänge und Abenteuerreisen sind wie eine frische Brise
in der Seele, die Euch alles Vorausgegangene vergessen lassen.
Seelenhunde reparieren Deine Seele und auch Dein Herz, jeden Tag
mehrmals und immer wieder.
Sie machen es einfach so und ohne jede Mühe.
Sie sind immer da, wenn Du sie brauchst, und sie sind immer dort, wo Du
bist. Manchmal sind sie der Grund, warum Du überhaupt noch aus dem
Bett aufstehst und oft sind sie der letzte Anlass, doch noch einmal das Haus
zu verlassen und vor die Tür zu gehen.
Wie viele Leben sie wohl schon auf diese Art und Weise gerettet haben?
Sie halten Dich auf Trab und in Bewegung - und sie bringen immer wieder
neue Dinge in Dein Leben.

Sie sind Deine Tankstelle und die Salbe auf den Narben des Lebens.
Seelenhunde sind ein untrennbarer Teil von Dir und kein Skalpell der Welt
kann diese Verbindung trennen.
Sie sind die Pfadfinder, wenn Ihr Euch verlaufen habt, und sie sind die
Lotsen, wenn Ihr nicht mehr weiter wist.
Sie nehmen Euch jeden Tag mit in ihre Welt.
Sie holen Euch ab und sie bringen Euch jedes Mal heil und unversehrt
zurück. Manche sagen, sie könnten zaubern und Wünsche erfüllen, die
Worte nicht aussprechen können. Andere wissen, dass sie Eure Sehnsüchte
und Träume erkennen, bevor Ihr es selber könnt.
Seelenhunde sind die Liebe und die Wärme in Eurem Herzen.
Sie sind die letzte Zuverlässigkeit in der Welt, wenn alles andere euch
verlassen hat. Sie lieben Euch ohne Ansehen Eurer Person.
Ohne Blick auf Eure Herkunft, Euer Aussehen oder Eure Kontoauszüge.
Ihnen ist es egal, ob Ihr in einer kleinen Villa mit großem Garten oder in
einem Hochhaus im achten Stock wohnt.
Ihr braucht einfach nur da sein und ihr braucht nichts weiter zu machen, als
ihre Liebe in Euren Herzen zuzulassen.
Sie öffnen die Tür zur Seele und Ihr braucht nichts weiter zu tun, als sie rein
zu lassen.
Seelenhunde sind der Grund, warum Du bist. Und sie sind der Grund,
warum Du jeden Tag erneut die Kraft hast, einen Tag mehr zu leben!
In meinen Gedanken bei „Fly", meinem wundervollen und wirklich
einzigartigen Seelenhund.

Heike Hirschka

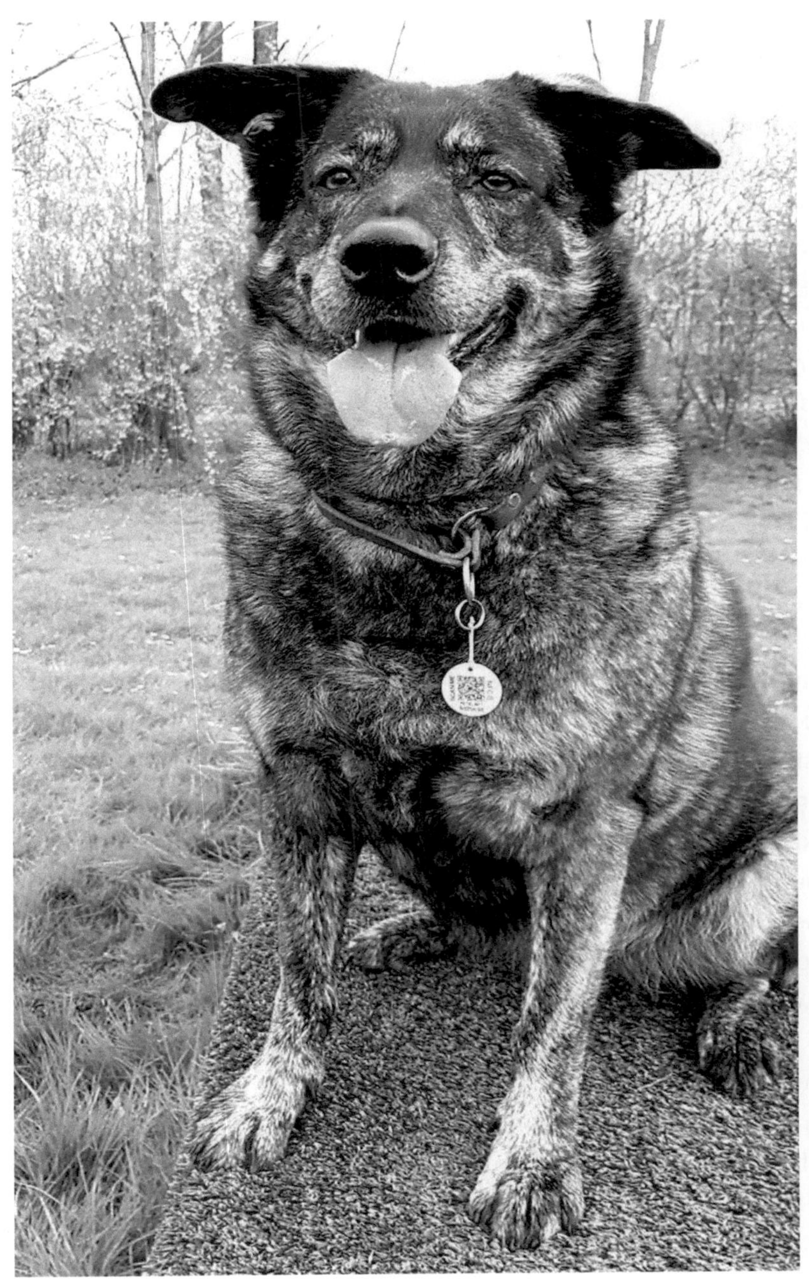

All meine Seelenhunde

Viele fragen sich, gibt es sie wirklich?

Diese Hunde, die einem in die Seele wachsen und auch wenn sie gehen, ein
großes Stück des Herzens rausreißen. Man kann vieles nicht verstehen im
Leben, aber sobald man mit dem Hundevirus infiziert ist und auch ein total
inniges Verhältnis zu seinem treuen Vierbeiner hat, spätestens dann weiß
man was das Wort Seelenhund bedeutet.
Für mich sind meine Vierbeiner mehr als einfach nur ein Tier!
Sie sind meine treuen Wegbegleiter, ein Familienmitglied und nicht nur ein
Lebewesen auf vier Pfoten. Auch wenn wir wissen, dass sie uns nur für eine
Zeit gegeben sind und wir uns irgendwann von Ihnen trennen müssen, so ist
die Zeit die man miteinander verbringt eine Bereicherung für uns und man
lebt diese sehr intensiv.
Vor allem weiß man aber auch, sie nehmen uns wie wir sind! Von ihnen
kommen keine Vorurteile du bist hässlich etc., nein sie sind immer für uns
da, mit einer bedingungslosen Liebe die dir kein Mensch jemals geben kann.
Und wer sehr intensiv mit seinem treuen Gefährten zusammenlebt,
versteht dies alles auch ohne Worte.
Bei mir sind es mittlerweile gut über 40 Jahre, das ich persönlich das
wirklich große Glück habe, dies alles zu erleben.
Es begann alles mit meinem zwölften Lebensjahr, als mein Stiefvater mit
seiner Hündin in unsere Familie kam. Es war eine kleine schwarze
Mischlings-Hündin, wo niemand weiß was wirklich drinnen war.
Sie war auch die erste Hündin, die ich bewusst miterleben durfte.
Didi wurde als Welpe mit nicht mal acht Wochen einfach über einen
Gartenzaun geworfen. Die Gartenbesitzerin wollte Sie nicht behalten und so
kam die kleine Maus zu meinem Vater und seiner Mutter.
Die beiden übernahmen die Aufzucht und Didi wurde zum Herzensmädchen
von meinem Vater, auch ich schloss dieses kleine entzückende Wesen
gleich in mein Herz. Sie hatte auch ein ganz besonders und süßes Merkmal.

Grundsätzlich waren es richtige Steh-Öhrchen, aber das eine war etwas breiter und wenn Sie aufmerksam schaute, dann standen beiden erst einmal gerade hoch und nach geraumer Zeit fiel das eine um, darum bekam Sie auch den Spitznamen „Fledermauserl" (wie man hier bei uns in Österreich zu bestimmten Tieren mit solch riesigen Ohren zu sagen pflegt).
Es war ein ganz besonderes Mädchen! Nervenstark bis zum geht nicht mehr, sogar zu Silvester stand sie ohne Leine draußen mit uns und schaute den Raketen zu, sehr verschmust, so dass man sie kraulen konnte bis zur Ektase. Egal ob dir die Hände schon weh taten und sie war ein kleiner Balljunkie. Wenn wir im Hof spielten und Didi kam, hieß es schnell den Ball in Sicherheit zu bringen, denn sie kam immer mit Vollgas angeflogen, mit ihrem rotierenden Schwanz. Das sah aus wie ein Propeller.
Am allerliebsten genoss sie Karotten und Walnüsse, die holte sie sich mit ins Bett und begann diese aufzuknacken. Spätestens um Mitternacht warst du wieder selbst wach und munter, musstest dein Bett von all den Schalen befreien. Nun wuchs auch mein Wunsch immer mehr, noch einen solchen Hund zu haben, der quasi unser eigener war.
Meine Mutter und ich fuhren damals ins Tierschutzhaus und schauten uns in all den Zwingern um. Wir sahen dann eine junge beige Mischlingshündin. Sie war aus dem damaligen Jugoslawien von einer Familie mitgenommen worden, nur durften sie diese in der Wohnung nicht mehr halten.
Es war eine Collie-Mischlingshündin, mit gerade mal vier Monaten und saß erst ein paar Tage im Tierheim drinnen.
Natürlich durfte sie mit uns mit, in den öffentlichen Verkehrsmitteln lag sie auf unserem Schoß und jeder wollte sie nun streicheln, was ich aber vehement in meinem kindlichen Leichtsinn untersagte! Weil zum Schluss verliert sie noch ihr Fell, wenn sie alle streicheln wollten.
Wir gaben ihr den Namen Lassie - wie konnte es den auch anders sein.
Nun als wir zuhause angekommen sind, war die Begeisterung von Didi natürlich nicht so wirklich groß!

Aber im Großen und Ganzen kamen die beiden schnell und gut miteinander aus. Didi zeigte Lassie schon, wer hier das Sagen hat und wer die Chefin ist.
Leider wurde unsere Didi nicht sehr alt. Mit knapp acht Jahren ging es ihr auf einmal nicht mehr gut, sie hatte hohes Fieber und wollte nichts mehr fressen. Also ging es auf schnellstem Wege zum Tierarzt, es ging ja nun mal gar nicht, dass es Papas Herzensmädchen nicht gut geht. Die Diagnose lautete dann Gebärmutterentzündung und er müsse sie sofort operieren.
Es wurde für den Folgetag der OP-Termin festgesetzt.
Nach zwei Tagen wollte sie nicht fressen, nicht mal ein Wursträdchen, am Abend erbrach sie sich dann mehrmals und es roch nach ihrem Stuhl.
Wir riefen sofort den Tierarzt an und er meinte, das kann durch die OP kommen und durch die Medikamente und wir sollen am nächsten Vormittag vorbeikommen.
Unser Fledermäuschen überlebte leider diese Nacht nicht!
Mitten in der Nacht ein Herz und Mark erschütternder Schrei, ein letzter tiefer Schnaufer und sie schloss für immer ihre schönen Augen.
Sie war ein echter Seelenhund.
So viele Tränen, wie hier bei uns geflossen sind und auch dieser Schrei, den hatten wir noch lange in unseren Ohren, sodass wir uns entschlossen, es kommt kein weiterer Hund mehr ins Haus. Es war ja noch unsere Lassie da, mit nicht mal zwei Jahren hatte Sie ihr ganzes Leben noch vor sich.
Aber es kam anders als man denkt, da sich Papa seit über sieben Jahren mit Molossern beschäftigte, war und allen sehr schnell klar, es wird wohl eine echte Sabberbacke bald bei uns einziehen.
Die Tage vergingen und wir sahen bei uns im Ort zwei recht staatliche Exemplare dieser Hunde spazieren gehen und was soll ich sagen, ich war vollkommen gefangen, in diesem großen und echten Molosser-Wahn.

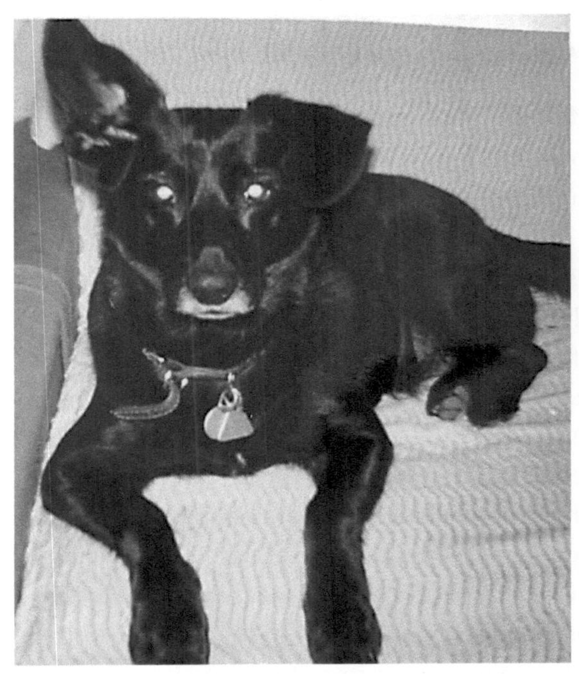

Sabberbacke Apollo - auch Affi genannt

Wie es der Zufall so wollte, gab es bei uns ca. fünf Minuten entfernt
jemanden, der einen kleinen Rüden mit drei Monaten schnellstens abgeben
wollte. Also fuhren wir alsbald uns den Lütten anschauen, obwohl Papa
nicht so recht überzeugt von ihm und dem Preis war, den der Heini wollte
und war etwas sehr übertrieben!
Es handelt sich nicht um einen Züchter, sondern eine Privatperson.
Also ging es ohne Welpi wieder heim zu unserer Püppi.
Einen Monat später stand der Kleine wieder in der Zeitung inseriert.
Damals waren meine Mutter und ich alleine zuhause und konnten einfach
nicht widerstehen, bei dem traurigen Anblick dieses Welpen!
Wir haben den mittlerweile vier Monate alten kleinen Buben geholt.
Als wir mit Papa telefonierten, da dieser auf Reha war und ihm alles
erzählten, meinte er nur: „Na gut in Gottes Namen, holt ihn heim!"
Nur da saß unser Affi schon längst zuhause in seinem Körbchen
Er bekam bei der Heimkehr ein rotes Mascherl (Halstuch) umgebunden und
schlabberte sich in unsere Herzen was das Zeug hält. Es waren sehr feuchte
Küsse und ab da gab es in jedem Raum ein großes Sabbertuch für alle Fälle.
Nun, da er ja ein Bub war und wir ein Mädl hatten, mussten wir uns
entscheiden, Lassie operieren zu lassen, damit kein ungewollter Nachwuchs
entstehen konnte.
Leider entstanden bei ihr gesundheitliche Probleme, immer wieder
Blasenentzündungen und das auch im Hochsommer.
Affi war am Anfang sehr zurückhaltend und auch sehr ängstlich, fürchtete
sich vor einem Besen, jedem Kübel, Gießkannen und so vieles andere.
Allerdings hatten Lassie und Apollo nur Flausen im Kopf und veranstalteten
in der Wohnung so manches Chaos.
Wenn man 1 kg Futterkalk in der Wohnung verteilt und dann Wasser
trinken geht…juhu, war das eine Pampe überall auf unseren Böden und
dann noch all die klebrigen Pfoten-Abdrücke, nicht wirklich echter Spaß.

Leider ging unsere Lassie sehr früh über die Regenbogenbrücke, aufgrund eines anaphylaktischen Schocks auf das heftige Antibiotika, was wir ihr leider geben mussten. Man holte Sie noch einmal zurück ins Leben, aber es ging ihr über Nacht immer schlechter und es bildete sich ein riesiger Senkel am Hals. Der Tierarzt entschied sich sofort für eine OP und da kam das schlimmste zu Tage, was man sich nur vorstellen kann!
Ein Milz- und großer Leber-Tumor, inoperabel und somit war ihr Leben mit nicht mal vier Jahren leider schon wieder vorbei.
Wir kamen ohne sie nachhause und Apollo war dies egal, denn er war ein richtiger kleiner Egoist an dieser Stelle. Hauptsache er hatte sein Futter und seine Streicheleinheiten, brauchte alles nicht zu teilen.
Mit der Zeit wuchs er zu einem Teenager heran, aber er begann auch nun bei Fremden krass zu reagieren.
Nach einigen Recherchen kam auch ans Licht, Affi wurde aus Ungarn importiert und um einfach Geld damit zu verdienen. Wir waren mit seinen vier Monaten schon die vierten Besitzer und er war ein Monat in einem Zwinger in der Größe von 1 Meter x 1 Meter auf einem Abrichte-Platz für Hunde eingesperrt. Es kam nur einmal pro Tag jemand, der ihm einen Fleischbrocken im Ganzen reinwarf und das war es auch schon!
Somit hatte er kaum echten Kontakt zu Menschen und wuchs sehr isoliert auf. Zur Familie war er verschmust und kuschelig.
Es gab im Vorfeld nur genau drei Personen, die er mochte und die ihn anfassen konnten! Davon war einer sein Tierarzt, den er irgendwie gewohnt war. Sobald wir mit dem Auto nur in die Straße einbogen, fing Affi richtig an zu schreien, vor lauter Freude und solange, bis er im Behandlungszimmer war und er konnte auch ohne Maulkorb behandelt werden.
Aber wehe der Tierarzt begegnete uns in der Lobau, da hätte er ihn am liebsten sofort zerfleischt.
Verstehe mal einer diese Hunde?!
Für uns war es kein Thema, man wusste damit umzugehen und eine Abgabe mal niemals mehr in Frage, er blieb für immer unser kleines Affi!

Als er älter wurde kamen halt die gesundheitlichen Probleme auf und wir mussten eine schwere Entscheidung treffen, zu Gunsten von ihm und um Qualen zu verhindern.

Es stand die Erlösung im Raum, da er schwere HD hatte und die Schmerzen trotz Schmerzmittel nicht vertretbar in Schach zu halten waren.

Bis dahin hatten wir das große Glück, gleich um die Ecke einen Tierarzt / guten Orthopäden zu haben, der sich auf Schmerzbehandlung und hier auf die Golddauerakupunktur spezialisiert hatte. Also war er der erste Hund, der die Goldstifte bekam und siehe da, mit seinen neun Jahren sprang er wieder herum wie ein junger Kerl und machte Sachen, die er schon lange nicht mehr gemacht hatte.

Wir konnten wieder längere Spaziergänge unternehmen und er spielte wieder rum, wie wenn nichts gewesen wäre. Leider, ein halbes Jahr nach der OP, ging es ihm in der Früh plötzlich sehr schlecht!

Er zitterte und wollte keinen Meter gehen, also sind wir um 5:00 Uhr in der Früh bereits in die Tierklinik vorgefahren. Sie meinten, von den Symptomen her wäre es ein Darmvirus, er bekam eine Infusion und Medikamente, wir fuhren wieder nachhause. Ich hatte damals lange überlegt, ob ich ins Büro fahren soll oder nicht, aber da er zu diesem Zeitpunkt recht ruhig schlief und die Eltern ja zuhause bei ihm waren, fuhr ich los.

Gegen 11:00 Uhr riefen sich mich dann auf der Arbeit an, ich soll mich schnellstens in ein Taxi schmeißen und schnell in die Tierklinik kommen! Sie wären mit unserem Affi schon vorne in der Anmeldung der Klink, da es ihm nicht gut ging.

Es waren die längsten 25 Minuten Fahrt meines Lebens und als ich reinkam, erfuhr ich als allererstes, dass er einen Lebertumor hatte, der eben geplatzt war. Er war sehr schwach, aber er hat auf mich gewartet, denn er wollte nicht ohne mich gehen.

Er legte sich hin. Ich hielt ihn fest, drückte ihn ein letztes Mal, bis er friedlich in meinen Armen einschlief…

Affi kam wieder mit uns nachhause, da keiner unserer Hunde zu Seife oder
gar Knochenmehl (wie es hier leider in der „Entsorgung" für all die Tier ist)
wird und wir brachten ihn ins Tier-Krematorium. Dort kam er bis zur
Einäscherung in die Eishalle.
Am Tag der Kremation waren wir natürlich mit Tränen in den Augen dabei,
bis sich die Türen des Krematorium-Ofens für immer schlossen.
Erst dann gingen wir hinaus!
Draußen angekommen, kam ein Sonnenstrahl vom Himmel zu uns runter
und über die Wiese spazierte ein Mastino-Bub, wie ein letzter Gruß.
Auch wenn wir in diesem Moment tottraurig waren, sind wir natürlich
hingegangen und haben ihn uns angesehen.
Irgendwie kam es uns wie Schicksal vor, bzw. dachten wir sofort, dass unser
Affi noch seine Pfoten im Spiel hatte und dafür sorgte, dass dies genau zu
dem Zeitpunkt passieren musste.
Es war Donatello, der scheinbar auf uns wartete.
In unseren Herzen lebt er für immer weiter, unser Affi.

Liebe Grüße aus dem schönen und verschneiten Österreich,

Andrea Verleye

Kapitel 2

Fragen über Fragen

Was macht ein Seelenhund zum echten Seelenhund?

Vielleicht gehören auch die Umstände, in denen man gerade lebt, einfach irgendwie dazu. Vielleicht macht eben auch die Anzahl der Hunde, die einen während des Lebens begegnen und begleiten, die Zahl der echten Seelenhunde aus.
Und vielleicht spielt auch die Zeit eine gewisse Rolle, die man miteinander verbringen darf?!
Öppes, der als alter Bardino (Mix?) aus Fuerteventura zu uns kam und noch zwei Jahre mit uns verbrachte, hatte sicherlich das Zeug zum Seelenhund. Allerdings war unsere Zeit dafür wahrscheinlich viel zu kurz.
Alles Kennenlernen benötigt doch auch seine gewisse Zeit.
Auch das Kennenlernen einer Seele und das Vertrauen darauf, dass das Gegenüber die eigene Seele besser kennt und versteht, als man oftmals selbst. Und muss man Seelenhunde vielleicht auch erstmal in die Seele hineinlassen, damit sie ihr Potential auch überhaupt erst einmal richtig entfalten können?
Mit meiner Jana war es wohl so. Jana, die ich selbst aus der Perrera abholen durfte, die dort von Welpen an die ersten fünf Jahre ihres Lebens verbrachte und wirklich nichts kannte, außer Beton- und Sandboden und den täglichen Kampf ums eigene Überleben.
Jana kam als Pflegehund und dann in ihre neue Familie, wurde dorthin vermittelt und kam mit Pauken und Trompeten ganz schnell wieder zurück.

Erst danach wurde mir klar, dass ich sie nicht mehr gehen lassen konnte, dass sie zu mir gehörte und ich zu ihr. Erst dann ließ ich es zu, dass sie wirklich mein Seelenhund werden konnte.

Sind wir für unsere (Seelen-) Hunde auch die (Seelen-) Menschen?

Jemand im FB-Forum hatte diese Frage gestellt.

„Können wir ihre Seelenmenschen sein, auch wenn andere Menschen einen (schöneren) Garten, eine größere Wohnung, mehr Zeit, mehr Geld und viele andere Möglichkeiten haben, ihnen ein scheinbar schöneres Leben zu bieten?" Für Jana war ich es wohl, warum auch immer.

Hunde leben im Hier und Jetzt!

Trotzdem haben sie ihre Vergangenheit und vielleicht auch ihre Wünsche und Träume, die manchmal in Erfüllung gehen, wenn sie auf ihren Menschen treffen.

Miriam Berthold 

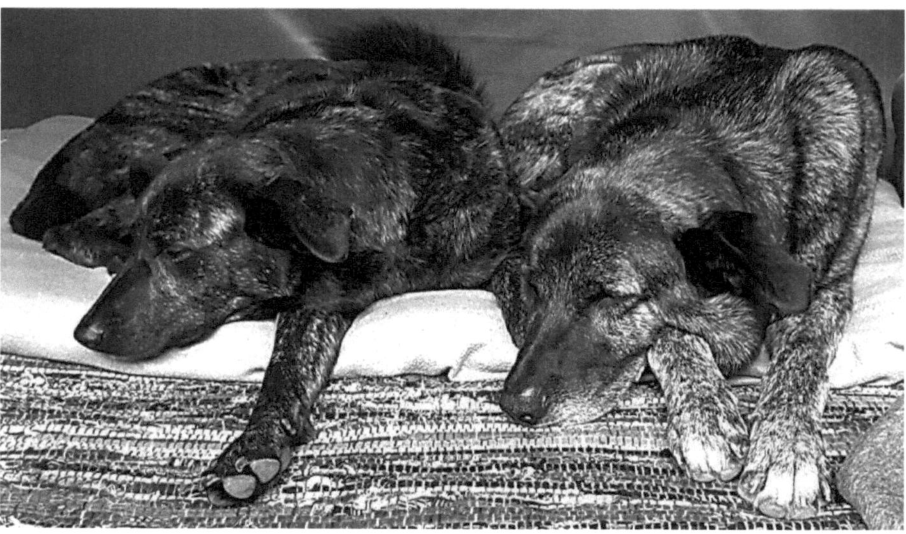

# Kapitel 3

Gibt es wirklich diese Seelenhunde?

Seelenhunde…gibt es sie wirklich in unserer Welt?

Diese Frage habe ich mir früher sehr oft gestellt!
Immer wieder liest man von den sogenannten Seelenhunden, meistens
dann, wenn sie gestorben sind und die Menschen in ihrer unsäglichen
Trauer von diesem besonderen Verhältnis zu ihrem eigenen Tier berichten.
Aber was ist denn nun ein Seelenhund?
Was macht ihn wirklich aus?
Woher oder woran erkenne ich, dass auch ich einen Seelenhund habe /
hatte und überhaupt, ist nicht jeder Hund, den ich meinen Freund nennen
darf, ein echter Seelenhund?
Versuchen wir mal, diesem großen Wort auf die Schliche zu kommen.
Von Seelenverwandtschaft hat man schon öfters gehört.
Meistens sind das zwei Menschen, die sich unendlich nah sind, sich blind
verstehen, die gleichzeitig aneinander denken und spüren, dass es dem
Gegenüber nicht gut geht, auch wenn sie sich nicht persönlich sehen.
Und ja, sowas ähnliches gibt es tatsächlich auch mit unseren Tieren!
Und ich hatte das unsagbare und wirklich große Glück, neun Jahre genau
das selbst erleben zu dürfen.
Schon immer habe ich die verschiedensten Tiere halten dürfen.
Zu den einen hatte ich ein besonderes Verhältnis, mal intensiver, mal
emotionaler usw., wie zu all den anderen.
Wir kennen das glaube ich alle.

Sieben eigene Hunde hatte ich schon in meinem Leben, neben einigen
weiteren Pflege- oder Familien-Hunden, um die man sich auch eine gewisse
Zeit gekümmert hat.

Und ja, ich hatte das fantastische Glück in diesen sieben eigenen Hunden,
auch meinen persönlichen Seelenhund gehabt zu haben.

Auch wenn es einige Jahre gedauert hat, bis ich das wirklich erst für mich
persönlich verstanden habe.

Meine Beziehung zu Lisi wird wohl in meinen bisher erlebten Hundejahren
einmalig bleiben.

Sie war eine Bardina-Mischlingshündin, ein Wach- und echter Schutz-Hund
von den Kanaren.

Eine Hündin, aus Fuerteventura kommend, entsorgt als Einzelwelpen in
eine spanische Perrera, im zarten Welpen-Alter von nur wenigen Tagen.

So wuchs sie ohne Mutter und Geschwister auf, aber liebevoll umsorgt in
einer deutschen Familie, die auf der Insel lebt.

Dennoch fehlte ihr eben diese (fehlende) Sozialisierung der Mutter und
Geschwister ihr Leben lang und machte so einiges sehr schwierig in
unserem gemeinsamen Leben. Lisi war sehr feinfühlig und auch hoch-
sensibel. Mein Lieblingsspruch damals lautete:

„Dieser Hund weiß noch bevor ich selbst die Augen morgens öffne, wie es
mir heute geht."

Woher? Nun, war ich gut gelaunt, stand sie neben meinem Bett und freute
sich wie verrückt, dass ich endlich aufwachte.

Hatte ich eine schmerzvolle und unruhige Nacht, blieb sie in ihrem
Hundebett liegen und beobachtete mich von tief unten und abwartend.

War dies alles nur Einbildung?

Konditionierung oder doch nur aus reiner Gewohnheit?

Ja, mit Sicherheit werden einige Menschen so argumentieren und gar
begründen. Aber da waren noch so viele andere Punkte in unserem
gemeinsamen Leben, einige kann und möchte ich erzählen, andere sind
einfach viel zu privat.

Hatte ich solche Tage, die voller Schmerzen waren, wich Lisi mir keinen einzigen Meter von meiner Seite. Beim Schuhe anziehen lehnte sie sich gegen mich, so dass ich mich jederzeit an ihr festhalten durfte.

Musste ich langsam laufen, lief sie im Oma-Gänseschritt-Tempo neben mir her und zog nicht einmal an der Leine.

Niemals wäre sie in solchen Momenten weggelaufen, hätte mich im Stich gelassen, an der Leine gezogen oder ähnliches.

Sie wusste sehr genau, dass ich nicht in der Lage gewesen wäre, sie zurückzuhalten und hat es niemals ausgenutzt.

Lisi war stark wachsam und durchaus bereit, für ihre Familie bis zum Äußersten zu gehen.

Sie hatte mich öfters beschützt, verteidigt und vermutlich auch nicht nur einmal in so mancher Situation gerettet.

Oft traf sie in jungen Jahren kompromisslos Entscheidungen, ohne auf mich Rücksicht zu nehmen! Außerdem war sie ein wahrer und echter „Kontroll-Freak", was ihre Menschen anging.

Ich habe sie oft nicht verstanden und versuchte sie zu ändern.

Als wir dann später immer mehr zusammenwuchsen, änderte sich das.

So saßen wir auf einer Bank, ein Mann kam des Weges, Lisi schaute mich an, ich schüttelte ganz leicht mit dem Kopf und sagte, „es ist ok" und sie blieb ruhig, solange er nicht zu dicht an mich herankam, oder sich unaufgefordert zu sehr näherte.

Merkte sie allerdings bei Menschenbegegnungen, dass ich unruhig wurde, kam ein tiefes Donnergrollen aus ihrer Brust, wie ich es nie wieder von einem anderen Hund gehört habe.

Sie hatte ein sehr beeindruckendes Organ, vor allem für eine Hündin.

Sehr emotional denke ich an einen Tag zurück, an dem ich alleine in die Garage ging, um etwas aus dem Auto zu holen.

Urplötzlich wurde mir in der Garage schwarz vor Augen und ich fiel ohnmächtig zu Boden.

Lisi, die in der Wohnung über den Garagen war, wurde unruhig, so erzählte
mir mein Mann später.

Sie lief aufgeregt hin und her, sie fiepte und irgendwann rannte sie bellend
nervös auf und ab, bis mein Mann lieber nach mir schauen ging, mich in der
Garage auf dem Boden fand. Auch wusste sie immer ganz genau, wie es um
meinen Blutdruck stand. Erhöhte er sich, kam sie zu mir und leckte mir
beruhigend meine Pulsadern.

Lisi mochte fremde Menschen nicht!

„Anfassen" hat sie sich in ihrem Leben von vielleicht ca. zehn Menschen,
außerhalb unserer Familie.

Eines Morgens gingen wir spazieren und ich sah aus einigen Metern
Entfernung eine Nachbarin auf einer Parkbank sitzen.

Lisi kannte diese Frau nur vom Sehen, hatte bisher aber nie das Bedürfnis
auf eine nähere Bekanntschaft gezeigt. Anders an diesem Tag.

Sie zog an der Leine, wie ich es von ihr nicht kannte!

Siewollte unbedingt zu dieser Nachbarin.

Diese streckte ihre Hände nach ihr aus und kraulte sie automatisch an
ihrem Kopf. Ich war geschockt und in absoluter Habachtstellung, denn Lisi
hasste es förmlich, am Kopf angefasst zu werden und zeigte das durchaus in
der Vergangenheit mal, mit einem gekonnten und entschlossenen
Schnappen in die Hand.

Aber hier drängte sie sich zwischen die Schenkel der Frau, drückte sich an
sie und ließ sich brav von der Dame streicheln.

Ich traute meinen Augen nicht, was ich da gerade sah!

Ich fragte die Nachbarin, ob es ihr gut ginge, oder ob sie Hilfe benötige?!

Sie schaute mich an und meinte fast tonlos und sehr leise:

„Mein Mann ist heute Nacht gestorben!"

Und meine Lisi hat das gespürt, obwohl es ihr zuwider war, sich von
fremden Menschen anfassen und drücken zu lassen, spendete sie dieser ihr
fremden Frau, in diesem einen ganz besonderen Moment so viel Kraft und
Trost, dass mir mehr als nur die Tränen liefen.

Es gibt so viel was wir mit dieser fantastischen Hündin erleben durften.
Aber wie eingangs schon erwähnt, manche Dinge sind einfach zu
persönlich, um sie hier an dieser Stelle zu beschreiben und auch zu
veröffentlichen. Als Lisi mit nur neun Jahren an einer schweren
Krebserkrankung starb, brach für mich eine Welt zusammen.
Ich hatte meine beste Freundin verloren, meinen Seelenhund.
Nie wieder würde ich in ihre warmen, wissenden Augen schauen können,
nie wieder ihr Fell durchwühlen, nie wieder mich so verstanden und
akzeptiert fühlen, wie ich bin.
So viele Tiere habe ich in meinem Leben gehen lassen müssen, aber nie hat
es mich so sehr aus der Bahn geworfen, wie mit meiner Lisi.

Es ist, wie wenn ein Teil von mir selber gestorben wäre.

Das ist jetzt fast zwei Jahre her. Natürlich haben wir mittlerweile wieder einen anderen Hund, den wir auch sehr lieben, aber eben anders.

Er ist toll, lieb, ein echter Seelentröster und irgendwie ein „Gute Laune Hund", ein echter Clown und Freund, aber die Beziehung mit Lisi war eine wirklich ganz andere. Wir verstanden uns blind und wortlos.

Wir wussten genau wie die andere denkt oder fühlt, wir konnten uns mehr als nur aufeinander blind verlassen. Es vergeht kein einziger Tag, an dem ich nicht an meine Lisi denke. Es war nicht nur ein wahnsinniges Glück, neun Jahre mit dieser Hündin zusammen gelebt haben zu dürfen, die mir so viel beigebracht hat, am meisten aber auch über mich selbst.

Auch war es mir eine große Ehre und ein absoluter Zugewinn, für mein eigenes kleines Leben und dafür werde ich ihr ewig dankbar sein.

Auch wenn ich inzwischen andere Hunde in mein Herz geschlossen habe, ich vermisse meine Lisi sehr, meinen echten und gestreiften Seelenhund.

Sandra Toms

Assra, mein Seelenhund

Viele Menschen fragen sich immer wieder, wie es möglich sein kann, einen
Hund als „Seelenhund" zu bezeichnen. Seelenhunde…jene Hunde, die es
nur einmal im Leben gibt, jene Hunde, die wie Schatten waren, wie die Luft
zum Atmen, jene Hunde, die uns ohne ein einziges Wort verstanden.
Gibt es so etwas wirklich?
Und wenn ja, wie erkennen wir sie?
Ich erzähle euch meine Geschichte und die meiner Seelenhündin Assra.
Assra war zwölf Wochen alt, als sie 2003 zu mir kam.
Eine Hand voll Amerikanische Bulldogge.

Sie war ein kleines Bündel, mit großen Knopfaugen, und ich war sofort
verliebt in dieses kleine Wesen.
Die erste Nacht in ihrem neuen Zuhause und an meiner Seite brach an.
Sie kuschelte sich an mich ran und schlief ganz ruhig ein.

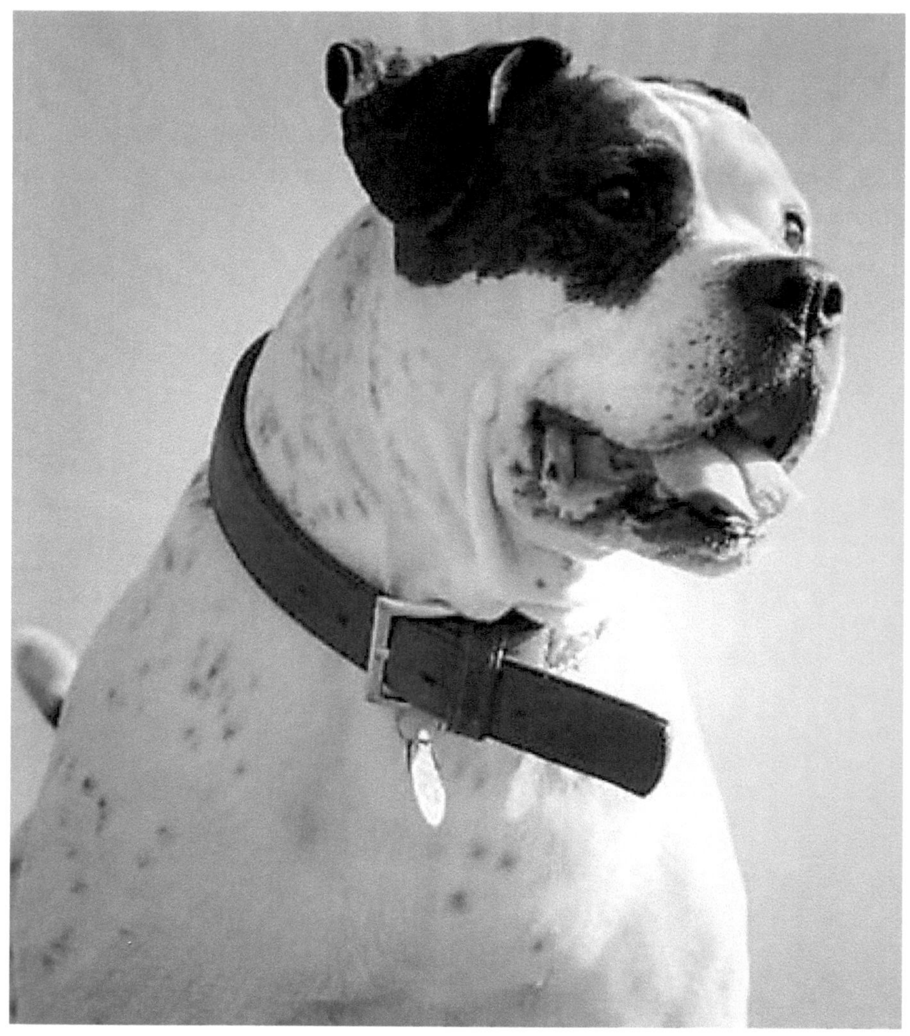

Ich werde dieses Gefühl nie vergessen, wie schön es ist, wenn so ein kleines Wesen selig und ruhig an einen gekuschelt schläft. Die ersten Tage waren Welpen typisch, unruhig und sehr aufregend. Assra war dabei, ihre Umwelt zu erkunden und schenkte mir vom ersten Tag an sehr viel Freude.

Sie liebte es, auf der Wiese neben dem Haus zu toben und machte gleich Bekanntschaft mit den Nachbarshunden. Assra war ein aufgeschlossenes und kleines Hundemädchen, das es liebte, mit anderen Hunden zu spielen. Sie wuchs schnell heran und man erkennt meistens nur anhand von Fotos, wie schnell der eigene Hund wächst. Und wie es die Natur so fordert, kam sie irgendwann in die Pubertät. Wie jeder andere Hund auch hatte sie nur Blödsinn im Kopf. Und Blödsinn, gepaart mit dieser Masse an Hund, war schon manchmal mehr als anstrengend. Jede Lebensphase hat, wie beim Menschen ihre tollen, aber auch ihre anstrengenden Seiten.

Assra war wirklich leicht zu erziehen, denn sie liebte es zu lernen, und
natürlich freute sie sich über leckere Belohnungen. Tag für Tag merkte ich,
wie sehr mich dieser Hund doch liebte und das beruhte auf Gegenseitigkeit.
Die Liebe eines Hundes ist ehrlich, aufrichtig und sehr bedingungslos.
Ein Hund schaut dich jeden Tag mit aller Liebe in seinen Augen an.
Dieses Gefühl, was wir dabei empfinden, gehört zu den schönsten auf
dieser Welt. Wir zwei haben alles zusammen gemacht.
Assra war fast überall mit dabei! Sie liebte lange Spaziergänge, Stöckchen
holen und natürlich Kuscheln...wie nahezu alle Hunde.
Durch einen Zufall wuchs die kleine Familie, denn wir nahmen die kleine
Huye zu uns auf. Ein kleines französisches Bulldoggen-Mädchen, das
dringend ein Zuhause brauchte! Zu dem Zeitpunkt war Assra fünf Jahre alt.

Assra und Huye gewöhnten sich schnell aneinander und waren von nun an auch nicht mehr alleine, wenn ich mal ohne Hunde einen Termin hatte, oder auch zur Arbeit musste. Wir waren ein eingespieltes Trio und keiner konnte und wollte mehr ohne den anderen.

Die Jahre vergingen und wie ich finde, merkt man nicht, wie schnell die Zeit zu schnell vergeht. Rückblickend fragt man sich, wie all die Erlebnisse und die schöne gemeinsame Zeit so schnell vergehen?!

Aber das nennt man wohl das wahre Leben.

Mit der Zeit wurde aus Assra eine Grauschnauze, allerdings war sie noch fit, wie ein junger Hund.

Zuerst verdrängt man das Alter seines Hundes und spielt es einfach runter.

Dennoch merkt man, wenn die Schritte langsamer werden, dem Hund das Aufstehen schwerer fällt, er ruhiger wird.

Dann, erst dann fängt man langsam an darüber nachzudenken, was passiert, wenn dieser Hund nicht mehr an meiner Seite ist?

Es ist nahezu unvorstellbar, ohne seinen geliebten Hund zu sein, da man die ganzen Jahre zusammen verbracht hat und zu einer Einheit geworden ist.

Diese Gedanken verschiebt man, denn niemand will über das Thema Abschied nachdenken.

Mir war klar, dass der Tag des Abschieds irgendwann kommt, aber bereit sein wird man dafür nie! Mir fällt auf, dass ich die gemeinsame Zeit mit der alten Assra noch mehr genossen habe.

Als Assra ihr zehntes Lebensjahr erreicht hatte, fiel mir auf, dass ihr das Laufen schwerer fiel.

Zu Beginn dieser Beobachtung habe ich es abgetan und mir gedacht, es ist ein alter Hund und im Alter kommen die „Wehwehchen".

Im Nachhinein betrachtet weiß ich, niemand will einsehen, dass sein geliebtes Tier altert und auch immer mehr gesundheitlich eingeschränkt ist.

Dennoch bin ich mit Assra zum Tierarzt gefahren.

Dort wurde sie gründlich untersucht und die Diagnose stand fest: Arthrose.

Der Tierarzt beruhigte mich damit, dass diese Gelenkserkrankung vorerst gut behandelbar ist.

Mir war sofort klar, dass ich alles möglich mache, damit es Assra gesundheitlich besser geht. Das Geld spielte in diesem Fall keine Rolle!

Sie wurde mit Medikamenten gegen die Schmerzen behandelt, und es ging ihr damit wirklich gut. Zwei Jahre konnte sie gut mit der Medikation leben, ohne weitere Einschränkungen. Assra wurde regelmäßig beim Tierarzt vorstellig, um ihren Gesundheitszustand zu überprüfen.

2014 stellte sich dann heraus, dass es kein Medikament mehr für sie gab, dass ihr all die Schmerzen hätte lindern können.

Ich stand vor der bisher schwersten Entscheidung meines Lebens.

Die behandelnde Tierärztin sagte, dass Assra erlöst werden müsste, denn sonst würde sie unter den Schmerzen sehr stark leiden.

Wer möchte dafür verantwortlich sein, dass sein über alles geliebter Hund leidet? Auf der anderen Seite hatte ich sehr große Angst davor, die letzte Entscheidung zu treffen!

Denn mir war klar, dass ich Assra auch bei ihrem letzten Gang nicht alleine lassen würde.

Ich überlegte, was ich machen sollte, auch, wenn meine Entscheidung bereits feststand. Niemals möchte ich, dass ein Tier leidet und kein würdevolles Leben mehr führen kann.

Wir als Menschen sind dafür verantwortlich, den Tieren ein Leben frei von Schmerzen, frei von Leid und mit viel Liebe zu ermöglichen.

Ich liebte Assra und ich werde sie immer lieben.

Liebe heißt aber auch, Abschied nehmen!

Es war der 29.07.2014, an dem ich Assra über die Regenbogenbrücke gehen lassen musste. Sie lag in meinen Armen gekuschelt und schaute mich mit ihren immer noch braunen Knopfaugen an, als wolle sie sagen:

„DANKE FÜR ALLES."

Sie hatte keine Angst, im Gegensatz zu mir.

Ich hatte wirklich große Angst vor dem Tag, der jetzt gekommen war.

Assra lag ganz ruhig da und schlief langsam ein.

Nun hatte sie keine Schmerzen mehr und konnte über die Regenbogenbrücke zu den anderen Hunden laufen.

Diesen Moment, als Assra eingeschlafen war, werde ich niemals vergessen, denn er war richtig furchtbar, es hat mich innerlich zerrissen!

Auch wenn ich weiß, dass es die richtige Entscheidung war.

Ich hatte das Gefühl, mein Herz ist an diesem Tag zerrissen worden.

Jeder hat eine andere Art, die Trauer zu bewältigen.

Ich habe alle Gegenstände von Assra behalten und mich dafür entschieden, sie einäschern zu lassen. So wird sie für immer bei mir sein, obwohl es viel wichtiger ist, dass sie immer in meinem Herzen sein wird.

Assra ist bereits sieben Jahre im Hundehimmel, und sie fehlt mir dennoch jeden einzelnen Tag.

Der Tod ist das Ende des Lebens, nicht aber das Ende der Liebe.

Gibt es wirklich Seelenhunde? Ja, es gibt sie!

Assra war meine Seelenhündin, Assra war mein Schatten.

Ich brauchte sie nur anzuschauen und wusste, was sie wollte und andersrum genauso. Wenn ich in ihre Augen geschaut habe, dann habe ich direkt in ihr Herz sehen können.

Sie war sehr feinfühlig und wusste sofort, wenn es mir nicht gut ging.

Rückblickend kann ich sagen, dieser Hund kannte mich besser, als ich mich selbst kannte. Sie wusste, wann sie mich trösten musste, obwohl ich noch nicht einmal wusste, weswegen ich traurig war.

Sie war einfach immer für mich da, auch dann, wenn Menschen mich schon längst verlassen haben.

Ich wusste, dass dieser Hund mir von Gott geschickt wurde, denn wir Menschen bekommen das, was wir brauchen und verdienen.

Ich wusste es damals nicht, aber ich brauchte eine Seele, die meine auffängt und mir echten Halt im Leben gibt.

Ein Seelenhund stirbt nie!

Solange wir leben, werden auch sie leben, tief in unseren Herzen und in
unserer Erinnerung. Wenn wir uns erinnern, können wir sie sehen.
Und dann wissen wir, sie wandern neben uns, ganz wie in alten Zeiten.
Assra war mein Seelenhund und sie wird es für immer bleiben!

Euer Markus Bugger („Popeye")

Übrigens...meine ganze Lebensgeschichte und all meine persönlichen
Zeilen könnt ihr sehr gerne in meinem Buch und meiner Biografie lesen:

Popeye ⚓ „Hart Steuerbord" / ISBN-Nummer: 9783753492193

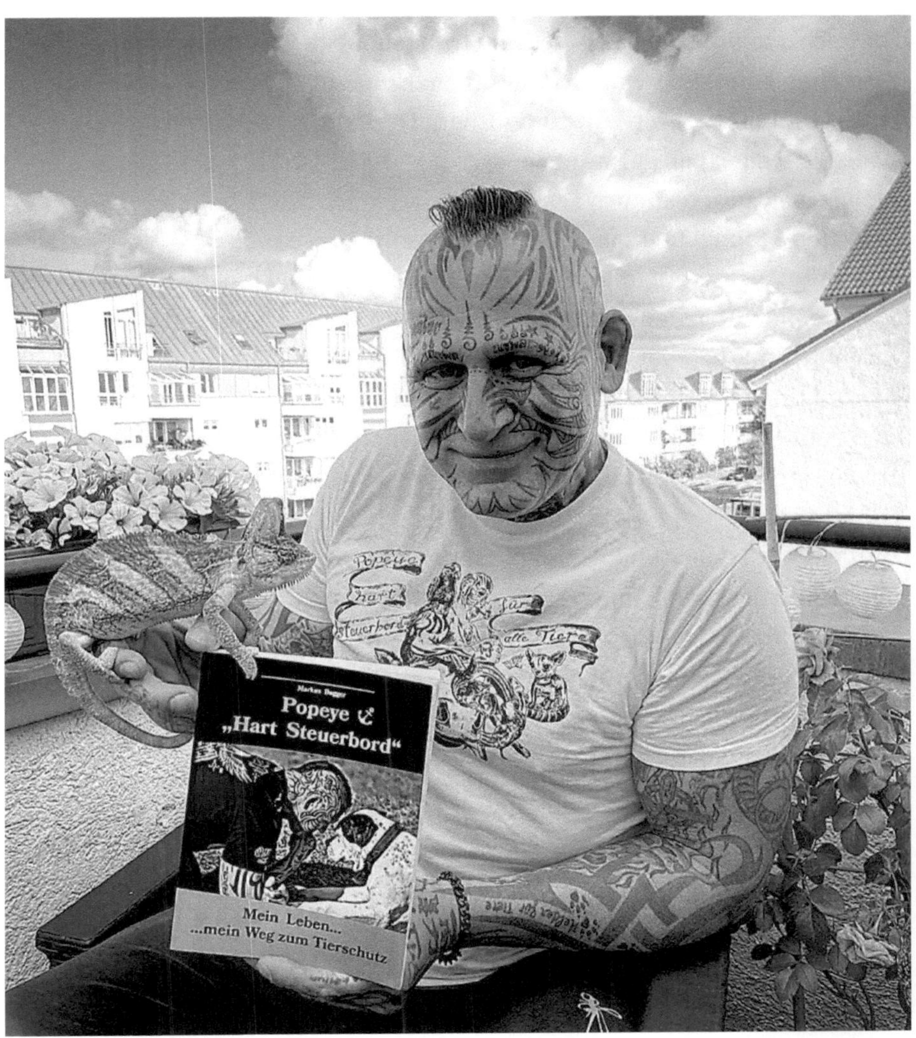

Scapolo

Ich hatte den Namen Seelenhunde schon oft gehört und auch gelesen.
Natürlich habe auch ich mich schon oft gefragt, war Scapolo wirklich mein
echter Seelenhund?
Für mich war Scapolo der beste und treueste Begleiter, den ich mir
wünschen konnte. Er war nicht nur mein Hund, mein Freund, mein Leben.
Er war für mich wie die Luft zum Atmen. Er war mein Schatten.
Wir waren nie lange getrennt.
Wo ich war, dort war auch Scapolo.
Zwischen Scapolo und mir gab es ein unsichtbares Band.
Er konnte mich sehr gut lesen, aber auch ich verstand ihn ohne Worte.
Scapolo mochte jeden und auch die Leute hatten ihn alle ins Herz
geschlossen. Aber war er deswegen mein Seelenhund?
Warum tue ich mich so schwer zu sagen, Scapolo war mein Seelenhund?
Ich könnte doch ganz einfach sagen, ja Scapolo war mein Seelenhund.
Er war doch alles für mich. Einen Hund den es nur einmal gibt!
Er hätte sein Leben für mich gegeben.
Er war mein Traumhund. Einen besseren und treueren Begleiter hätte ich
mir nicht wünschen können.
Vielleicht war ich als Rudel-Führer auch zu streng mit ihm!
Ich hatte versprochen, auf ihn aufzupassen. Ihm sollte nie etwas geschehen.
Ich werde für mich, die Frage nach dem Seelenhund, leider niemals und
wirklich beantworten können. Leider!
Natürlich bin ich darüber mehr als nur sehr traurig.
Aber vielleicht liegt der Grund auch gerade neben mir auf der Couch.
Dilla, eine Angsthündin aus Griechenland.
Sie zog einen Monat später bei uns ein, nachdem wir Scapolo über die
Regenbogenbrücke gehen lassen mussten.
Beide haben nichts gemeinsam.

Weder Rasse, noch Aussehen, noch ist der Charakter gleich und doch ist da was, dass ich nicht erklären kann. Als wenn Scapolo mir Dilla geschickt hat. Sie ist die Verbindung zum Scapolo.

Vielleicht doch so eine Art Seelenhund.

Ich hätte nie gedacht, dass ich nach Scarpolo nochmal einen Hund so lieben würde. Aber vielleicht muss ich für mich, dass Wort Seelenhund nur ganz einfach anders definieren???

Sabine Sandberg

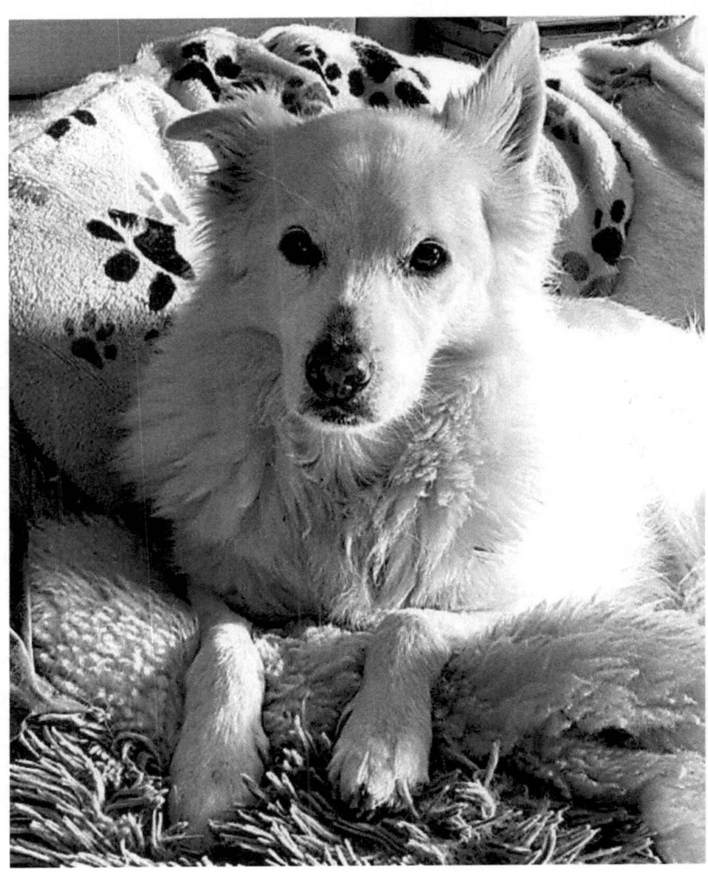

Seelenhunde - Gedankengänge eines Hundemenschen

Seelenhunde, oft schon habe ich den Begriff benutzt.
Vor allem bei meinem Seelenhund Lumpi.
Ja, Lumpi war ein ganz besonderer Hund, für mich sowieso, aber auch für
viele andere Menschen die ihn kannten. Er war nicht nur der beste
Pathfinder und Therapiehund, er war so vieles mehr.
Ein echter Seelenhund eben.
Seelenhund - ein Wort das sehr bedeutungsvoll ist, es klingt wohlwollend,
schön, voller Liebe. Und wer liebt seinen Hund nicht?
Ist nicht jeder Hund ein Seelenhund?
Sind sie nicht alle auf ihre Art zumindest für ihre Besitzer etwas ganz
Besonderes?
Vor Lumpi besaß ich auch schon Hunde, aber er war mein erster eigener
Hund als Erwachsene. Meine Tante züchtete Pekinesen.
Damals war ich noch ein Kind und ich liebte schon immer Tiere, also war ich
natürlich auch von diesen Tieren angetan. Dass dies keine vernünftige Zucht
war und viele andere Dinge, die kamen mir erst als Erwachsene in den Sinn.
Doch damals war ich elf / zwölf Jahre alt, da dachte ich nur an niedlich,
liebhaben und draußen sein mit den Hunden. Als meine Tante ihre Zucht
auflöste, kamen drei Hunde zu uns, die mein Stiefvater verkaufen sollte.
Donald (sicher nicht reinrassig), Angela (bestimmt nicht reinrassig) und
Kiesel (der war reinrassig, ein Pekinese wie er im Buche steht).
Kiesel wurde verkauft, Donald durfte ich behalten, Angela wurde auch
verkauft, ebenso wie ihre Jungen welche sie noch bei uns bekam.
Eins davon durfte ich auch behalten, Teddy.
Ich liebte beide sehr und habe mich auch bestens um sie gekümmert.
Donald wurde leider von einem Schäferhund gebissen und so schwer
verletzt, dass er starb. Teddy lebte 15 Jahre an meiner Seite.
Er war der Hund, der mich auf dem Weg vom Kind zur erwachsenen Frau
und später auch Mutter begleitete. Als meine Tochter geboren wurde, war
er schon zehn Jahre alt. Auch meine Tochter liebte ihn, sie war fünf als er
leider erlöst werden musste. Eine lange Zeit die er mich begleitet hat und
auch eine sehr bedeutende Zeit im Laufe eines Menschenlebens. Ich denke
noch oft an die beiden!

Auch wenn das jetzt schon 28 Jahre und länger her ist.

Den Begriff Seelenhund kannte ich damals noch nicht.

Aber waren sie deswegen nicht meine Seelenhunde?

Dann war ich lange Zeit ohne Hund. Zumindest ohne eigenen Hund.

Immer mal wieder hatte ich Hunde von Freunden da oder einen Hund den ich im Urlaub für andere Menschen betreute.

Im März 2000 war es dann soweit, endlich wieder ein eigener Hund!

Ich hatte genaue Vorstellungen, schließlich hatte ich selbst eine Zeitlang ehrenamtlich im Tierheim gearbeitet.

Es sollte ein Hund sein, der zwar zu uns passte, sprich auch mit Kindern, Katzen und Kleintieren klarkam, aber eben auch einer der es schwer hatte ein Zuhause zu finden. Schwarz sollte er sein, schwarze Hunde haben es schwer, ich liebe schwarz! Alter, vollkommen egal, ob taub oder blind etc. pp.! Nur kein niedlicher, schöner Hund, oder gar ein Welpe bzw. ein Jung-Hund. Also zogen wir los.

Damals war ich noch nicht so viel im Internet unterwegs, so fuhren wir sämtliche Tierheime in der näheren und weiteren Umgebung ab.

Aber es war wie verhext: die die es schwer hatten passten oft nicht zu uns.

Dann im letzten Tierheim war es schon kurz vor Ende der Öffnungszeiten.

Es war noch eine Familie vor uns und ich sagte dem Pfleger, dass wir einfach hinterherlaufen und schon mal gucken. Wenn was dabei ist, was interessant wäre könnten wir ja später sprechen.

Natürlich suchte die Familie einen Welpen oder Junghund.

Also gingen wir auch zu denen. Ein Gewusel von Hunden, einer niedlicher als der andere, alle zwischen drei und fünf Monate alt. Nichts für mich!

Einer ging mir regelrecht auf den Keks, ein junger, ganz besonders hübscher Flegel. Ein niedlicher Hund wie er im Buche stand, hellbraun, etwas unter kniehoch, nicht ganz kurzes, aber puscheliges Fell, ähnlich wie man es von Border Collies kennt. Aber er mobbte ständig einen Wolfsspitzrüden.

Irgendwann war es mir zu dumm und ich gab dem niedlichen Hund einen Rüffel in dem ich ihn anschaute und sagte „Freund, lass das!".

Der niedliche Hund schaute mich an „Ja Frauchen!"

Mit Herzchen in den Augen - ich schwöre es.

Dem Pfleger war natürlich nicht entgangen, was da lief zwischen mir und dem niedlichen Hund. Die Familie hatte großes Interesse, er riet aber ab.

Der niedliche Hund war wohl eher aus der Kategorie: „Freundchen lass das!" und nichts für Hundeanfänger. So der Pfleger. Er wäre dominant und oft aggressiv, vor allem aber manipulativ und bräuchte eine klare Führung. Wir gingen raus, „niedlich Hund" hatte schon dort eine Sonderstellung und durfte mit über den Parkplatz zum Büro - ohne Leine.
Aber der niedliche Hund, der damals übrigens den unpassenden Namen Mops trug, lief brav mit.
Allerdings nicht zum Büro, sondern zu meinem Auto!
Der Pfleger meinte nur: „Da hat dann wohl jemand seinen Hund gefunden!" und grinste vor sich hin. Ich hatte meine Prinzipien!
Er ist nicht schwarz, nicht alt, nicht schwer zu vermitteln, sondern braun, niedlich, jung, leicht zu vermitteln und sagte im Brustton der Überzeugung: „Nein, den will ich nicht, der ist mir zu jung und zu niedlich!"
Lange Rede, kurz um, zwei Stunden später war der Termin für die Vorkontrolle am nächsten Tag ausgemacht. Und natürlich hat der niedliche Hund gewonnen. Er durfte direkt bei uns bleiben.
Niedlich, hellbraun, 4,5 Monate alt - und nun mein Hund.
Der niedliche Hund hieß ab dann Lumpi oder oftmals auch einfach nur Sausack. Der geneigte Leser erinnert sich an „Freund lass das!"
Eine Aussage, die ich ab diesem Tag sehr oft getroffen habe.
Da war er also nun, Lumpi, der Hund der einfach beschlossen hat, dass ich sein Frauchen wäre.
Ein Hund, der mein Wissen über Hunde komplett zerpflückte, wie als Jung-Hund so manches Stofftier.
Ein Hund der nicht nur bei mir aufwuchs, sondern ein Hund mit dem ich wuchs. Täglich!
Er zeigte mir sehr deutlich, dass ich eigentlich nichts als dumme Phrasen über Hunde wusste, vor allem über ihre Erziehung und über ihre Kommunikation, ihr Wesen, ihr Lernverhalten.
Fehler reihte sich an Fehler und ordnete sich brav in die Reihe des wohlgemeinten Unsinns und der falschverstandenen Liebe ein.
Lumpi, war ein so bemerkenswerter Hund, dass ich damit Bücher füllen könnte. Seines Zeichens Harzer Fuchs-Windhund-Terrier Mix und genauso war er auch. Wahnsinnig intelligent, manipulierend und fordernd, extrem wachsam, immer fair und auch sehr loyal.

Lumpi wurde niemals müde, mir meine Fehler vor die Nase zu halten und
machte mir klar, wo meine Kommunikation hakte und wo mein Timing
schlichtweg um Lichtjahre daneben lag. Doch nicht nur ich bekam mein Fett
weg! Ein befreundetes Pärchen, von dem er Hundetrainer in Ausbildung
war, lernte nicht nur Lumpi kennen, sondern auch viel von Lumpi.
Denn nachdem wir beschlossen hatten, dass sowohl ich als auch der
frischgebackene Hundetrainer einen Lumpi brauchten, lief dieser zur
Hochform auf. Einen Hundetrainer vor versammelter Kundschaft blöd da-
stehen lassen? Für Lumpi kein Problem.
Nachtragend war Lumpi in einer Form, wie ich es Hunden nie zugetraut
hätte. Nachdem durch eine Unachtsamkeit des Trainers, ein Hund Lumpi in
den Rücken sprang ignorierte Lumpi den Trainer volle drei Jahre!
Er konnte machen was er wollte, erst nach drei Jahren gab Lumpi nach und
begrüßte ihn. Nachdem ich gesagt hatte „meinst du nicht es ist langsam mal
gut" ging er zu ihm. Ich schrieb ja, dieser Hund war unglaublich.
Auch Lumpis Sozialverhalten zeigte seine große Aura, ein Nasekräuseln,
eine Lefze hochziehen reichte und - ungelogen - vom Dackel bis zum
Bernhardiner wusste jeder: „Da steht der Chef, der alles bestimmt!"
In all den Jahren hatte er nur zwei körperliche Auseinandersetzungen.
Im Wald verlaufen? Kein Problem, einfach Lumpi folgen und wir kamen
immer wieder sicher zum Auto oder nach Hause.
Ein ausgebrochenes Kaninchen, ein verirrtes Lämmchen: mit Lumpi wurde
das Tier innerhalb kürzester Zeit gesichert.
Man merkt, ich schweife ab. Lumpi, da ist er also, der Seelenhund!
Und da ist er wieder dieser Begriff: Seelenhund - bedeutungsschwanger
schwebt er durch den Raum, brennt sich ins Gehirn, ins Herz, in die Seele.
Ein echter Seelenhund!
Nachdem Lumpi bei mir lebte, entschloss ich mich 2002, den ersten
Pflegehund aus dem Ausland aufzunehmen. Es wurden so einige.
Alle auf ihre Art besonders, alle doch auch irgendwie Seelenhunde.
Im Laufe der Zeit nahm ich vornehmlich sogenannte Angsthunde. Denn ich
hatte ein Ass im Ärmel: Lumpi. Denn auch hier zeigte sich eins seiner
mannigfaltigen Talente, er war für andere Hunde ein guter Therapiehund.
Egal wie sehr wir Menschen uns Wissen aneignen und Mühe geben, wir
werden niemals zum Hund (auch wenn so mancher schon nah dran ist).

Das was ein anderer Hund einem Hund vermitteln kann, kann kein Mensch!
So entwickelten wir uns langsam und fortwährend zu einem Mensch-Hund
und echten Dream-Team.
Dann kam Cleo, ein Hund voller Angst die mich tief berührte.
Sie hätte sicher das Potenzial zur echten „Seelenhündin" gehabt, doch ich
habe sie vermittelt. Etwas was ich stets bereut habe, aber nicht, weil es ihr
dort wo sie ist, nicht wirklich gut ging. Sondern, weil sie mir schlichtweg und
einfach noch einen Tick mehr fehlte, als all die anderen.
2007 zogen wir in die Eifel - ein langgehegter und großer Wunsch von mir.
Ich mietete ein kleines Häuschen mit großem Garten. Damit wuchsen auch
meine Möglichkeiten in Sachen Pflegehund und eigener Hund.
So kam es, dass im Oktober 2007 Ayleen zu mir kam. Eine vom Leben
gebeutelte Hündin aus Griechenland. Voller Angst, völlig abgemagert,
Leishmaniose positiv. Es kam ein Häufchen Elend an.
Ein Häufchen Elend was sich absolut an Lumpi band, ein Band das so fest
war, dass ich nach ca. einem Jahr erfolgloser Vermittlungsversuche
beschloss, dieses Band wird nie mehr getrennt! Ayleen blieb.
Und sie entwickelte sich zu einer absoluten Traumhündin.
Sie wurde nicht nur schöner, sondern im Laufe der Zeit auch sehr
selbstbewusst. Kaum noch etwas, was ihr sehr große Angst machte.
Nur von Lumpi getrennt sein war ganz schrecklich für sie. Sie wurde zu
unserer Ulknudel, aber auch zu unserem Frl. Rottenmaier, die immer für
Ordnung im Rudel sorgte. Leider verstarb sie 2014 mit nur elf Jahren.
Doch auch sie war mein Seelenhund, oder etwa nicht?
Neben immer wieder Pflegehunden kam dann, auch erst einmal als
Pflegehund, im Oktober 2010 Sisi zu uns. Ein Notfall von einer deutschen
Pflegestelle, ursprünglich auch aus Griechenland. Ganz lieb und verträglich
sollte sie sein. Leider kam das nicht so ganz hin.
Sisi war im Rudel bei mir ein absoluter Schatz. Aber jegliche und fremde
Lebewesen waren für sie ein rotes Tuch. Sie zeigte sich als hoch
angstaggressiv. Und dann noch ein HSH-DSH-Rotti Mix, na Prost Mahlzeit.
Kurz flackerte der Gedanke auf, dass ich dem nicht gewachsen bin.
Doch ich habe beschlossen, dass Sisi bleiben sollte, denn sie war nicht
vermittelbar. Es folgte eine lange und oft auch harte Zeit, wir lernten
voneinander und wuchsen miteinander.

Heute (April 2022) ist mein Mädchen 13 Jahre alt. Wir haben einiges durch. Aber ich habe meine Tätigkeit als Pflegestelle nur ein paar Monate aufheben müssen, bis Sisi gelernt hat, dass sie nur neue Freunde kennenlernt und ich gelernt habe wie es mit ihr funktioniert.
Auch von Lumpi hatte sie sehr viel gelernt.
Mit Sisi verbindet mich ein starkes Band, denn nur zu gut kann ich sie verstehen. Gerade auch aufgrund meiner Tierschutzarbeit treffe ich nur allzu oft auf Menschen, die ich auch lieber schlagen würde, als freundlich zu sein. Also noch ein Seelenhund?!
Nach Ayleens Tod kam im Okt. 2014 Lala, eine 8-jährige DSH Hündin aus Spanien, die ich als Gnadenbrothund aufnahm. Lala war einfach nur lieb und nett. Sie war vom Leben gezeichnet und hatte sich in Spanien vollkommen aufgegeben. Hier im Rudel blühte sie auf, trotz ihrer starken Arthrose genoss sie die Spaziergänge und Wanderungen und entwickelte eine unglaubliche Lebensfreude.
Leider hatte sie nur ein Jahr, dann ging sie über die Regenbogenbrücke. Doch trotz der kurzen Zeit teilen wir viele schöne Erlebnisse mit ihr und ich denke so oft an sie. Lala war meine „Grande Dame", stets loyal und anderen Hunden gegenüber immer souverän. Ist es wegen der kurzen Zeit kein Seelenhund?
Auf Lala folgte kurze Zeit später Saphira, eine Bracke-Windhund Mix Hündin aus Griechenland. Voller Angst kam hier ein schlotterndes Bündel an. Gerade mal 1,5 Jahre alt und so unsicher. Vor allem hatte sie Angst vor Hunden. Und dann landete sie hier im Rudel.
Mit einer Sisi die sie erst einmal fressen wollte, aber eben auch mit Lumpi. Saphira hatte wohl als Welpe Staupe und einen sogenannten Staupe Tick. Bei ihr äußerte sich es so, dass sie mit der rechten Vorderpfote immer einknickte und wackelte.
Saphira entwickelte sich gut, hatte aber extremen Jagdtrieb (wen wundert das bei einer Bracke-Windhund Mischung?) und eben ihren Tick. Niemand interessierte sich für sie!
Als sie schon über ein Jahr hier war entschied ich mich, dass Saphira für immer bleiben sollte. Sie fühlte sich nicht nur im Rudel wohl, sie passte auch gut zu uns. Denn inzwischen liebte sie alle Hunde und kam auch mit allen Pflege-Hunden sehr gut klar.

Außerdem war mir bewusst, dass auch solch ein Superhund wie Lumpi nicht ewig leben würde, so hart diese Wahrheit auch ist. Und Sisi braucht einen weiteren Hund an ihrer Seite. Mit Saphira verstand sie sich sehr gut.
Also gehört Saphira fest zum Eifler Chaos Rudel. Sie entwickelte sich super und ist inzwischen meine Ulknudel und Ober-Zicke.
Sie erinnert mich oft an Ayleen, obwohl die beiden sich nie kannten und ganz verschiedene Hunde sind. Aber es gibt viele Parallelen.
Auch Saphira würde ich als meine Seelenhündin bezeichnen.
Im Dezember 2017 brach dann meine Welt und die Welt des Rudels erst einmal zusammen. Lumpi, der große Seelenhund ging mit 18 Jahren über die Regenbogenbrücke. Lange erahnt, hatte er doch schon vier Jahre einen Lebertumor, aber er ist dem Gevatter Tod auch so oft von der Schippe gesprungen, dass das Herz nie wahrhaben wollte, was der Verstand weiß: „Das Leben ist leider endlich!"
Unsere Welt hielt den Atem an - nichts war mehr wie es vorher war.
So schwer der Abschied von all den anderen auch war, so sehr ich sie vermisse, so sehr mir bei jedem Satz über sie das Herz springt und Tränen über die Wangen rinnen. Auch nach all den Jahren noch.
Das war noch mal was ganz anderes. Lag es an der Zeit?
18 Jahre gemeinsames Leben ist eine lange Zeit. So viele Erlebnisse, so viele Höhen und auch ein paar Tiefen hat man gemeinsam erlebt und gemeistert. Und dann ist plötzlich alles vorbei. Nie wieder wird man das haben!
Der Seelenhund nimmt mehr mit als nur ein Stück!
Nie wieder? Sicher nicht so, sicher nicht auf diese Art, aber vielleicht ein bisschen? Anders, aber auch intensiv? Und was ist mit den anderen, hat man sie weniger geliebt? Waren es doch keine Seelenhunde?
Im März 2019 schickte mir eine Tierschutzkollegin, welche gerade in Griechenland war, viele Fotos. Fotos von einer alten, abgemagerten Bracke Hündin. Sie war gerade dabei diese anzufüttern und dann zu sichern.
Ich schaute in die Augen dieses Hundes und schrieb:
„Wenn sie überlebt, kommt sie zu mir!"
Sie wurde gesichert, überlebte die Kastration trotz ihres hohen Alters, geschätzt auf jeden Fall über zehn Jahre und kam in unsere Station.
Ich taufte sie Epidia, eigentlich Elpida - griechisch Hoffnung - aber durch einen Tippfehler wurde daraus Epidia und das blieb auch so.

Sie musste erst zu Kräften kommen. Doch im Mai 2019 war es soweit, Epidia durfte ausreisen und kam endlich zu mir.

Erst war sie recht ängstlich, doch dann blühte sie auf. Sie war sehr fordernd und obwohl sie ein ganz anderer Hund war zeigten sich immer mehr Parallelen zu Lumpi. Natürlich war sie ein anderer Hund, andere Rasseabstammung, anderes Vorleben. Das prägt!

Aber sie war einfach unglaublich. Und wie Lumpi war Laufen für sie das größte. Sie rannte über die Felder und Wiesen, als wenn es kein Morgen gäbe. Trotz ihres Alters. Oft genug gingen die Pferde mit ihr durch und ich musste sie einfangen, weil sie einfach immer weiterlief.

Mit zunehmendem Alter klappte es nicht mehr so gut mit dem Hören und so musste sie später an der Leine bleiben. Aber was haben wir eine schöne Zeit mit einander gehabt. Stets war sie rücksichtsvoll zu den anderen Hunden, begrüßte die Neuankömmlinge freundlich und kuschelte mit ihnen auf dem Sofa. Nur Hunde die öfter bellten waren nicht so ihr Ding, die machten ihr Angst und weckten wohl die Geister der Vergangenheit.

Pidi, wie ich sie liebevoll immer nannte, war sehr fordernd.

Egal ob es um das Einhalten der Fütterungszeiten und Leckerli Zeiten oder die Gassi Zeiten ging! Jegliche Verzögerung wurde umgehend lautstark bemängelt. Es herrschte erst wieder Ruhe, wenn alles so war, wie es sein sollte. Ein Verhalten, welches auch Lumpi an den Tag legte.

Leider verweilte sie nur knappe zwei Jahre hier.

Dann ging es ihr plötzlich immer schlechter, der Körper konnte nicht mehr, wahrscheinlich war sie schon viel älter als nur die Geschätzten inzwischen 13 Jahre. Im Oktober 2021 ging sie über die Regenbogenbrücke.

Auch Epidia hinterlässt eine wahnsinnig große Lücke. Ich bin überzeugt, sie wurde mir von Lumpi geschickt! Ein Seelenhund, definitiv - oder?

Seelenhund - wann ist ein Hund ein echter Seelenhund?

Misst man es an der Liebe für ihn? Liebt man die anderen dann weniger?

Nein, das glaube ich nicht! Misst man es an der gemeinsamen Zeit?

An deren Intensität? Sagt es was darüber aus, ob ein Hund ein Seelenhund war wie viel oder wie oft man von ihm erzählt?

Wäre es nicht wirklich unfair? Denn einen jungen Hund habe ich in der Regel lange Jahre, nehme ich einen älteren oder gar alten Hund auf, habe ich nur eine kürzere Zeit mit ihm. Erlebe wahrscheinlich weniger mit ihm.

Ist es die Verbundenheit tief im Innersten?
Wertet man so die Qualität der Mensch-Hund-Beziehung?
Will man es daran festmachen?
Es gab zwischendurch auch immer wieder Pflegehunde, die mich so einen
Tick mehr berührt haben als andere. Nicht mehr geliebt, nicht mal
unbedingt mein Beuteschema, aber eben etwas mehr berührt.
Es ist eben ein Gefühl und die kann man oft schlecht beschreiben.
Ist es wieder nur so ein „Menschending" etwas in eine Schublade zu
packen? Etwas zu messen? Kann man Liebe und Verbundenheit messen?
Sollte man das überhaupt?
Mein Credo ist, man bekommt nicht immer den Hund den man will!
Aber immer den Hund den man braucht.
Seelenhunde sind sie meiner Meinung nach alle!
Halten wir es doch einfach wie die Hunde, denn ihnen ist es vollkommen
egal, wie wir sie nennen!
Sie machen sich keine Gedanken darüber, ob sie ein Seelenhund sein
könnten. Oder ob der andere im Rudel einer ist und sie nicht, ob das eine
Wertschätzung ist und somit den anderen, den nicht Seelenhund
herabstuft, zu „nur ein Hund".
Hunde denken nicht darüber nach ob sie ihren Seelenmenschen gefunden
haben.
Hunde wollen Sicherheit, regelmäßig Futter und Wasser, spannende
Spaziergänge und Denkaufgaben zwischendurch, warme, weiche
Ruheplätze, gemeinsam auf dem Sofa liegen und kuscheln, Verbundenheit
und Schutz.
Und wenn wir ihnen das geben, dann lieben sie uns einfach dafür, ohne zu
versuchen das Ganze in die richtigen Worte zu kleiden, in Schubladen zu
stecken oder zu bewerten. Hunde bewerten nicht!
Hunde sind nicht unfair… und Hunde leben immer im „Hier & Jetzt"!
Wir können auch das von ihnen lernen - denn jeder Hund ist ein
Seelenhund, jeder auf seine ganz bestimmte Weise und jeder für seinen
ganz bestimmten Menschen…

Eure Elke Bursch

Mein Chaos-Rudel aus der wunderschönen Eifel

Wie erkenne ich einen Seelenhund?

Das ist eine Frage, die ich mir schon sehr lange und auch oftmals stelle.
Klar, meine erste Hündin Shirat, die war mein Seelenhund.
Sie hat mir so viel beigebracht: Ruhe zu bewahren, das Leben auch bei
Regen zu genießen und vieles mehr! Dann kam aber Paula.
Und nach und nach hat sie sich in mein Herz geschlichen. Von ihrem Sohn
Aramise will ich gar nicht erst reden. Der Clown, der alle mindestens zum
Schmunzeln brachte. Sind dies alles wirklich Seelenhunde?
Ja doch, ganz bestimmt! Davon bin ich mehr als nur überzeugt.
Nach der Auswanderung nach Fuerteventura kam dann Jako dazu.
Der Bardino-Stafford-Mix. Das erste Jahr bestimmt kein Seelenhund.
Nur haben wir dann an unserer Beziehung gearbeitet und ein gegenseitiges
Vertrauen geschaffen, das war einmalig! Die große Bracke, die wir im
Straßengraben aufgesammelt haben, blieb dann natürlich auch bei uns.
Der nächste Seelenhund! Aber auch die Einzige, die von Anfang an den Titel
Seelenretterin von uns bekam, war und ist meine Flocke.
Oft weiß ich nicht, was ich ohne sie machen würde.
Und unser Pelu, der auch nach sieben Jahren bei uns, noch täglich das
Leben feiert, erschleicht sich den Titel Seelenhund.
Ich will damit sagen, dass jeder meiner damaligen und jetzigen Hunde eine
besondere Beziehung zu mir aufgebaut hat, oder ich zu ihm.
So kann ich im Nachhinein nicht sagen, wer es war, oder auch ist!
Die ersten fünf Hunde sind alle über die Brücke marschiert.
Bei der ersten Hündin war ich einfach nur geschockt und trauerte sehr.
Als Aramise gegangen ist, hatte ich am nächsten Abend eine Stimme im
Kopf, die mir erzählte, er wäre gut da drüben angekommen und seine
Freundin Shirat und auch sein Papa Sherpa hätten ihn begrüßt.
Die Stimme ist immer wieder mal da und erzählt.
Andere würden jetzt sagen: „Klar, die Alte spinnt mal wieder!"

Aber da waren auch die Erlebnisse, für die ich keine Erklärung finde und die schon ziemlich unheimlich sind.

Nachdem auch unser Jako gestorben ist, holten wir Pelu mit ins Rudel. Das heißt, ich hatte damals vier Hunde. Ich rief sie aus dem Garten rein und zählte wie gewohnt (hatte schon immer mal einen vor der Tür sitzen lassen), eins, zwei, drei, vier…der letzte war ein Streifentier.

Ich wollte die Türe schließen und da kam aber erst Nummer vier Streifentier angelaufen! Oder besser ausgedrückt der Hund, der immer wieder mal im Schlafzimmer den Platz tauschte! Der war eigentlich nicht mehr bei uns.

Und gerade Paula, die ich wegen ihrer guten Menschenkenntnis immer wieder vermisse, hat mich wieder geschockt. Nachdem ich im Winter ein sehr enttäuschendes Erlebnis mit angeblichen Freunden hatte, dachte ich oft an sie und ihre erstaunliche gute Einschätzung der Menschen! Als ich dann abends die Fotos im Handy sortierte entdeckte ich ein Bild und nicht nur ich war sprachlos. Eigentlich hatte ich meine Flocke fotografiert, die in der Sonne lag…aber der verschwommene Kopf im Vordergrund, der fiel mir erst in diesem Moment auf, als ich dieses Bild etwas genauer betrachtet habe. Dieser Kopf im unteren Bildbereich gehört eindeutig zu meiner Paula, die schon zu diesem Zeitpunkt fast sieben Jahren nicht mehr lebte!

Ich könnte es jetzt lediglich sagen, dass es wirklich merkwürdige Dinge gibt, die man nicht wirklich gut erklären kann!

Das sind meine Gedanken zu dem Thema Seelenhunde und meine Erfahrungen zu dem doch sehr speziellen Thema, dass Seelenhunde nie wirklich gehen! Und ich will auch noch betonen, dass ich im Vollbesitz meiner geistigen Kräfte (lach!) und eigentlich ein sehr realistischer und nachdenklicher Mensch bin.

Die oben genannten Erlebnisse gab es wirklich in meinem Leben, haben mich geprägt und auch meine Gedanken immer wieder nicht zu Ruhe kommen lassen! Auch wenn mich jetzt vielleicht manche Menschen für etwas verrückt und wirklich durch geknallt halten könnten?!

Martina Margolf

Seelenhunde, gibt es sie tatsächlich?

Ich würde sagen ja, sie gibt es wirklich!
Diese besonderen Hunde, die tief in die eigene Seele eindringen und nie
mehr verschwinden.
Mein Seelenhund, war immer mein kleiner „Schatten".
„Schatten", so habe ich sie immer genannt.
Wo ich war, war sie auch, meine kleine Lucy!
15 Jahre durften wir ihre Familie sein.
Wir haben sie als jungen Welpen bekommen, als mein Mann und ich noch
kein Kind hatten. Wir sind in die Hundeschule gegangen, weil es uns Freude
machte, gemeinsam etwas zu unternehmen, voneinander auch zu lernen.
Jeden Tag im Wald, mit Hundefreunden spielen, gemeinsame und schöne
Urlaube am Meer gab es auch. Dann kam unsere Tochter zur Welt.
Lucy war von Anfang an neugierig, lieb und wusste, dass das Baby nun dazu
gehört. Lucy war immer an ihrer Seite. Sie schliefen gemeinsam auf dem
Sofa, machten zusammen Späße. Sie sind zusammen groß geworden.
Lucy kuschelte mit mir, schlief nachts an meinen Füßen.
Am liebsten lag sie auf meinem Arm. Bei allen Gelegenheiten, Grill-
Abenden, Familien-Festen, abends gemeinsam auf dem Sofa, ich habe es
geliebt. Wir hatten uns gegenseitig Halt und Schutz gegeben.
Sie nervte nie, war niemals aufdringlich. Ich konnte alles mit ihr machen,
Krallen schneiden, baden, ins Maul schauen und vieles mehr.
Sie vertraute mir zu 100 %.
Leider mussten wir auch ein paar Operationen gemeinsam überstehen.
Mehrere Zahnbehandlungen und zwei Kreuzband-Operationen.
Nach diesen 15 Jahren musste ich sie gehen lassen.
Es war so unendlich schwer.
Aber ich habe für sie entschieden, auch wenn mir das Herz dabei zerriss.
Die Organe machten nicht mehr mit, sie war vorher noch in der Tierklinik,
doch die Behandlung hielt nur eine kurze Weile an.

Dann hörte sie plötzlich auf zu fressen und wurde immer schwächer.

Der Tierarzt kam zu uns nach Hause. Das fand ich sehr nett von ihm.

So konnte ich ihr auch den Weg in die Arzt-Praxis noch ersparen.

Ich vermisse meine Lucy sehr. Immer, Tag für Tag und jede einzelne Stunde.

Lucy war mein Seelenhund!

Wir haben eine neue Hündin in unserer Familie, die Lucy nicht ersetzen soll.

Aber Lotte hat mir aus dem Tief der Trauer sehr geholfen.

Wir lieben unsern gestreiften Wirbelwind Lotte.

Und ich denke mit einem Lächeln und einer Träne an meinen Seelenhund,
meine Lucy.

Konni Harder

Gibt es wirklich Seelenhunde?

28. November 2018, der Tag, an dem sich wirklich alles änderte.

Aber die Geschichte begann schon ein paar Jahre vorher.

Schon immer wollte ich einen Hund haben, meine Eltern wollten eigentlich nie Hunde (wobei, ich bin mir ziemlich sicher, dass meine Mutter schon einen wollte!).

2013 mussten Arbeitskollegen von meinen Eltern ihren Hund „Chico" (elf Jahre) abgeben. Durch das Aussehen (Rauhaardackel- Jack Russel Mix), war mein Vater plötzlich Feuer und Flamme für einen Hund und somit hatte auch ich endlich meinen geliebten Hund. Ein sehr eigenwilliger, stur köpfiger, selbstbewusster und frecher kleiner Dackel.

Wir hatten viele schöne und gemeinsame Jahre.

Ich habe Chico wirklich sehr geliebt.

Im Juli 2018 mussten wir Chico dann gehen lassen. Zwar mit stolzen 16 Jahren, aber es war dennoch wirklich schlimm für uns.

Er fehlte mir, mir fehlten die Spaziergänge, das tägliche Kuscheln, das Tapseln auf dem Laminat und ich durfte erfahren wie schön es ist, einen Hund zu haben und dieses Gefühl wollte ich auch nicht mehr missen.

Nun war mein Wunsch umso größer, einen eigenen Hund zu haben.

Ich redete mit meinen Eltern und versuchte sie Wochenlang davon zu überzeugen, dass ich das hinbekommen würde, dass ich mich kümmern würde. Zu diesem Zeitpunkt war ich 22 Jahre alt, aber wohnte noch bei meinen Eltern.

Ich habe meinen Eltern immer wieder Fotos von verschiedenen Hunden gezeigt, doch trotzdem war es für mich nicht das Gefühl, das genau DIESER Hund dabei war. Irgendwann habe ich durch eine Arbeitskollegin eine Tierschutz-Organisation gefunden, die Hunde von Teneriffa aus einer Tötungsstation nach Deutschland vermittelt.

Denn für mich war es stets klar, dass ich einen Hund nur aus dem Tierschutz aufnehmen und auch adoptieren möchte.

Ich ging auf die Internetseite und sah sofort zwei Hunde, Don - drei Jahre
alt, mit seinen 60 cm ein großer, beige-schwarzer und gestreifter Rüde.
Und Tigre, vier Jahre, 45 cm, goldbraun-schwarz gestreifter Rüde.
Beide haben mir sehr gefallen und ich wusste sofort, einer von den beiden
sollte es sein, denn sie hatten dieses gewisse Etwas.
Ich zeigte die beiden meinen Eltern!
Nach mehreren Gesprächen konnte ich sie endlich überzeugen, sich die
Hunde mal anzuschauen. Zum Glück waren die Hunde auch schon in
Bremen bei der Tierschützerin, damit sie hier in Deutschland leichter
vermittelt werden konnten.
Ich habe ihr direkt geschrieben, wir haben telefoniert und ein Treffen
ausgemacht. Zwei Stunden Fahrt, da waren wir nun.
Wir kamen in den Raum und sofort stürmten mehrere Hunde auf uns zu!
Doch nur einer sprang mir durchgehend an den Rücken, es war Tigre.
Ein wunderschöner Hund und seine treuen Augen haben mich verzaubert
und in ihren Bann gezogen. Er wich mir keine Sekunde mehr von der Seite!
Wir saßen ein Weilchen da und unterhielten uns mit der Tierschützerin.
Für mich war klar, dass er es ist! Meine Eltern brauchten leider noch etwas
Bedenkzeit. Sie konnten ja nicht wissen, dass genau dieser Hund eine große
Bereicherung für mich und auch für sie wäre.
Nachdem wir uns verabschiedet hatten und schon wieder auf der Autobahn
waren, sendete mir die Tierschützerin sofort ein Foto…darauf war Tigre
abgebildet und es hat mir mein Herz zerrissen, wie er an der Gittertür stand
und uns mit einem traurigen Blick nachschaute.
Noch im Auto führten wir mehrere Gespräche und planten, wann Tigre
(Dobby) bei uns einziehen könne?!
Zum Glück konnte ich meine Eltern überzeugen, dass genau DIESER Hund
mein Hund werden soll! Meine Mutter war trotzdem nicht gänzlich
überzeugt, das habe ich ihr angemerkt.
Tigre (Dobby) war einfach nicht „Ihr" Typ Hund!
Zuhause angekommen überlegten wir sofort einen Namen für ihn.

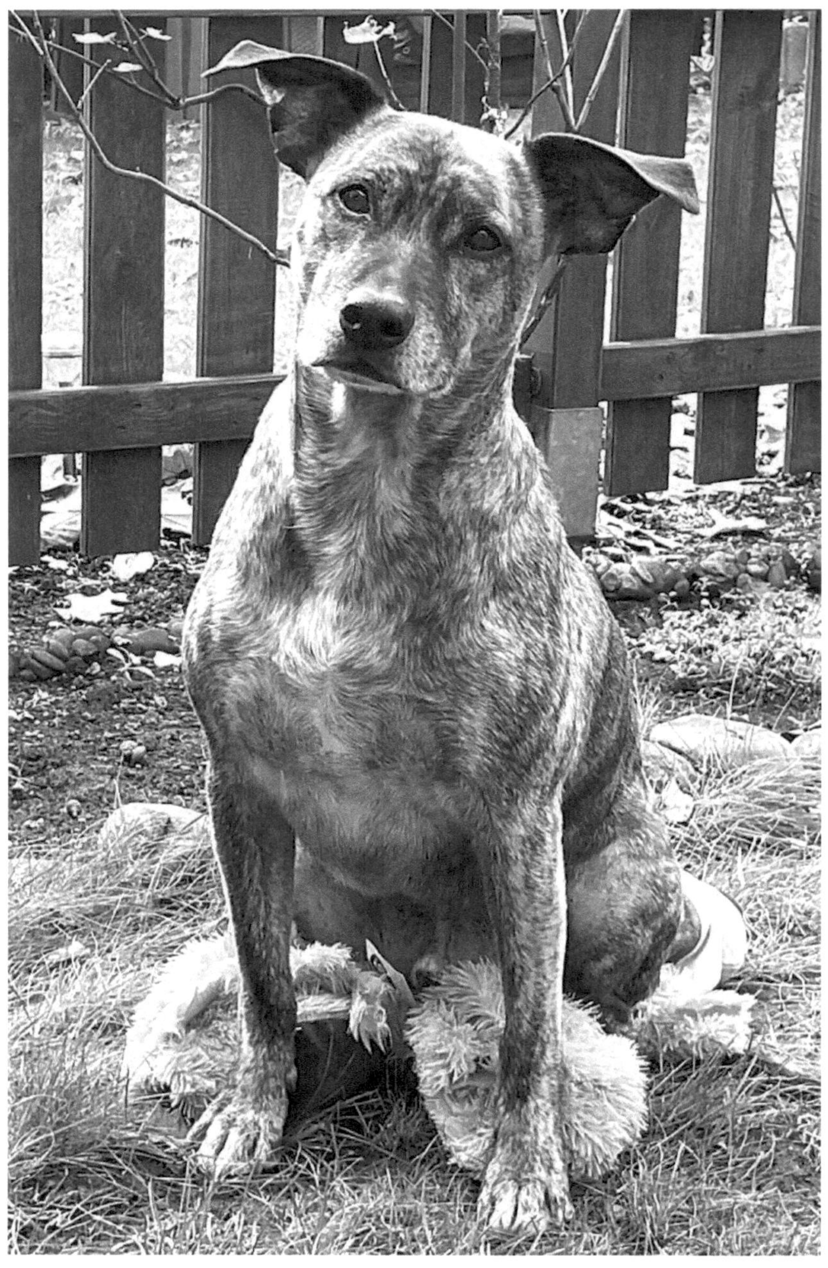

Zirka eine Woche später holten wir ihn schon ab und sein Name stand auch
schon fest: „Dobby" sollte er nun heißen. Man brauchte nur die Ohren
sehen und wusste sofort, dass dieser Name wirklich zum ihm passte.
Er soll frei sein und echte Liebe spüren. Als wir zuhause ankamen, sprang
Dobby meinem Vater direkt in die Arme und kuschelte sich an seinen
Bauch, wir kuschelten den ganzen Abend über weiter.
Dobby hat mir direkt gezeigt, dass Hunde doch dankbar sein können,
ständig wurde mir auch gesagt: „Hunde können keine Dankbarkeit zeigen!"
Doch, ich bin mir sehr sicher, dass er mir genau das gezeigt hat.
Auf der Rückfahrt über, sowie die ganze erste Nacht, leckte Dobby mich
überall ab wo er nur ankam und hörte nicht wieder auf.
Die ersten Tage vergingen, Dobby machte sich super, war verschmust, war
sehr lernwillig, aber auch sehr verfressen. Von Anfang an war er aus
verschiedenen Gründen ein sehr unsicherer und ängstlicher Hund.
Fremde durften seine Ohren nicht berühren und er schrie sofort auf!
Denn seine Ohren sind sehr empfindlich und das blieben sie auch bis heute.
Nachts noch einmal rausgehen und große dunkle Gestalten machten ihm
Angst, so wie alles Neue ihn verunsicherte. So habe ich versucht, ihm immer
wieder auf sehr liebevolle Art und Weise zu zeigen, dass das Leben nicht
schlimm ist, dass es so viele spannende Sachen auf der Welt zu entdecken
gibt und ich auf ihn aufpassen werde. Immer!
Doch so liebevoll Dobby auch immer war und ist, kam ich mit seinen
Unsicherheiten und Ängsten auch an meine Grenzen und hatte immer
stärker den Gedanken, dass mein Wissen über Hunde doch nicht reichte.
An einem Abend wollte ich wie immer mit ihm rausgehen, doch er wurde
die letzten Tage im Dunkeln immer unsicherer, egal was ich tat, er wollte
nicht vom Bett und nicht die Abendrunde mit mir gehen.
Ich versuchte ihn zu locken, auszutricksen, ich habe ihn liebevoll vom Bett
runter gebeten und auch bestimmend gezeigt, dass er nun endlich runter
gehen solle. Es brachte wirklich alles nichts!

Ich wollte ihn hochheben und plötzlich schnappte er nach mir und knurrte
mich weiter drohend an. Verzweifelt wie ich war, habe ich ihn angeschrien,
dass er sofort runter vom Bett soll! Plötzlich klappte es.
Wir sind die Abendrunde gegangen und sobald wir wieder Zuhause waren,
sollte er das erste Mal abends auf seinem Platz bleiben.
Mir wurde klar, ich musste uns beiden Zeit lassen zu überdenken, was
gerade passiert war. Ich wusste nicht mehr weiter, dachte aber trotzdem,
dass wir das doch alles schaffen müssen. Wir werden es schaffen!
Wir hatten schon inzwischen so viel erreicht.
Dobby schaute mich traurig von seinem Körbchen aus an, beobachtete
mich und keine Sekunde ließ er mich aus seinen Augen.
Nach ein paar Stunden ließ ich ihn wieder zu mir ins Bett.
Dobby schmiegte sich an mich, leckte mich ausgiebig ab, es war als wüsste
er ganz genau, dass er nicht richtig gehandelt hatte. Die Wochen vergingen,
Dobby traute sich mit mir an seiner Seite immer mehr zu.
Auf Spaziergängen mit seiner Hundefreundin konnte er im Laufe der Zeit
immer ein paar Zentimeter mehr von mir abweichen, ganz ohne Leine!
Er musste nicht durchgehend schauen, wo ich gerade bin und er konnte
endlich frei sein.
Hin und wieder gab es noch Probleme mit Dobbys Unsicherheiten, aber die
meisten konnten wir zusammen irgendwann bewältigen.
Nur das leidige Thema Tierarzt blieb zunächst sehr schwierig.
Dobby und ich übten immer wieder das Zähne schauen, auch ihn
abzutasten und in seine empfindlichen Ohren hinein zu schauen.
Zum Glück habe ich einige Zeit selbst beim Tierarzt gearbeitet und somit
konnte er wohl etwas leichter seine Bedenken ablegen.
Der Besitzer der Tierarztpraxis hatte dann leider gewechselt.
Nun hatten wir eine neue Tierärztin und ihr gefiel es gar nicht, dass Dobby
an der Tür im Aufenthaltsraum stand. Sie war nicht gerade freundlich zu
den Tieren und hatte auch kein echtes Händchen für all die Tiere.

Also blieb uns nur eins, so schnell wie möglich weg!

Weg aus dieser herzlosen Praxis, weg von dieser komischen Ärztin.

So war das Vertrauen zu einem Tierarzt wieder vollkommen hinüber und lange habe ich gebraucht, endlich eine tolle Praxis zu finden, die sensibel mit Dobby umgeht und der Arzt ein echtes Händchen für besondere Tiere hat. Wenn man weiß wie man mit ihm umgeht, macht er alles super, auch den Besuch beim Tierarzt.

Er ist und bleibt ein sehr feinfühliger Hund, sehr sensibel und der sich gerne auch mal in Sachen hinein steigern kann.

Leider wurde Dobby dann auch noch von zwei Deutschen Doggen gebissen und ich bin natürlich sofort massiv und mutig dazwischen gesprungen! Doch leider standen schon beide auf ihm drauf.

Die Wunde musste sechs Mal geklammert werden. Das war natürlich kein schönes Erlebnis für Dobby und auch nicht für mich!

Mit der Zeit sind wir sehr eng zusammengewachsen, ich durfte seine Zähne anschauen, seine Ohren säubern und es hat immer mehr Spaß zusammen gemacht, je mehr Vertrauen wir zueinander hatten. Dobby ist ein herzensguter Hund, der einfach Zeit brauchte, um zu vertrauen!

Er wusste aber sehr genau, wo er welches aufbauen möchte und wo halt nicht. Von seiner Hundefreundin Emma (eine bildhübsche Cockerspaniel Dame) konnte Dobby sich viel abgucken, aber nicht immer nur Gutes, denn die beiden hatten auch immer den sprichwörtlichen „Schalk im Nacken".

Sie verhielten sich wie ein altes Ehepaar, flitzte Emma los, flitzte Dobby sofort hinterher. Emma hatte es sogar nach 3 Jahren geschafft, dass wir Dobbys „Stimme" zu hören bekamen, auch wenn sie nicht so tief war, wie wir es irgendwie erwartet hatten.

Mit der Zeit schlossen ihn immer mehr Personen in meinem Umfeld ins Herz, sehr sicher durch seinen frechen, aber wirklich sehr liebevollen Charakter. Es kommen immer noch welche auf mich zu die sagen: „Hätte ich gewusst, dass ein Hund so lieb sein kann, hätte ich auch einen gewollt!"

Besonders meine Oma, denn durch meine Oma habe ich Dobby eigentlich
bekommen. Meine Oma gab mir das Geld für Dobbys Adoptions-Vertrag,
somit ist Dobby nochmal auf eine andere Art und Weise für mich etwas
ganz besonders. Und meine Oma, die seit 2020 leider nicht mehr bei uns ist,
ist sie durch ihn stetig an meiner Seite.
Dobby war stets eifersüchtig, allerdings nur bis zu dem Moment, als mein
Partner in unser Leben kam. Dobby war natürlich beim ersten Treffen mit
dabei, der Mann musste ja wissen, worauf er sich da einlassen würde!
Mein Partner hatte zu dem Zeitpunkt noch nicht viel mit Hunden am Hut,
genauso wie seine ganze Familie.
Nun ist Dobby immer der erste, den alle begrüßen wollen und mit dem alle
sofort kuscheln wollen. Auch wenn mein Partner es am Anfang überhaupt
nicht guthieß, schlafen wir seit dem ersten Tag zu dritt im Bett und
mittlerweile kann er auch nicht mehr ohne Dobby schlafen.
Wenn wir zu Besuch bei meinen Eltern sind, muss Dobby direkt zu meinem
Vater auf die Couch, um endlos lange zu kuscheln, ausgerechnet zu meinem
Vater, der eigentlich lieber Katzen wollte (auch wenn er es nicht zugeben
würde, aber er liebt es sehr, dass Dobby sich immer an ihn eng ankuschelt)!
Seit dem Dobby da ist, kamen einige Hunde in der Familie dazu und das
freut mich umso mehr. So viele wundervolle Vierbeiner auf einem Haufen,
mit so unterschiedlichen Charakteren.
Was ich aber mit dieser langen Geschichte wirklich sagen möchte…
Ja, es gibt wirklich echte Seelenhunde!
Dobby ist mein persönlicher Seelenhund und ganz ehrlich, nicht nur
meiner! Ich denke, Dobby hat schon viele Wunden geheilt und ohne Dobby
wäre ich nicht da, wo ich heute in dieser Welt bin. Ich habe mich mit einem
Hund noch nie so verbunden gefühlt, wie mit meinem Dobby. Und Dobby
selbst hat eine große Entwicklung für sich gemacht. Die Anfangszeit war
zwar extrem hart und auch ich habe immer wieder an mir gezweifelt.
Dobby hat von der ersten Sekunde an uns geglaubt und es hat sich sehr
gelohnt, Tag für Tag dafür gemeinsam zu kämpfen.

Mein Vater sagte immer zu mir: „Hinfallen…Aufstehen…Krone richten…und einfach wieder weitergehen!“
Und genau das haben wir getan, immer und immer wieder.
Ich habe mit meiner Mutter gerade erst über die Anfangszeit mit Dobby gesprochen, wie schwer das doch alles war.
Sie hat das alles komplett und längst vergessen!
Denn auch meine Mutter hat sich so in Dobbys Wesen gnadenlos verliebt, das da absolut kein Platz für etwas anderes ist.
Keiner, der ihn von Anfang an kennengelernt hatte, hätte jemals gedacht, dass er so ein entspannter Hund wird, wie er jetzt inzwischen ist.
Er ist nicht mehr so panisch und ängstlich, sondern er ist jetzt wirklich mutig, witzig, offen und sehr liebevoll, allerdings kann er auch ziemlich stur sein. Aber was soll es, das bin ich ja manchmal auch.
Deswegen ist er ein Teil von mir und von allen um mich herum.
Da Dobby und ich so viel gemeinsam auf unserem Weg geschafft haben, bin ich fest davon überzeugt, dass dies alles jeder schaffen kann!
Man fühlt es einfach in der Seele und man fühlt es auch tief im Herzen, wenn es ein echter Seelenhund ist.

Farina Markmann

Meine Zeilen sind auch in Gedenken an Anette („Hexes Tiernothilfe“) gewidmet, die leider am 27.09.2024 verstorben ist. Vielen Dank für all die wunderbaren Tiere, die du uns allen vermittelt hattest.

PS: Wenn ihr auf eurer persönlichen Suche nach eurem Seelenhund seid, geht doch bitte ins Tierheim oder wendet euch an den Tierschutz.
Denn auch dort warten so viele Seelenhunde auf ihren Menschen, Danke!

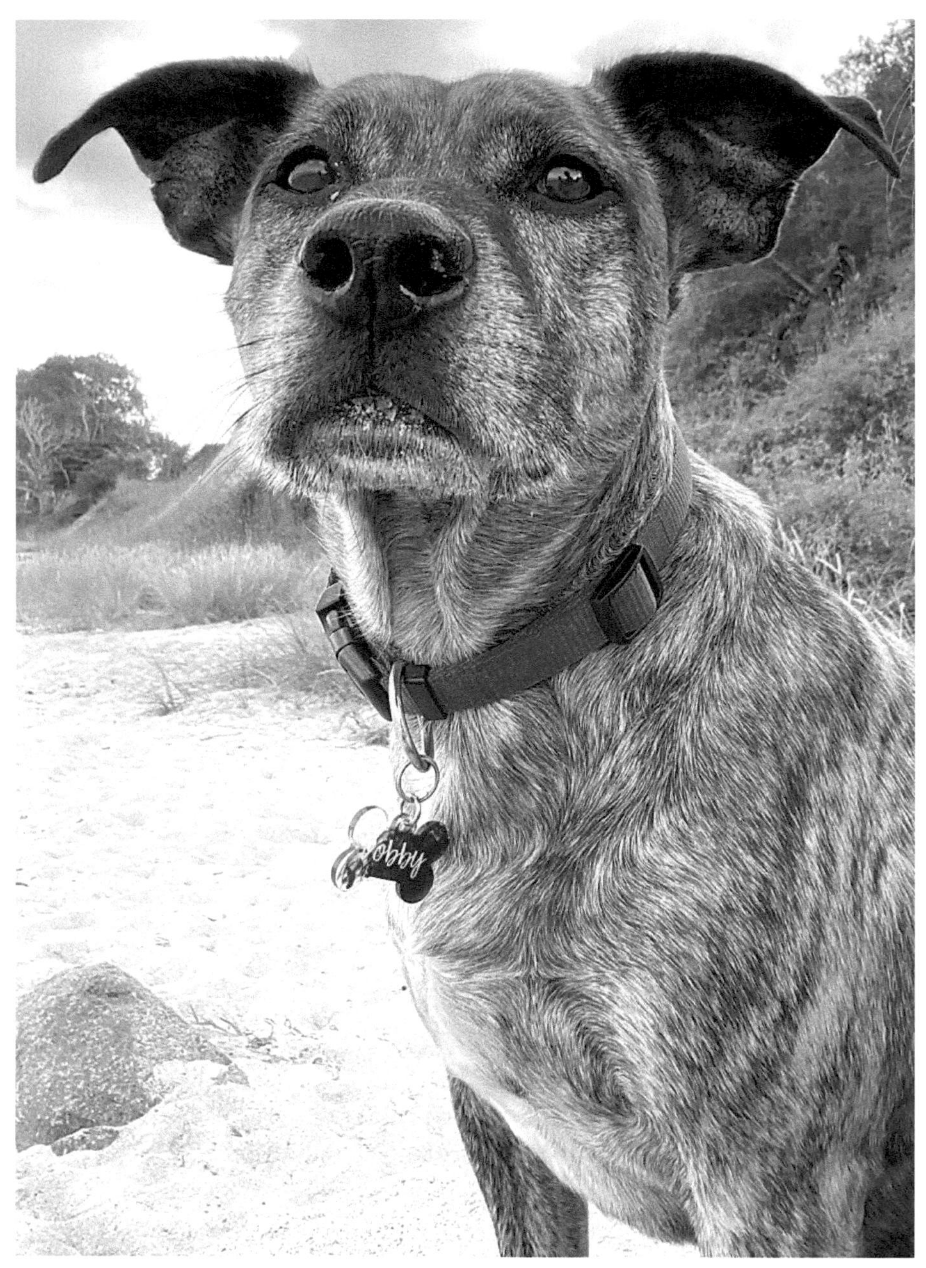

Ein Seelenhund, was ist das eigentlich?

Als unsere Geschichte mit Mailo im Oktober 2016 begann, hatte ich mit
dem Begriff Seelenhund wirklich nichts am Hut.
Mailo kam zu uns im Alter von sechs Monaten, wurde beschrieben als
schüchtern und sehr zurückhaltend, was jedoch sehr vorsichtig ausgedrückt
war. Was tatsächlich vor uns stand, war ein kompletter Angst-Hund, der
wirklich noch nicht viel von der Welt kennen gelernt hatte.
Große Angst, vor allem vor Männern und komischen Kindern.
Mailo (zu 99 % ein Bardino „autentico") ist mein erster eigener Hund und
meine Frau ist mit Schäferhunden aufgewachsen. Aber das waren nicht
solch typische Familienhunde, wie wir es uns das bei Mailo erhofften,
sondern die Schäferhunde waren eher etwas für den Hundeplatz,
Prüfungen, Auszeichnungen usw. und das Hobby des Vaters meiner Frau.
Doch unser Mailo sollte ein richtiges Familienmitglied werden.
Mein Anfang mit ihm war sehr schwierig, da er meine Frau zu seiner
direkten Bezugs-Person für sich auserkoren hatte.
Die Angst vor mir als Mann ließ (wie fast erwartet bei seiner Beschreibung
im Vorfeld) keine direkte Annäherung zu.
Er wich jedes Mal sofort zurück, wenn ich ihm im Flur begegnete, oder
wenn ich vergeblich versuchte, ihn an zu fassen oder gar zu streicheln!
Dies war absolut nicht möglich.
Also entschloss ich mich, ihn zunächst einfach in Ruhe und Zeit zu lassen, in
der großen Hoffnung, er wird irgendwann ganz von alleine kommen.
Nach gut fünf Tagen war das Eis zwischen uns endlich gebrochen.
Er akzeptierte mich, zwar noch nicht so gleichwertig wie mit meiner Frau,
aber zum Rumtoben und Spielen war ich schon der Richtige.
Gassi-Runde konnte ich nicht mit ihm alleine gehen, denn sein Frauchen
musste immer in seiner Nähe sein!
Von meinem Schwiegervater (der „Herr der Schäferhunde") wurde er zuerst
etwas abwertend begutachtet, was mich wirklich nicht verwunderte!

Denn er war ja auch kein Schäferhund.

Mailo dagegen hatte meinen Schwiegervater sofort als Familienmitglied in sein großes Herz geschlossen und freute sich immer sehr, wenn er am Wochenende zu uns kam.

Egal wo dieser war, Mailo lag immer zu seinen Füßen! Wenn er am Tisch saß, Mailo lag vor Ihm. Lag mein Schwiegervater auf dem Sofa für ein kleines Nickerchen, Mailo lag natürlich immer neben der Couch.

Im Jahr 2019 bekam mein Schwiegervater die schreckliche Diagnose Darmkrebs. Bei uns kam der komische Gedanke auf, ob es Mailo schon die ganze Zeit gespürt hat und deshalb seine Nähe gesucht hat?!

Es war alles schon irgendwie sehr merkwürdig mit seinem Verhalten und meinem Schwiegervater gegenüber, als würde Mailo über ihn wachen.

In den darauffolgenden Monaten änderte sich nichts an Mailos Verhalten und mein Schwiegervater genoss seine Nähe immer mehr und verwöhnte ihn natürlich wo er nur konnte. Mailo bekam das beste Stück Fleisch vom Teller, die beste Scheibe Wurst und vieles mehr.

In der Zwischenzeit machte Mailo zwischen mir und meiner Frau keine Unterschiede mehr. Was ich natürlich in vollen Zügen (bis heute) sehr genieße und auch schätze.

Mailo geht mit meiner Frau zu ihrer Arbeit und bleibt tagsüber immer bei ihr, aber pünktlich zum Feierabend bin ich angesagt.

Dann ist er wirklich mein Mailo und mein echter Herzens-Hund!

Es ist jeglicher Ärger von der Arbeit, Alltag, Probleme oder ähnliches sofort verflogen, wenn er mich im Treppenhaus wild wedelnd begrüßt und mich nicht aus seinen Augen lässt.

Ich genieße unsere gemeinsame Zeit in vollen Zügen, vor allem unsere gemeinsamen Gassi-Runden und gemeinsam über die Felder und Wiesen zu laufen! Dabei kann man so richtig gut abschalten.

Man beobachtet ihn, wie er sich verhält, echten Spaß hat und ist selbst einfach nur vollkommen relaxed.

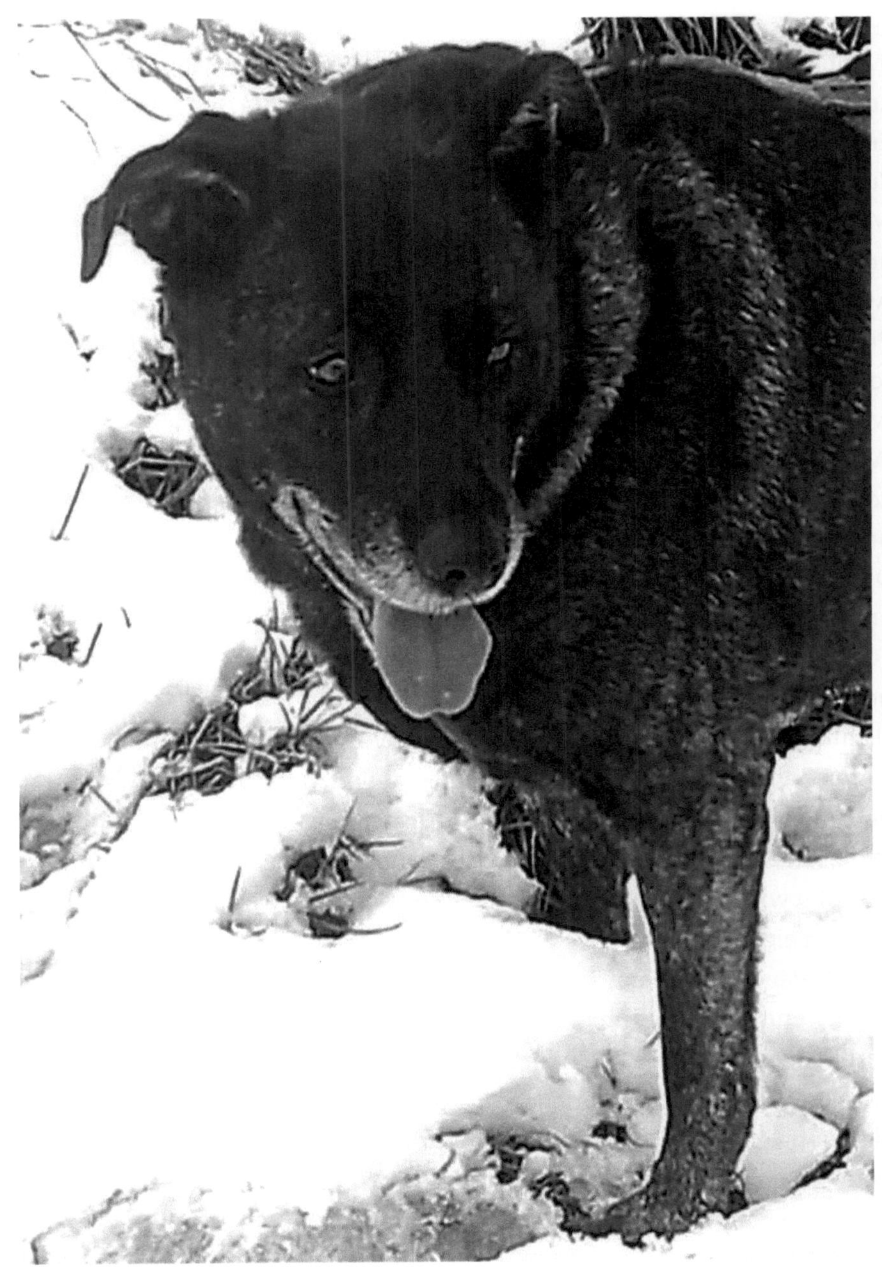

Wenn der unwiderstehliche Bardino-Blick mit diesen Bernstein-Augen kommt, kann man nichts anderes tun, als ihn knuddeln und beschmusen.
Er ist zu seinem Menschen ein echter Herzensbrecher!
Zur Erklärung…
Mailo ist zuhause in seinen vier Wänden ein sehr ruhiger und auch sehr ausgeglichener Hund.
Außerhalb seines Refugiums kann er zum echten und hoch explosiven Pulverfass werden, da er Fremden gegenüber äußerst misstrauisch ist, Jogger, Radfahrer & Co. überhaupt nicht mag! Im Grunde mag er nichts, was uns (vor allem ihm) unaufgefordert auf die Pelle rückt.
Was durchaus dazu führen kann, dass er vollkommen ausrastet und komplett in seiner Leine hängt. Deshalb ist es für uns mit Mailo fast unmöglich, direkt im Ort mit ihm zu laufen!
Denn er wird sofort ein komplettes Nervenbündel an der Leine und ist immer in „Bereitschaft", sich und uns zu schützen.
Für einen schönen Morgen- bzw. Abend-Spaziergang laden wir ihn gerne in unser Auto und fahren mit ihm ins Grüne.
Nicht immer sind auch diese Spaziergänge vollkommen entspannt, denn es treten halt manchmal Situationen ein, in denen man sofort bei ihm merkt, dass er total überfordert und richtig unsicher wird.
In diesen Fällen zieht dann ein unglaubliches Kraftpaket mit 45 kg purem Kampfgewicht an der Leine und man hat wirklich alle Hände voll zu tun, sich auf den eigenen Beinen irgendwie zu halten (was auch je nach Situation oder Gelände nicht immer möglich ist).
Doch wenn er sich beruhigt hat und man in seine unwiderstehlichen Bardino-Augen schaut, ist jeder Ärger oder Frust sofort verflogen.
Er zeigt uns in jedem Augenblick, wie dankbar er ist und uns wirklich über alles liebt. Und ich weiß, das ist sehr ehrlich!
Denn es gibt kein ehrlicheres Geschöpf auf Erden, als ein Hund.
Auch sind wir mehr als dankbar, dass es ihn in unserem Leben gibt!

2021 verstarb mein Schwiegervater leider und in den ersten Wochenenden danach wartete Mailo wirklich oft darauf, dass es an der Türe klingelt und er wieder zu uns kommt.

Mailo half meiner Frau auch sehr in ihrer Trauer, er weichte nicht von ihrer Seite! Denn wenn er merkt da stimmt was nicht, egal ob es jetzt Trauer oder Krankheit ist, ist er sofort da!

Im darauffolgenden Jahr überraschte uns unsere wundervolle Tochter mit der schönen Nachricht, dass wir Oma und Opa werden.

Wir freuten uns alle sehr und waren gleichzeitig auch gespannt, wie wohl Mailo auf so ein kleines neues Familienmitglied reagieren wird?!

Doch leider kam alles anders, als wir es uns alle irgendwie wünschten.

Unsere Tochter verlor das Kind in der zwölften Schwangerschafts-Woche.

Es brach natürlich eine Welt für uns alle vollkommen zusammen.

Doch auch hier zeigte Mailo uns seine ganz besonderen und auch sehr speziellen Seiten.

Wir ließen ihn bei unserer Tochter untertags zuhause und sie berichtete uns, dass er ihr nicht von der Seite wich und sie nicht aus den Augen verlor.

Für sie ein echter Schatten, ihr Vertrauter und ihr treuer Seelenfreund.

Er legte sich zu ihr und wollte immer ihre Hand auf sich spüren.

Dann war er zufrieden und seine Welt in Ordnung!

Frei nach dem Motto: „Wenn du mich brauchst, bin ich immer für dich da!"

Das scheint unserer Tochter in dieser absolut schweren Zeit wirklich sehr geholfen zu haben.

In den letzten Monaten fällt uns auf, dass Mailo uns immer öfter auffordert, zu ihm auf den Boden zu kommen, um zu kuscheln und zu streicheln.

Man bekommt auch des Öfteren die Hände abgeleckt, was man als wahre Liebe und Dankbarkeit von ihm ansehen kann.

Was andere Menschen (bis auf wenige Ausnahmen) angeht, dauert alles seine Zeit, bis er vertraut. Nähe von Fremden mag er nicht und zeigt dies auch sehr unmissverständlich und ohne jegliche Zweifel.

Aber sein besonderes und sehr spezielles Verhalten uns gegenüber, zeigt uns immer wieder sehr eindrucksvoll, das Mailo das sein muss, was viele einen echten Seelenhund nennen!
Für uns, unsere Familie und unser Leben ist Mailo einfach der perfekte Hund, mit all seinen Ecken und Kanten, vor allem aber mit seinem großen Herz. Unser Seelenhund, hoffentlich noch sehr lange...

Thomas & Michaela Arnold

Mein Sonnenschein Gioya

Ich wollte von Kindesbeinen an einen Hund. Leider kam es dazu nie.
Meine Eltern haben schon seit einigen Jahren eine Fellnase, der unserer
gesamten Familie richtig guttut.
Leider war mir selbst bis dahin, über Jahre hinweg die Möglichkeit und so
die Haltung eines eigenen Hundes nicht gegeben. Die Gespräche mit
meinem Partner waren nie intensiv, dennoch habe ich nie Ruhe gegeben.
Dann kam Tag X und ich sah ein Foto von von Gioya und Ihrem Bruder Elmo
in einem Tierheim und deren Homepage.
Sofort war ich mehr als nur verliebt in diese wunderschöne Hündin und
habe auch andere mit meiner Faszination für Gioya sofort angesteckt.
Ich meldete mich bei dem Tierheim, weil das Thema Hund und vor allem
Gioya irgendwie kein Ende nahm.
Schon nach wenigen Tagen konnten wir das Tierheim und diese Hündin
besuchen. Der Weg dorthin war voller Gedanken.
Dank der Infos, die das Tierheim mir mitteilte, war Gioya recht auf-
geschlossen und hatte keine Scheu vor fremden Menschen.
War das nun auch wirklich so? Wie wird sie auf mich / uns reagieren?
Was, wenn ihr Bruder sie beschützen möchte und sie dadurch kein
Interesse zeigt?
Fragen über Fragen und diese und einige andere Gedanken mehr kamen
einem in der zwei stündigen Autofahrt immer wieder in den Kopf.
Dort endlich angekommen, sahen wir all die Hunde des Tierheimes im
Freilauf auf deren Gelände.
Der erste Hund der uns sah, war Gioya's Bruder Elmo, der uns lautstark bei
allen anderen sofort ankündigte. Mit jedem Schritt zum Eingang wurde die
Aufregung, aber auch die Freude immer größer.
Die Tür ging auf und mit jedem Schritt verflogen jegliche Sorgen.
Gioya kam direkt zu mir und ließ sich sofort streicheln, sogar regelrecht
liebkosen. Keine Zeichen von Scheu oder einer Ablehnung.

Diese Begrüßung war eine echte Überraschung für mich.

Immer wieder näherte sie sich und forderte Streicheleinheiten, vor allem dieser Blick, mit dem sie mich anschaute.

Bei einem Spaziergang mit ihr und ihrem Bruder merkte man schon, dass sie sich an uns orientierte. Natürlich ist alles, was in der Natur passiert, bis heute für sie sehr interessant. Trotzdem kam gelegentlich ein prüfender Blick zu uns und ans andere Ende der Leine. Hätte sie sich wirklich für mich / uns genauso entschieden, wie wir uns jetzt für sie?

Nach dem Spaziergang kam es natürlich zu einem Gespräch mit der Tierheimleitung. Auch hier suchte Gioya sofort Nähe zu mir und forderte ihre Streicheleinheiten ein, erfreute sich aber auch am Spiel mit ihrem Bruder und mit all den anderen / vielen Artgenossen.

Nach unserem Gespräch mit der Tierheim-Leitung folgte die zwei stündige Heimfahrt, diesmal mit ganz anderen Gedanken. Denn schon zu diesem Zeitpunkt wurde unser Leben gedanklich vollkommen auf den Kopf gestellt! Nun begann die große Planung, damit Gioya bei uns einziehen konnte. Natürlich stand noch eine Vorkontrolle durch einen Tierschutz in der Nähe an. Wir setzten alles daran, so schnell wie möglich einen passenden Termin zu finden. Dank der großen Unterstützung innerhalb der Familie war die Erstausstattung Ruck Zuck da und der Kontakt zu einer Tierschützerin / Hundetrainerin schon hergestellt, um uns bei den ersten Schritten etwas zu begleiten, vor allem bei meinem / unseren ersten Hund.

Die Erleichterung war natürlich groß, als wir nach der Kontrolle das „Okay" bekamen und Gioya bereits eine Woche nach dem ersten Kennenlernen bei uns einziehen durfte.

Die Autofahrt war diesmal natürlich noch viel aufregender, als beim ersten Mal. Und so viele neue Gedanken kreisten in meinem Kopf umher.

Erkennt sie uns wieder?

Freut sie sich wirklich, uns nun wiederzusehen?

Wie verhält sie sich, wenn Sie das gewohnte Grundstück des Tierheimes ohne Ihren Bruder verlässt?

Wird sie Sehnsucht haben, vor allem nach ihrem Bruder?

So viele offene Fragen, die nach Antworten suchten!

Die Freude war auf beiden Seiten mehr als groß.

Wieder forderte sie sofort unsere Zuneigung ein und war zutraulich, vielleicht sogar etwas zutraulicher als davor.

Diesmal sogar mit einem Moment, der richtig unter die Haut ging und für echte Gänsehaut sorgte. Der erste innige Blickkontakt zwischen uns beiden.

Dieser kaum erklärbare Blick voller Liebe und Zuversicht von ihr.

Dieser ganz besondere Blick, als würde sie wissen, dass sie heute aus dem Tierheim für immer in ein neues Leben auszieht.

Dieser ganz besondere Blick der sagt: „Ja, ich habe dich ausgesucht!"

Nachdem alles vor Ort geregelt war, kam der Moment des Abschieds.

Es schien ihr nicht schwer zu fallen, was uns natürlich aufatmen ließ.

Die erste Autofahrt war sehr entspannt, nachdem sie endlich mal im Auto war. Schnell war klar, dass sie viel Neues kennenlernen wird und uns eine wahnsinnige Freude bereiten wird.

Sie war nun endlich in ihrem eigenen „für immer Zuhause" angekommen.

Wie reagiert Sie auf ein Leben in einem unbekannten Haus?

Geht Sie überhaupt rein?

Nachdem das Grundstück von ihr gründlich inspiziert wurde, war die Neugier einfach zu groß und „Schwupps" war sie problemlos im Haus.

Es lagen Bettchen, Wasser, Futter und Spielzeug für sie bereit.

Ihr Blick sagte schüchtern Danke und nach kurzer Zeit hat sie auch schon entspannt geschlafen, in ihrer neuen Welt und ihren neuen Menschen.

Es war schön zu sehen, dass sie sich auf ihr „für immer" und neues Zuhause sofort eingelassen hat. Sie war bereit, dort anzukommen.

Die ersten Tage verbrachten wir ganz ruhig im kleinen Kreis auch wenn jeder das neue Familienmitglied willkommen heißen wollte.

Sie forderte nach wie vor viel Liebe und Zuneigung für sich ein.

Ihre Blicke sagten immer öfter Danke!

Man merkte innerhalb der ersten Woche, wie sie immer mehr ankam und ihre Ruhe fand. Das beruhigte uns alle wirklich ungemein.

Routinen waren uns von Anfang an sehr wichtig und sie lernte schnell, auch mal einen Moment allein zu sein und vieles andere.

Trotzdem stellte sie den gewohnten Tagesablauf von uns vollkommen auf den Kopf - natürlich im positiven Sinne.

Die gemeinsamen Spaziergänge taten allen mehr als gut.

Auch ich merkte sehr schnell, wie frei der eigene Kopf dabei wird.

Die Spaziergänge mit ihr helfen beim Abschalten nach einem harten und sehr stressigen Tag. Inzwischen geht nach Feierabend ein Schalter um und die Freude auf Gioya überwiegt jedem noch so großen Mist und Stress, der Tagsüber passierte. Das half auch ihr, immer mehr aufzutauen und zu vertrauen. Man merkte es an ihrem Verhalten uns gegenüber, wie sie immer mehr Vertrauen fasste. Diese Entwicklung zeigte uns:

„Ja sie gehört zu uns und wir zu ihr."

Hier haben sich Seelen gesucht und auch gefunden!

Auch als sie anfing, altersentsprechend Dinge anzustellen, kaputt zu machen und frech zu werden, entschuldigte sie sich mit Ihrem Blick sofort.

Wir finden immer mehr zueinander, Tag für Tag.

Geht es einem Mal nicht so gut, weil die Gedanken kreisen oder man körperlich in keiner guten Verfassung ist, weicht sie mir kaum von meiner Seite. Sie spendet Trost und große Nähe, in dem sie einfach ruhig neben einem liegt. Sie fordert in diesem Moment keine Streicheleinheiten, sondern zeigt einem nachhaltig und eindrucksvoll, dass man nicht alleine ist. In etwa so, wie sie ankommen durfte?

Gibt sie einem vielleicht das zurück, was sie selbst bekommen hat?

Sie spürt sehr genau, wenn es einem nicht gut geht.

Wird selbst ruhiger und möchte einfach nur für mich da sein.

Und mal ehrlich, es hilft. Man kann vielleicht nicht unbeschwert die Seele baumeln lassen, aber man erfährt ehrliche und aufrichtige Liebe einem ganz besonderen Geschöpf an unserer Seite.

Echte Liebe, die einem ein Mensch kaum geben kann.
Ein einziger inniger Blick reicht schon aus, um das Herz zu erwärmen.
Ein Blick, der an einem grauen Tag die Sonne aufgehen lässt.
Ein einziger und treuer Blick bei dem man weiß, dass man nicht alleine ist.
Sie spielen zu sehen, auch mit anderen Hunden, wie sie auf kleinere Hunde-Rassen eingeht und vorsichtiger ist als bei manchen großen Hunden zeigt, wie einfühlsam sie wirklich ist. Sie zeigt immer mehr ihren wahren Charakter der in ihr steckt, fasst auch immer mehr Vertrauen und schenkt uns allen umso mehr Liebe und echte Dankbarkeit.
Auch wenn das Leben auf den Kopf gestellt wurde und jeder Tag mit neuen Herausforderungen einhergeht, gibt es nichts Schöneres auf dieser Welt, wie echte und aufrichtige Liebe und Dankbarkeit eines wundervollen Hundes. Man fühlt sich viel ausgeglichener, weil es vieles leichter fällt und wirklich abzuschalten.
Man fühlt sich bedingungslos geliebt und niemals alleine.
Niemals hätte ich es für möglich gehalten, was ein Hund so alles bewirken kann. Ich bin gespannt, wie mein Sonnenschein mein Leben weiterhin bereichert. Ein Leben ohne sie ist mehr als nur undenkbar.
Zum Glück stehen wir noch ganz am Anfang und uns bleiben uns noch viele Jahre miteinander.
Ob sie mein Seelenhund ist, wir werden sehen...
Gioja kam an einem gewissen Punkt in mein eigenes Leben, als das Schicksal bei mir kurz zuvor sehr hart und gnadenlos zugeschlagen hatte.
Sie gibt mir sehr viel Kraft, zerstreut meine Gedanken, lässt mich zur Ruhe kommen und lässt mein Herz erwärmen und wirklich höherschlagen.
Sie ist mein ein und alles, mein großer Sonnenschein und vielleicht ist sie auch mein Seelenhund...

Tanja Roßmann

Kapitel 4

Verändern Seelenhunde unser Leben?

Natürlich können sie das!

Trotzdem; mein Leben haben andere Hunde am meisten verändert.
Vielleicht haben sie mich auch erst dazu gemacht, dass ich persönlich bereit
war, für einen wirklich echten Seelenhund.
Vielleicht musste ich erst bei ihnen in die Schule gehen?! Sie mussten mich
öffnen, für dieses Geschenk, einen Seelenhund bei mir haben zu dürfen.
Und all diese alten Hunde die mir begegnet sind, vom Leben weise
gemacht, lehren sie so viel, sind unglaublich anpassungsfähig, urteilen oft
so schnell und einfach richtig, geben so unendlich viel zurück!
Sie haben es so sehr verdient, erwarten so wenig und lernen das Nötige so
schnell! Ja, man muss sie vielleicht bald gehen lassen, aber wie viel kann
diese Zeit für einen Hund bedeuten, der vielleicht noch nie echte Liebe,
Vertrauen, Geborgenheit und Anerkennung erfahren und erleben durfte!?
Wir können ihr Leben, ihr Dasein verändern und sie ändern dadurch unser
eigenes Leben. Vielleicht haben sie nicht mehr die Zeit, dass sie für uns zu
einem unvergessenen Seelenhund werden können, aber sie verändern
unser Leben und bleiben für immer unvergessen!
Sie vermachen uns ein Stück ihrer großen Weisheit.
Vielen Dank dafür, ihr Lieben.

Miriam Berthold

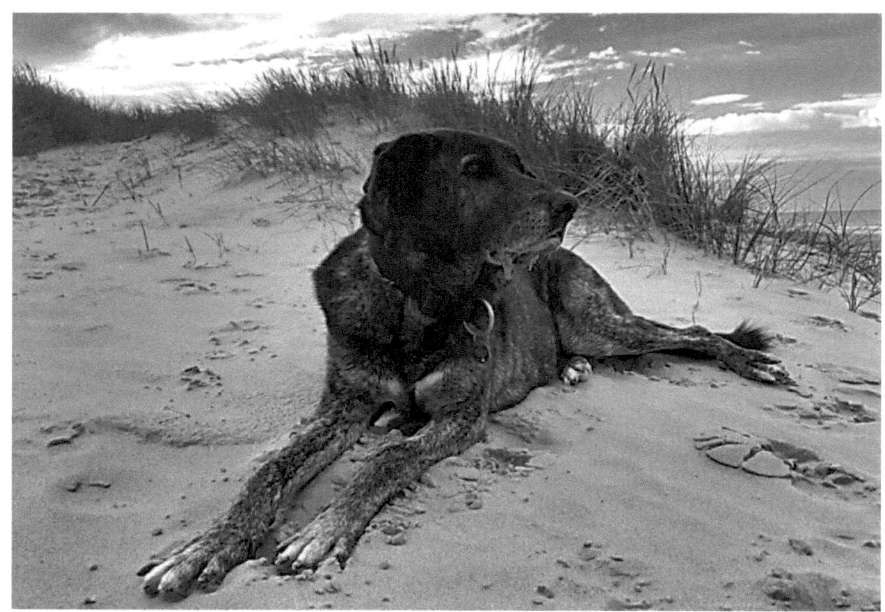

Timo & Quinie

Meine beiden Seelenhunde.

Sie hatten sehr viel gemeinsam und waren dennoch beide so verschieden,
auf ihre ganz besondere Art. Wie Ying und Yang, wie Feuer und Wasser.

Aber eins hatten sie beide gemeinsam, Ihnen gehörte meine endlose und
ganze Liebe. Sie waren es, die viel in meinem eigenen Alltag veränderten
und auch geprägt haben.

Vor allem aber haben sie mir das wahre Leben gezeigt.

Mir Tag für Tag ihr Herz geschenkt, mich beschützt und auch getröstet,
immer wieder gezeigt, dass ich für sie sehr wertvoll bin.

Ich liebe sie so sehr! Meine Quinie und mein Timo.

Anette Wengel

Amoi seng ma uns wieda

Wenn die Welt stillsteht und nichts mehr ist, wie es vorher einmal war!
Mein über alles geliebter Balu, vor über elf Jahren kamst du in mein Leben.
Unsere Layca war es, die dich ausgesucht hatte und ihre Wahl hätte wirklich
nicht besser sein können.
Du warst gerade einmal ein paar Wochen auf dieser Erde und schon da
konnte deinem Charme niemand widerstehen.
So kamst du damals mit einer Bob-Marley-Gedenkfrisur in mein Leben und
ich ahnte nicht, wie sehr du es für mich verändern würdest.
Solange Layca in meinem Leben war, hast du ihr immer den Vortritt
gelassen, meinen Lebensweg einmal komplett zu drehen.
Du hattest den Feinschliff übernommen und mir eine Welt gezeigt, die ich
vorher nicht ansatzweise in diesem Maße gekannt habe.
Ich dachte, ich hätte schon alles über Hunde gelernt, bis DU all mein
Wissen, all meine Erfahrungen und all meine Ansichten einmal komplett auf
den Kopf gestellt und mir gezeigt hast, dass eine Verbindung zwischen
einem Menschen und Hund so unbeschreiblich viel mehr sein kann!
Wie oft habe ich deinen Bollerkopp regelrecht verteufelt!
Aber umso dankbarer bin ich heute, dass du diese enorme Willensstärke an
den Tag gelegt hast.
Wärst du nicht immer so hartnäckig gewesen, hätte ich niemals dieses tiefe
Verstehen, Heilung und Wachstum erfahren dürfen.
Du hast mir die Welt aus deinen Augen gezeigt, mich gelehrt, wie ihr sie
seht, mir mit aller Deutlichkeit klar gemacht, dass es völliger Unfug ist,
Hunde zu dressieren.
War es Layca, die mich auf den richtigen Weg geführt hat, so hast du mir
die richtige Richtung auf diesem Weg gezeigt.
Du hast mir gezeigt, wie unbeschreiblich schön die Verbindung zu einer
Hundeseele werden kann, wenn man selbst dazu bereit ist,

alte und ausgetretene Pfade zu verlassen und sich einzulassen, auf den wahren Wesenskern dieser treuen Seelen auf vier Pfoten.

Durch dich durfte ich so unglaublich viel lernen, hast mir deine Welt erklärt, mir gezeigt, wie zwischen Menschen und Hund ein Band entsteht - nein, nicht die Bindung, sondern eine echte Verbundenheit.

Hast mir auch gezeigt, dass es dazu nur eines braucht: Tiefes Vertrauen. Und dieses Vertrauen durfte ich in dir finden und mit dir zusammenleben.

Du hast durch deine Wegbegleitung so unendlich viel in mir geheilt, hast mich wachsen lassen, hast mich lernen lassen.

Gestern (ein Dienstag im Januar 2024) um 18.03 Uhr musste ich dich leider für immer gehen lassen.

Seit gestern 18.03 Uhr steht die Welt für mich nun still.

Mein Seelenverbündeter ist einfach so nach Hause gegangen.

Ich kann nicht in Worten ausdrücken, was dies für mich bedeutet, welch tiefer Schmerz in mir tobt. Die Welt ist nicht mehr die gleiche für mich, als sie vorher war. Ein Stück von mir ist gestern mit dir gegangen!

Für manch einen mag es „nur ein Hund" gewesen sein, der jetzt nicht mehr an meiner Seite ist.

Aber für mich warst du der treueste Gefährte und auch bester Freund, den ich mir hab vorstellen können. Für mich warst du der beste Lehrmeister, den ich mir hätte wünschen können.

Für mich bist du das wertvollste, was ich je in mein Leben bekam, denn ohne dich hätte ich niemals erfahren dürfen, welch ein unbeschreibliches Geschenk es ist, mit einer Hundeseele auf so unbeschreibliche Art und Weise verbunden zu sein. Du hast mich über elf Jahre lang treu begleitet und gestern durfte ich dich begleiten, auf deinem letzten Weg.

Ja, es hat mich innerlich zerrissen, dich einfach gehen lassen zu müssen.

Es hat mich all meine ganze Kraft gekostet, mit dir diesen schweren Weg zu gehen, dir in deine weisen Augen zu schauen und zu sehen, wie langsam das Leuchten darin verschwand.

Deinen so unbeschreiblichen Blick, mit dem du mich immer angesehen hast,
werde ich niemals vergessen, immer in meinem Herzen tragen.
Du hast bis tief in die Seele geblickt mit deinen Augen und ich konnte in
deine Seele blicken durch deine Augen.
Ich habe dir gestern zum Abschied versprochen, all das, was du mich
gelehrt hast, den Menschen weiterzugeben, die bereit sind für eine solch
tiefe und unbeschreibliche Verbindung zu einem Hund.
Ich habe dir zum Abschied versprochen, den Menschen diese Welt zu
zeigen, so wie du sie mir gezeigt hast, damit auch sie diese intensive
Verbindung zu ihren Hunden und zu sich selbst erfahren dürfen.
Ich habe dir zum Abschied versprochen, das alles in die Welt
hinauszutragen, was du mir mitgegeben hast, damit Menschen mit ihren
Hunden genauso durch dieses unsichtbare Band miteinander verbunden
sind, in tiefem und gegenseitigem Vertrauen ineinander durch das Leben
gehen und damit Menschen durch ihre Hundeseelen die Heilung erfahren
dürfen, die ich durch dich erfahren habe.
Ich danke dir von ganzem Herzen, mein geliebter Balu, dass du all die Jahre
an meiner Seite warst, dass es der Zufall so wollte, dass genau DU mich ein
Stück des Lebensweges begleitest und mein Leben dadurch so unglaublich
verändert hast.
Ich danke dir von ganzem Herzen für dein Sein, dein großes Herz und deine
unendliche Liebe, für deinen Bollerkopp, für dein lustiges Geplapper, für
deine endlose und tiefe Treue.
Ich danke dir von ganzem Herzen, für dein riesengroßes Geschenk an mich.
Du bist für immer in meinem Herzen, mein großer Bub Balu.

Alexandra Sigmund-Wild

Mein Seelenhund Bruno

Manche sind unvergessen, weil sie ein Leben verändert haben und auch nach ihrem Tod in einem weiterleben, denn man spürt es in seinem Handeln, in seinem Fühlen.
So wie mein Bruno, mein Dicker, Melody und Guapo, die noch folgten.
Eigentlich wollte ich nie einen Hund haben, da ich sehr ordnungsliebend bin, dachte immer für mich, die ganzen Haare…niemals.
Bis an den Tag im Sommer 2005, als ein Anruf meiner Schwester aus Dresden kam und sie fragte, wollt ihr einen Hund? Frieda oder Bruno?
Damals war ich noch mit meinem Ex-Freund zusammen und er sagte (warum auch immer) Bruno, da er schon immer einen Hund haben wollte.
Und so begann für uns das Abenteuer Hund, was mein Leben für immer verändern sollte.
Eine Woche später fuhren wir nach Dresden und holten Bruno ab.
Was soll ich sagen, da stand ein kleines Knäul von Zuckerplüsch, zwölf Wochen alt und 6 kg schwer. Er war ein Mischling aus Labrador und Neufundländer und verzückte jeden von klein auf seines da seins.
Tapsig und neugierig auf die Welt da draußen, keine Spur von Angst, aber von klein auf schon immer die Ruhe in Person.
Später erzählte mir meine Schwester noch, dass Bruno regelmäßig zum Döner Laden um die Ecke gelaufen ist. Da gab es wohl immer etwas Gutes.
Das Leben mit einem Hund verändert!
Man hat einen treuen Freund, der jetzt mit dir zusammenlebt, erzogen werden möchte, der es liebt draußen zu sein und auch seine Zeitung zu lesen, mit dir zu spielen, mit dem man Quatsch machen kann und vieles mehr. Echte Struktur im eigenen Leben, ein bisschen wie mit Kindern.
Die Zeit mit Bruno, war und wird in meinem ganzen Leben die wirklich schönste Zeit sein und bleiben.
Denn wie kann es sein, dass ein Tier uns so viel gibt, so verzaubert und vieles mehr, was ich bis dahin noch nie in dieser Art und Form erlebt hatte.

Vier Wochen schlief ich mit ihm auf dem Boden und habe mal gelesen, dass
es gut ist, weil der Hund somit deinen Herzschlag hört und eine sehr innige
Bindung aufbaut.

Uns hat es sehr gutgetan, wir wuchsen zusammen, wir verstanden uns,
ohne große Worte, eine tiefe Liebe und Vertrautheit mit jedem Tag, den wir
ab da an gemeinsam gingen.
Bruno war immer bei uns, fast rund um die Uhr.
Durch die berufliche Situation, als selbständiges Paar, konnten wir ihn
immer und überall mitnehmen. Eine Leine brauchten wir nie, nur wenn es
vorgeschrieben war. Er lief immer und unbeirrbar an unserer Seite.
Sein ruhiges Gemüt, seine Tapsigkeit und das mit 57 kg, das war irgendwie
einfach magisch zwischen uns.

Die Jahre vergingen, viele, viele unvergessliche Momente und Geschichten
haben wir gemeinsam erlebt, an die ich mich jetzt immer wieder gern
zurückerinnere, die ich nur nicht alle hier schreiben kann, weil es jeden
Rahmen wirklich sprengen würde!
Also nur eine kleine Geschichte, so als wirklich kleines Beispiel…
Als der Tag kam, im August 2013 und mein damaliger Freund nach 18
Jahren zu mir sagte: „Es ist aus!"
Mir zog es mehr als nur den Boden unter den Füssen weg!
Ich begriff nichts mehr, wollte einfach nicht mehr.
Bruno war der wahre Grund, warum ich heute noch lebe.
Er hat mir Halt gegeben, in dieser schweren Zeit.
Er war der Grund, warum ich immer wieder Heim kam, heim zu ihm.
Er war der Grund, warum mein Herz heute mehr denn je für Hunde schlägt.
Er hatte mich vollkommen verzaubert, mir seine Welt gezeigt, mich immer
wieder gelehrt, was ehrliche Liebe und echte Loyalität sind.
Er und all meine Schätze, die nach ihm kamen, haben meine Seele erreicht
und mit tiefer Liebe gefüllt.
Durch Bruno bin ich auch zum Tierschutz gekommen.
Da es meine Passion ist, diesen Seelen auf vier Pfoten irgendwie zu helfen.
Im Tierschutz gibt es so viele, arme, vergessene, unschuldige und
bezaubernde Seelen, die es wert sind, sich für Sie ein zu setzten und ihnen
eine Stimme zu geben.
Man sagt auch, man bekommt den Hund den man braucht.
Lange habe ich es nicht verstanden.
Bis zum vierten Einzug unseres Guapos, ein ganz besonderer Hund.
Er kam aus Rumänien, war mit einem Alter von einem knappen halben Jahr
in der Tötung gelandet, bis ein Tierschutzverein ihn, mehr tot als lebendig,
dort gerettet hat.
Guapo ist heute, 2025, drei Jahre bei uns.
Er kannte absolut nichts und wollte auch nichts kennen lernen.

Seine Angst vor allem bestimmte, bestimmt ihn jedes Mal, wenn wir draußen sind, um ihm die Welt zu zeigen.

Durch Guapo habe ich wieder lernen dürfen, in was für einer lauten und hektischen Welt wir doch leben. Geräusche anders wahrgenommen, Bewegungen verlangsamt, komplett runtergefahren und alles langsam und mit Zeit, mit viel Zeit zu tun.

Dennoch bringt die Zeit, die wir uns gemeinsam nehmen, weil wir sie haben und er es wert ist, Stück für Stück voran, in seine neue Freiheit.

Da ich jedes Jahr selbst nach Rumänien reise, um im Tierschutz vor Ort mit
zu helfen und anzupacken, sehe ich alles live und lerne die echten Schätze
auf vier Pfoten dort persönlich kennen.

Beim Sozialisieren der Schätze in den Zwingern, stundenlanges sitzen,
warten, auf ein kleines bisschen mehr Nähe zulassen, neues Vertrauen in
Menschen zu fassen, zu lernen, dass nicht alle Menschen schlecht sind,
habe ich meine eigene Seele gereinigt.

Meine bis dahin kaputte Seele, mit ihnen verbunden, unser gemeinsames,
schlechte und Erlebte gefühlt und uns in dem Moment nur Liebe gaben.

Ein wirklich magisches Erlebnis, was tiefe Dankbarkeit in mir spüren lässt.

Es sind so wundervolle, ganz besondere und einzigartige Hunde, diese
wundervollen Wesen aus dem Tierschutz!

Bei Guapo habe ich gespürt, es würde Melody guttun, sie kam auch aus
dem Shelter und bei ihr dachte ich wiederum, du würdest Diego guttun,
den wir hier aus Deutschland gerettet haben und er kam auch aus sehr
schlechten Verhältnissen.

Sie alle haben mich etwas gelehrt!

Man ist und man lernt, sehr dankbarer zu sein für die Zeit in dieser Welt,
die man selbst hat, für dieses eine Leben.

Diese Seelen auf vier Pfoten erden mich jeden Tag.

Am 8.04.2016 schlief mein Dicker friedlich hier in unserem Zuhause ein.

Mit einer der schwärzesten Tage in meinem Leben.

Man hat das Gefühl, es wird einem ein großes Stück des eigenen Herzes
herausgerissen, plötzlich und unerwartet.

Aber leider gehört der Tod zum Leben auch dazu.

Alles im eigenen Leben hat seine Zeit, sich begegnen und verstehen, sich
halten und verstehen, sich halten und lieben, sich los zu lassen und zu
erinnern. Denn Erinnerungen die das Herz berühren, vergisst man nie.

Ohne Bruno wäre ich nicht der Mensch, der ich heute sein darf.

Ohne Bruno wäre ich nicht hier!

Diego, Melody und Guapo niemals bei mir eingezogen.

Ohne Bruno wäre ich nicht so dankbar, für mein eigenes Leben und meinen persönlichen Weg in dieser Welt.
Seelenhunde hat sie jemand genannt, jene Hunde, die es nur einmal geben wird im Leben, die man begleiten durfte und die einen geführt haben, auf andere Wege. Die wie ein Schatten waren und wie die Luft zum Atmen.
Danke für diese unvergessliche Zeit mit dir mein Dicker!
Jeden Tag sage ich dir guten Morgen und jeden Abend gute Nacht.
In meiner Erinnerung lebst du ewig weiter und hier brennt dein Licht, was mich an dich erinnert.

Angela Toms

Kapitel 5

Mein Seelenhund

Mein Freund Pablo...das Ende einer Reise, mein „Hund mit Streifen"

Pablo war nicht einfach nur irgendein Hund, sondern er war mein echter und persönlicher Seelenhund!
Als ich ihn damals im Web auf der Vermittlungs-Seite eines Vereines sah, ließ mir dieses traurige Bild aus der Tötungsstation von ihm einfach keine Ruhe. Ein sehr trauriger Blick, keine Chance auf ein schönes Leben, ein schwer misshandelter und wirklich gebrochener Hund, den niemand wollte und seine Zeit lief ab!

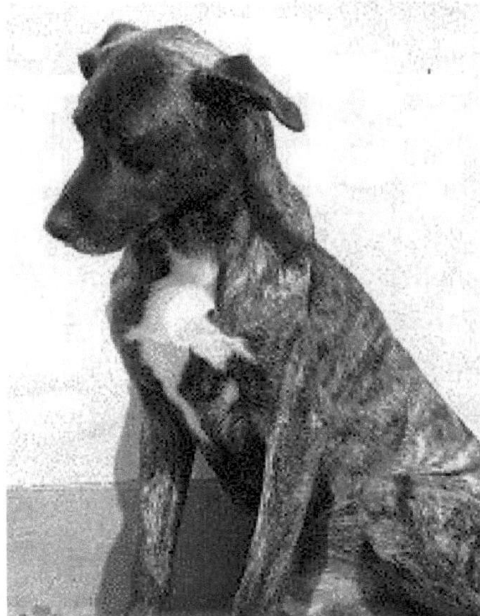

Irgendetwas war da zwischen „Zeit & Raum", dass ich bis heute nicht wirklich gut erklären kann! Dieser Hund ließ mich nicht mehr aus seinem Bann, ließ keine anderen Gedanken zu und ich musste immer an ihn und seine traurigen Bilder denken.

Ich konnte nicht anders, das Bauchgefühl und die Gedanken ließen mir keine Ruhe, adoptierten diesen sehr besonderen Hund und er musste einfach zu mir! War es wirklich Schicksal, oder was auch immer?!

Bis heute kann ich dies nicht erklären! Es war anders halt, als bei allen anderen Hunden, die mich in meinem Leben und meinem Lebensweg in all den Jahren an meiner Seite schon begleitet hatten.

Es geschah 2012, als mich das Schicksal auf die große Probe stellte!

Denn zwei Tage vor unserem großen Umzug in ein neues Leben ereilte mich gnadenlos und völlig unerwartet ein wirklich sehr krasser Herzinfarkt.

Irgendwie alles in allem ein vollkommen schlechtes Timing, den ein paar Tage (nach unserem Umzug) später sollte auch Pablo endlich aus Spanien aus der Tötungsstation zu mir / uns kommen.

Nun ja, es folgte erst einmal Krankenhaus, Intensivstation, gefolgt von einer nervigen Reha, bis sich alles wieder einigermaßen in meinem Leben normalisierte. Aber ich muss ein-gestehen, dass es Pablo war, der mich zum Überleben zwang! Kein einziger Tag verging, ohne in Gedanken bei ihm zu sein. Er war es, der mich zum Überleben zwang und mir Kraft aus der Ferne schenkte, Tag für Tag und keine Stunde verging, ohne an ihn zu denken.

Warum auch immer, ich kann es mit passenden Worten nicht erklären.

Dann endlich, einige Wochen später war endlich der große Tag gekommen! Wieder einigermaßen erholt von dieser krassen und gesundheitlichen Nummer, ging es endlich zum Flughafen, um diesen wundervollen Hund endlich in meine Arme zu schließen. Vor allem aber auch, um endlich meinem echten Lebensretter auf vier Pfoten Danke zu sagen!

Denn ohne ihn weiß ich nicht, ob ich dies alles überstanden hätte?!

Er gab mir aus der Ferne neuen Lebensmut, Kraft und alles andere, für den Start in ein neues Leben, für mich und auch für ihn an meiner Seite.

Vieles in meinem Leben hatte sich nun verändert.

Aber auch die Tatsache, dass ich wieder einen ganz besonderen Hund in meinem Leben hatte, der mich nun treu begleitete.

Die Monate und Jahre vergingen, auf unserem gemeinsamen Lebensweg.

Vieles wurde wirklich anders, aber auch die Tatsache, dass Pablo vollkommen anders war, als all die Hunde die ich vorher hatte!

Er war schon sehr speziell, abseits seiner eigenen gesundheitlichen Probleme. Denn erließ von keinem anderen Menschen außer mir echte Nähe zu, ließ sich von niemanden anfassen, füttern noch sonst etwas.

Schon eine echt schräge und teils sehr schwierige Nummer und gerade dann, wenn man selbst noch denkt, man hätte fast alles in dieser Hundewelt und all den Jahren mit Hunden schon gesehen, oder gar erlebt.

Pablo war mein echter Schatten, mein kompromissloser Hüter und Wächter, ohne Wenn und Aber! Selbst bis zu seinem letzten Atemzug ließ er mich nie im Stich, war immer da. Teils auch sehr verrückt zu erklären, denn wenn es mir selbst mal wieder schlecht ging, saß er stur und unbestechlich immer neben mir, prüfte immer wieder wie es mir ging, stupste mich oder leckte am Handgelenk meinen Puls um mir zu sagen: „Hey, da stimmt was nicht!"

Um unsere Geschichten, Ereignisse, merkwürdige Vorkommnisse und alles andere gedanklich festzuhalten, schrieb ich unzählige Zettel und aus diesen unzähligen Zetteln wurde irgendwann ein Buch.

Denn ich wollte Pablos Leben einfach festhalten und so entstand neben dem Buch selbst und auch als echte Herzenssache unser gemeinsames Tierschutz-Projekt „Hund mit Streifen".

Nicht einfach nur ein gestreiftes Buch über unser gemeinsames Leben und irgendein Tierschutz-Projekt für Hunde, sondern es war mir immer mehr als wichtig, anderen Menschen zu zeigen und zu erklären, dass es gerade auch im Tierschutz (abseits von Züchtern und kommerziellen Vermehrern) wundervolle und einzigartige Hunde gibt, die auf ihren Menschen warten!

Nachdem ein großer Teil von Pablos Leben im Buch „Hund mit Streifen"
schon erzählt und seine Geschichten und Erlebnisse in diese Welt getragen
wurde, berichte ich hier von seinen letzten Jahren und somit von meinem
echten Seelenhund.

Die Zeit verging, mit vielen Höhen und echten Tiefen (besonders was seine
Gesundheit anging).
Wir bereisten immer wieder gemeinsam unsere endlosen „Klippen" am
Atlantik, die er fast noch mehr wie ich überalles liebte!
Neben all unseren vielen Herausforderungen und Alltag, hatte Pablo immer
noch so seine spezielle und krasse Art, was „Fremde" und andere
Menschen anging. Keine Nähe, bloß nicht anfassen lassen und nicht
Herrchen zu nahekommen! Selbst sein Verhalten unserem Frauchen
(Familie usw.) gegenüber, war auf seine Art nicht immer ein echtes „Honig
schlecken" oder gar wirklich nett und immer liebevoll!
Pablo liebte auf der einen Seite wirklich sein Frauchen, schütze sie in vielen
Situationen des Alltages, aber er zeigte ihr auch immer wieder (teils sehr
gnadenlos!), wessen Hund er wirklich ist, wem er grenzenlos vertraute und
für wen sein großes Herz kompromisslos und unbestechlich schlug!

Pablo halt so wie er nun mal war, mein echter Seelenhund, mein Vertrauter, mein Schatten und ohne „wenn & aber"!

Die Jahre vergingen und 2018 waren wir gemeinsam leider das letzte Mal zusammen auf unseren Klippen am Atlantik, in unserem geleibten Cornwall. Durch diese leidige Corona-Zeit war es uns absolut nicht möglich gewesen, nochmals gemeinsam in seinem letzten Lebensabschnitt dorthin zu reisen.

So verbrachten wir in den folgenden Jahren der Pandemie viel Zeit in unserem Garten, den er auch wie wir selbst wirklich über alles liebte!
2021 war dann ein Jahr voller Höhen und Tiefen für unseren Pablo.
Ein ständiges auf und ab mit seiner Gesundheit und immer neuen gesundheitlichen Problemen und auch starken Einschränkungen.
Bis zu diesem einen Tag im Mai, als es ihm mal wieder richtig schlecht ging und als uns Pablos Leibarzt eine niederschmetternde Diagnose mitteilte.
„Er habe nicht mehr sehr viel Zeit und auch nicht mehr lange zu leben!"
Rückblickend zu diesem einen Tag und der Diagnose, die unser Leben (insbesondere meins!) vollkommen veränderte, muss ich selbst jetzt (wo ich diese Zeilen schreibe) innehalten, mir eine Träne aus den Augen wischen.
Mir ist mehr als nur bewusst und klar, dass in diesem einen Leben alles für uns seine Zeit hat und wirklich nichts unendlich ist!
Bis das letzte Sandkorn in der großen Uhr des Lebens für uns alle fällt.
Trotz dieser bitteren Diagnose für Pablo und seiner wenigen verbleibenden Zeit war er so wie immer!
Ein echter Kämpfer und ohne Schmerz zu zeigen, zwar immer öfter wackelig auf seinen Beinen, oftmals müde und sehr angeschlagen von seiner Krankheit und den Medikamenten, aber immer stur und unbestechlich in meiner Nähe. Mein gestreifter Schatten mit seinen großen Bernstein-Augen, mein bester Freund, mein Seelenhund, mein ein und alles.
Juni 2021, Pablo ging es plötzlich immer schlechter!
Selbst seine geliebten Gassi-Runden wurden nicht nur immer kürzer, sondern es kam der Tag, wo ich ihn wirklich etwas stützen / halten musste, dass es sich noch erlösen konnte.
An diesem merkwürdigen Tag im Mai war der Moment gekommen, als er mich sehr komisch mit seinen großen Augen anschaute, wo ich irgendwie sofort wusste, dies war ein Zeichen!
Ein wirklich unerklärliches Zeichen in seinen großen Bernstein-Augen, dass er nun gehen wollte…

Ich weiß wirklich nicht, wie man so etwas gut erklären kann, aber dieses merkwürdige Bauchgefühl, der Blick in diese Augen, man weiß es einfach!
Wir blieben noch sehr lange an diesem merkwürdigen Tag auf unserer Wiese liegen, innig und vertraut, seine Pfoten in meinen Händen und sein Kopf ruhend auf meiner Brust.
Unser letzter gemeinsamer Tag war nun gekommen! Das Ende einer langen und gemeinsamen Reise, auf dem großen Weg des Lebens.
Eine letzte gemeinsame Nacht, er neben mir am Schlafen, ich schlaflos und über ihn am wachen.
Am folgenden Morgen des 05.06.2021 fuhren wir dann zu unserem vertrauten Tierarzt und ich werde diesen Tag niemals vergessen!
Wir gingen gemeinsam in die Praxis und das letzte Stückchen unseres gemeinsamen Weges und ich wusste, ich gehe diesmal alleine wieder raus.
Da lag er nun in meinen Armen, ein letzter vertrauter Blick, ein letzter Atemzug, ein tiefer Seufzer, sein Herz hörte auf zu schlagen.
Diesen Tag werde ich niemals vergessen und auch heute finde ich noch keine echte Ruhe.
Schlaflose Nächte und meine Gedanken geistern immer noch ruhelos umher, wenn ich an meinen Pablo und seine Bernstein-Augen denke, als sie sich das letzte Mal in meinen Armen schlossen.
Juni / Juli 2021, nichts ist mehr so wie es einmal war!
Die Tage mehr als leer, im Haus herrscht nur noch eine große Stille.
Nichts Vertrautes ist mehr zu fühlen, kein lautes Schnarchen eines Hundes mehr zu hören, kein Stupser von der feuchten Nase.
Man steht planlos in der Küche und öffnet eine „Feta"-Packung für den angedachten Salat zum Abendessen, kein vertrauter Stupser von der Pfote, kein Meckern eines gestreiften Hundes, der sehnsüchtig auf sein mehr als nur geliebtes Stückchen Feta-Käse wartete.
Am nächsten Tag steht man im heimischen Garten und mäht mal wieder den Rasen und schaut auf die Uhr um festzustellen, 13 Uhr und es höchste Zeit, für die tägliche Mittags-Runde mit dem gestreiften Hund.

Von wegen Mittags-Runde, denn es ist kein Hund mehr da der darauf
wartet! Wirklich nichts mehr so ist, wie es einmal war.
Nun ja, es war ja nicht wirklich etwas Neues nach all den Hunden in meinem
Leben, einen geliebten Hund irgendwann gehen lassen zu müssen.
Aber diesmal war wirklich alles anders!
Selbst der Alltag meiner Frau veränderte sich gewaltig in Richtung endlose
Leere an all den Tagen. Das fing schon morgens nach dem Aufstehen an,
denn da gab es keine Morgen-Runde, ein schönes Stündchen durch die
Felder und Wiesen mit dem Hund, um einfach nur den Tag schön zu
beginnen und etwas frische Luft zu tanken. Ganz im Gegenteil!
Meine Frau saß mit ihrem ersten Kaffee morgens gelangweilt auf dem
Balkon, rauchte eine Zigarette nach der anderen und vermisste ihren Hund.
All die Gewohnheiten, die normalen Tagesabläufe und vieles andere, echte
Fehlanzeige! Nichts war seit Pablos Tod in unserem Leben noch irgendwie
normal. Es dauerte auch nicht sehr lange als sie zu mir sagte:
„Stefan, so kann es nicht mehr weiter gehen in unserem Leben!"
„Auch wenn es wirklich sehr tief schmerzt, du keinen Hund mehr möchtest,
aber wir müssen uns wirklich bald nach einem Hund umschauen, damit
wieder etwas Normalität durch unser Leben zieht!"
„Unerträglich diese Leere, unerträglich diese unheimliche Stille in unserem
Leben, unerträglich diese Schmerzen tief in unseren Herzen!"
Nun ja, was sollte ich sagen?!? Ich war absolut noch nicht soweit, vor allem
noch nicht so weit für einen anderen Hund.
Natürlich hatte sie vollkommen Recht!
Denn so wie jetzt konnte es wirklich nicht mehr weitergehen, vor allem
aber nicht ohne einen gestreiften Hund mit großen Bernstein-Augen.
Auch wenn ich noch ganze Galaxien weit davon entfernt war, mir
überhaupt andere Hunde anzusehen, musste etwa passieren!
Denn unser gewohnter Alltag war jetzt ein vollkommenes Chaos, von echter
Lebens-Qualität auch keine Spur, so ohne Hund.

Eines Abends, plötzlich und unerwartet kam sie aus unserem Büro gelaufen und teilte mir mit, sie habe einen ganz besonderen Hund gefunden, der ihr keine Ruhe ließ!

„Diese einzigartigen Bernstein-Augen", sagte sie zu mir.

„Der Blick des Hundes auf all den vielen Bildern, die Geschichte seiner traurigen und bitteren Vergangenheit und alles andere", was sie schon seit Tagen sehr beschäftigte, immer wenn sie sich aufs Neue diesen Hund anschaute, den niemand wollte!

Sie hatte recht, ein ganz besonderer Hund, als ich mir alles mehrmals und in Ruhe anschaute und auch all die Beschreibungen gelesen hatte.

Vor allem aber kein wirklich „einfacher Hund", einige Probleme aus der Vergangenheit, unnahbar und auch sehr speziell, ähnlich wie damals auch bei meinem Pablo!

Und das schlimmste war für mich an allem, ich war noch nicht soweit für einen anderen oder einen neuen Hund an meiner Seite.

Die Tage vergingen und es wurde viel über einen anderen Hund diskutiert!

Eigentlich hätte ich niemals damit gerecht, dass sich ausgerechnet meine Frau genau für diesen gestreiften Hund mit all seinen Ecken und Kanten wirklich interessierte?!

Vor allem aber nach all den Jahren mit unserem sehr speziellen Pablo, die für meine Frau nicht gerade die einfachsten Jahre waren, in Bezug auf einen Hund, der sie zwar irgendwie liebte, tolerierte, akzeptierte und auch bei Bedarf schützte, aber niemals einen Zweifel im Raum stehen ließ, wessen Hund er war! Denn es war nicht immer einfach für meine Frau und es gab nicht nur schöne Tage zwischen diesen beiden und in ihrem Alltag.

Ich persönlich war mir mehr als nur sehr sicher, dass wenn sie sich irgendwann für einen Hund entscheiden soll.

Das war auch der Deal zwischen mir und meiner Frau, dass sie den nächsten Hund aussuchen würde, aus echter Fairness zu ihr und als Dankeschön von mir nach all den schweren Jahren für sie mit meinem Pablo!

Ich war mir mehr als sicher, sie würde sich einen ruhigen, gemütlichen und richtig netten Rutenwedler aussuchen. Natürlich ganz ohne bittere Vergangenheit aus seinem Vorleben, ohne Probleme aus der Vergangenheit usw. eines schwierig zu händelnden Hundes.

Anders halt…und kein Ersatz für meinen Pablo, meinen Seelenhund!

Das war meine einzige und wirklich für mich sehr wichtige Bedingung.

Wenige Tage später trafen wir dann die Entscheidung.

Denn es fehlte uns immer noch an unseren täglichen Gewohnheiten einer Hunde-Haltung, nicht zuletzt fehlte es uns an echter Lebens-Qualität und auch die Stille in unserem Haus und die Leere in unseren Herzen musste endlich ein Ende finden.

Kurze Zeit später erfolgte die Adoption und der Übergabe-Termin / Abholung des von meiner Frau ausgesuchten Hundes stand endlich fest!

Was soll ich sagen, außer offen und ehrlich zu gestehen, dass ich noch immer nicht so wirklich bereit war, für einen anderen Hund in meinem Leben. Immer noch schmerzte mein Herz sehr stark, immer noch oft in Gedanken bei meinem geliebten Seelenhund Pablo, der mir keine Ruhe ließ.

Einfach unvergessen, als wäre er niemals einfach so gegangen!

Dann kam der große und erwartete Tag.

Das von meiner Frau ausgesuchte Mädel war endlich angekommen.

Eine echte Schönheit und das Leuchten ihrer Augen, wirklich einzigartig.

Von der wirklich ersten Minute an war sie Frauchens Hund, ohne großes „wenn & aber"! Denn dieses wunderschöne Mädel ließ keinen einzigen Zweifel aufkommen (und das bis heute!), wessen Hund sie wirklich ist!

Offen eingestanden, sie ist (bis auf ein paar spezielle Ecken & Kanten) ein echter Traum von Hund, auch wenn unser gemeinsamer Start in unser neues und gemeinsames Leben mehr als holprig war.

Ich hatte es von Anfang an und die ersten Monate mit ihr nicht gerade einfach! Denn sie mochte keine Männer, ließ absolut keine Nähe zu und auch keinerlei Berührungen.

Viele Ursachen dieser Probleme sind in ihrer Vergangenheit zu finden,
neben all den Misshandlungen und auch was man ihr in ihrem Vorleben der
Letzten 5-6 Jahre alles angetan haben musste!
Ein echtes Leben voller Qualen, massiver Zucht-Missbrauch über viele Jahre
durch ihre spanischen Halter / Züchter, danach massiv verprügelt und in die
nächste spanische Tötungsstation zum Sterben einfach so entsorgt.

Ihr Name ist Bolchen (eigentlich Bola / spanisch für „Kugel").
Sie war geschätzte 5-6 Jahre alt, als sie endlich in unser Leben kam.

Bolchen hat sich inzwischen nicht nur gut entwickelt und gut eingelebt, sondern ist inzwischen ein echter Traum von Hund geworden.

Auch sie lässt von Fremden keine Nähe zu, lässt sich nicht gerne anfassen von anderen Menschen und es dauert wirklich lange, bis sie einem anderen Menschen ihr Vertrauen schenkt.

Bei uns Zuhause sind die Rollen inzwischen komplett vertauscht worden, obwohl ich den ganzen Tag und fast rund um die Uhr mit Bolchen zusammen bin. Egal ob wir gemeinsam unsere Wege durch das Leben gehen, unser gemeinsamer Alltag, ob die täglichen Gassi-Runden, die gemeinsame Toberei im Garten und beim Klönen auf den Wiesen…sie lässt keine Zweifel offen, wessen Hund sie wirklich ist!

Man muss sie einfach lieben, ihr Vertrauen hart erarbeiten und ihr Herz wirklich mehr als nur erobern. Und hat man diese nicht einfachen Hürden irgendwann überwunden, ist sie der wundervollste Hund der Welt.

Um aber auch um der Wahrheit gerecht zu werden, muss ich mehr als nur offen eingestehen, dass wir beide zwar ein Topf & Deckel sind (wie man bei uns hier zu sagen pflegt), aber es steht da absolut keinen Zweifel im Raum, Bolchen ist unser Frauchens Schatten und ein ihr Seelenhund!

Da haben sich wirklich zwei Seelen lange gesucht und auch gefunden.

Denn auch bei diesen beiden gibt es etwas zwischen Zeit & Raum, was man nicht wirklich gut erklären kann und eigentlich ist alles so, wie es damals bei mir und meinem unvergessenen Pablo war.

Bolchen liebt meine Frau auf eine ganz besondere und sehr innige Art.

Letztendlich auch auf ihre ganz spezielle Weise.

Sie ist unbestechlich und mehr als nur sehr treu in Frauchen direkter Nähe, sie schützt und wacht bei und auch bei Nacht bedingungslos!

Ganz sicher bis zu ihrem letzten Atemzug.

Was soll ich abschließend sagen oder noch groß hier schreiben?!

Bolchen ist IHR echter Seelenhund, ohne „wenn & aber".

Hier an dieser Stelle ist die gemeinsame Reise von mir und meinem Pablo nun leider auch zu Ende...
So viel haben wir in all unseren etwas anderen Büchern von uns und dir erzählt, in all den wundervollen Jahren.
Große Abenteuer haben wir erlebt, gemeinsam sind wir unzählige Klippen auf unseren Wegen am Atlantik gewandert.
Wir genossen so oft das Rauschen des Meeres, eine salzige Brise um unsere Nasen, in Gedanken zusammen verloren in weiter Ferne, der Wind sang uns ein Lied dazu.
Unzählige Nächte, wo ich mir um dich Sorgen machte und über dich mal wieder wachte. So viele Tage, wo deine Pfoten auf mir lehnten, du neben mir lagst, als es mir mal wieder nicht so prickelnd ging.

Wir sehen uns wieder, mein kleiner Freund und treuer Seelenhund.
Gegangen aber unvergessen, in Gedanken immer noch bei dir!
Mein wundervoller „Hund mit Streifen"…

Stefan Klink

Und dann kam Zarpas in mein Leben

Im Jahre 2014 sind mein Mann und ich, wie jedes Jahr in den Urlaub
gefahren. Wir waren in Schottland, auf der „Isle of Skye".
Das war inzwischen unser zweites Zuhause.
Aber in dieser Woche änderte sich mein gesamtes Leben!
Wir waren nur eine Woche weg.
Denn in dieser Woche ist meine Mutter schwer erkrankt.
Sie erhielt die bittere Diagnose Krebs.
Ich konnte das nicht verstehen, denn als wir losgefahren sind, haben wir
uns noch von einer absolut gesunden Frau verabschiedet.
Als wir nur sieben Tage später wiederkamen, lag sie im Sterben.
Drei Monate nach der Diagnose, hatte meine Mutter ihren Kampf verloren.
Sie zu verlieren war bisher das Schlimmste, was ich je erlebt hatte.
Meine Mutter war meine Seelenverwandte, meine Vertraute und auch
meine beste Freundin. Sie war immer lieb, sehr herzlich, gut gelaunt,
gesellig und der Puffer zwischen mir und meinem Vater, mit dem es nicht
immer so einfach war, im Alltag umzugehen.
Und sie hat Hunde wirklich über alles sehr geliebt.
Ich trauerte sehr um sie.
Selbst jetzt, wo ich diese Zeilen hier schreibe, habe ich wieder einen
furchtbaren Kloß im Hals, obwohl sie nun schon fast acht Jahre nicht mehr
bei uns ist.
Jedenfalls folgte für mich und meinen Mann eine nicht ganz so schöne Zeit.
Denn zeitgleich, mit der schweren Erkrankung meiner Mutter, wurde auch
mein Vater schwer krank.
Mein Vater, schon immer ein Einzelgänger, ein wenig jähzornig und sehr
schwierig, war nun allein und mein Mann und ich versuchten, seine
Einsamkeit irgendwie erträglich zu machen.
Aber er ließ sich nicht wirklich helfen!

Dazu kam, dass er Demenz bekam und dadurch seine schlechte Laune auch nicht mehr unterdrücken konnte.

2020 entschied er sich letztendlich dazu, das Essen und Trinken einzustellen. Es folgten Krankenhausaufenthalte, Zwangseinweisung, andere Leiden und Erkrankungen und einen Tag vor dem Geburtstag meines Mannes, starb er im hohen Alter von 88 Jahren. Wie gesagt, es war wirklich keine schöne Zeit, die wir da durchleben mussten.

Während der Zeit, in der mein Vater noch lebte, habe ich sehr viel gearbeitet. Jede Überstunde kam mir persönlich recht!

Hauptsache etwas Ablenkung von meinem Alltag zuhause, denn ich kam mit meinem Vater überhaupt nicht mehr zurecht.

So hatte ich wenigstens eine Ausrede, ihn nicht stundenlang besuchen zu müssen. Da ich von ihm oft auch nur Vorwürfe hörte, oder er mich gar ignorierte, habe ich mich zum Schluss auch gar nicht mehr getraut, allein zu ihm zu gehen. Ständig gab es Streit! Echt furchtbar, oder?

Ich hatte keine Lust mehr, meine Freunde zu sehen, hab mich zu Hause vergraben, immer mehr zog ich mich zurück und war einfach nur froh, wenn man mich in Ruhe ließ.

Zum Schluss hatte ich außer meinen Arbeitskollegen nicht mehr viel, worauf ich mich noch freute, auch keine sozialen und normalen Kontakte mehr.

Ca. sechs Monate nach dem Tod meines Vaters dachte ich, dass es jetzt Zeit wird, mich wieder all den Dingen zu widmen, die mich ausfüllen und die mir einfach nur richtig Spaß machen.

Zuerst habe ich mein Glück in der Flüchtlingsarbeit und der sozialen Nothilfe gesucht.

Aber all das war irgendwie nicht das Richtige für mich!

Ich träumte schon sehr lange davon, mir endlich einen eigenen Hund anzuschaffen. Einen echten Hund, nur für mich.

Aber wegen der Arbeit, der kranken Eltern usw. ging dies bislang irgendwie nicht. Es blieb viele Jahre leider nur ein Traum!

Doch jetzt, da beide Eltern verstorben waren, hatte ich wieder viel mehr Zeit. Eigene Zeit, für wirklich schöne Dinge.

Echte Lebenszeit, endlich mal an mich zu denken!

Also habe ich angefangen, immer mal wieder auf den Seiten der verschiedenen Tierheime in unserer Region zu schauen.

Und da stieß ich im Tierheim in meiner Nähe auf das Profil und die Bilder von Zankos, der Bruder meines jetzigen Hundes.

Über Wochen habe ich hin und her überlegt, bis mein Mann dann vorschlug, das Tierheim anzumailen und zu fragen, ob wir Zankos kennenlernen dürfen.

Von dort erhielt ich leider die Mitteilung, dass Zankos inzwischen so gut wie vermittelt war, aber es gäbe noch seinen Bruder Zarpas, der noch auf seine passenden Menschen und seine Chance wartete.

Ich dachte noch für mich, ist ja eigentlich egal! Ein persönliches Kennenlernen schadet nicht.

In den nächsten Wochen fuhren wir alle zwei Tage zum Tierheim, um mit Zarpas spazieren zu gehen. Tja, was soll ich sagen?!

Am 21.01.2022 lebte Zarpas nun schon genau ein Jahr bei uns und ihn aufzunehmen, war die beste Entscheidung unseres Lebens!

Zarpas war kein einfacher Hund.

Bardinos sind ja generell keine echten Anfängerhunde.

Vor allem aber waren wir blutige Anfänger und hatten am Anfang echt zu kämpfen. Zarpas neigte auch sehr stark zum Übersprung. Er ging einfach sang- und klanglos auf andere Hunde los und hatte sie auch „gezwickt".

Dieses Verhalten wird bei einem 72 cm großen und 40 kg schweren Hund nicht so wirklich gern gesehen. Also haben wir „wie die Irren" mit ihm trainiert, Tag für Tag, Woche für Woche und hatten sogar viel Spaß dabei.

Jeder einzelne Spaziergang war mehr als spannend und nicht selten eine echte Herausforderung für uns.

Zuerst zählten wir sogar die „Verletzen" und all die „Opfer", die uns so begegneten und unsere Wege kreuzten!

Also all die Hunde, die Zarpas regelrecht „gelocht" und gnadenlos „getackert" hatte, zum Glück halt keine Menschen.

Aber durch das stetige Training, viele Mühen und Geduld, eine große Portion Vertrauen und die vielen Erlebnisse, hat sich ein enges Band zwischen uns gebildet, was ich in dieser Form niemals erwartet hätte.

Nicht von diesem Hund!

Inzwischen bin ich auch davon überzeugt, dass meine Mutter uns Zarpas geschickt hatte, auch wenn dies sich jetzt vielleicht etwas merkwürdig liest.

Irgendetwas ist da, was ich nicht erklären kann! Sie hatte wohl beschlossen, dass ich nun genug geheult habe und lange genug einsam in meiner Welt gefangen war. Es wurde in ihren Augen scheinbar Zeit, wieder zu leben und zu lachen und neue Menschen in mein Leben hinein zu lassen.

Zarpas ist in dem Jahr geboren, in dem meine Mutter gestorben ist.

Ich bin wirklich überzeugt davon, einen Teil ihrer Seele in meinem Zarpi wiederzuerkennen. Wenn Zarpi nicht dieses Problem mit anderen Hunden gehabt hätte, hätte ich meine nun besten Freunde niemals kennengelernt!

Z.B. Sascha und seine Frau Sonja und ihren bezaubernden Hund Mayra, der Zarpi gezeigt hatte, dass andere Hunde nicht nur richtig doof sind, sondern echte Freunde werden können.

Alle drei möchte ich in meiner neuen Welt nicht mehr missen, schon gar nicht in meinem neuen Leben.

Inzwischen habe ich über Facebook tolle Gassi-Freunde gefunden.

Vor allem aber habe ich auch euch gefunden!

Zarpi tröstet mich, wenn ich wieder einmal traurig bin.

Er hat mir seine Pfote auf das Bein gelegt und den ganzen Abend bei mir auf dem Sofa gelegen, obwohl er das eigentlich niemals tut. Sich dicht an mich gekuschelt, als wäre ich das Einzige in seiner Welt, was jetzt und hier für ihn wirklich zählte, war sein Mensch, den es zu schützen und zu trösten galt.

Wir sind ein echtes Team! Wir lernen zusammen, wir halten zusammen und wir erleben tolle Dinge miteinander.

Ein neues und sehr schönes Leben hat für mich begonnen.

Wir haben ihm gezeigt, dass er uns mehr als nur vertrauen und einfach nur ein Hund sein kann. Er muss keine Verantwortung mehr übernehmen, nicht mehr um das eigene Leben kämpfen, denn wir sind jetzt für ihn da!

Das hat er begriffen und hat sein Problem inzwischen sogar fast vollständig abgelegt. Wir gehen sogar in großen Gruppen spazieren.

Die größte Gruppe war bisher 17 (!) Hunde. Er hat das alles mit Bravour gemeistert! Wir machen inzwischen sogar Mantrailing und er macht das toll. Jedes Mal, wenn ich ihn ansehe, fühle ich eine warme Woge der Zuneigung. Echtes und blindes Vertrauen auf sonderbare Weise, als hätten sich auf einer langen Suche, zwei umherirrende und verlorene Seelen endlich gefunden.

Bei dem Gedanken, ihn irgendwann gehen lassen zu müssen, schnürt sich schon jetzt mehr als nur meine Kehle zu.

Er ist eine echte Persönlichkeit, auf seinen großen Pfoten.

Ein toller Kerl, der mich immer wieder überrascht.

Er ist mein erster eigener Hund, ein Spiegelbild meiner Seele, mein bester Freund...er hört mir zu. Zarpas hat nicht nur mein Leben gerettet, sondern mir mein Lachen wieder zurückgegeben.

Dafür bin ich ihm unendlich dankbar, bis zum letzten Atemzug.

Sein Name und seine Pfote sind auf meinem Arm verewigt, sein Wesen in meinem Herzen!

Mein Beschützer, mein Vertrauter, einfach nur mein großer Seelenhund.

Danke fürs Lesen!

Das mal alles niederzuschreiben, hat mir einfach wirklich gutgetan.

Liebe Grüße, eure Petra Preußler & Zarpas

Noch ein kleiner Nachtrag

Seit Zarpas im Januar 2021 bei uns eingezogen ist, hat er unser Leben und insbesondere meine Seele immer positiv beeinflusst.
Er hat unser Leben sehr verändert, uns auch von der Couch geholt.
Durch ihn haben wir neue Freu(n)de getroffen. Er hat unser Leben einfach komplett gemacht. Eigentlich konnte es nicht besser werden.

Ein Seelenhund kann die menschliche Seele jedoch zutiefst verletzen und auch schockieren.

Wir hatten so viel mit ihm gearbeitet und trainiert. Wir waren bereits im Freilauftraining. Er hört super, alles hatte wunderbar geklappt.

Wir waren wirklich der festen Meinung, dass wir ihn nun sicher führen können und hatten auch ein tiefes und sehr gutes Gefühl entwickelt, ein echtes Team zu sein. Wir vertrauten ihm inzwischen so sehr und dachten, wir wissen wie er tickt. Und dann erlitt meine Seele eines schönen Februar-Tages einen furchtbaren Schock.

Ich war zusammen mit Zarpas und seiner besten Freundin Mayra mit ihrem Herrchen spazieren gegangen. Während des Spaziergangs trafen wir ein sehr nettes altes Ehepaar mit einem kleinen Schnauzer.

Die Hunde begrüßten uns, schnüffelten, man wechselte freundliche Worte und jeder ging wieder seines Weges.

Kurze Zeit später trafen wir das Ehepaar bei diesem Spaziergang erneut.

Die Hunde begrüßten sich wieder…alles gut, das dachten wir!

Auf einmal, plötzlich und vollkommen unerwartet schnappte sich Zarpas den kleinen Schnauzer im Genick, hob ihn hoch und schüttelte ihn und ließ ihn auch nicht mehr los. Der kleine Hund schrie fürchterlich und konnte sich auch nicht mehr selbst aus dieser Situation befreien.

Dieses krasse Bild, wie sich Zarpas den kleinen Hund schnappt und zubeißt, läuft noch immer wie eine Endlosschleife vor meinen Augen ab.

Ich habe in diesem Moment meinen eigenen Hund nicht mehr erkannt.

Das war nicht wirklich MEIN Hund!

Ich war fassungslos und die Zeit, bis ich verstanden hatte, was da gerade passierte und ich endlich eingreifen konnte, erscheint mir im Nachhinein endlos lange. Zum Glück hatte ich in der Hundeschule gut aufgepasst und konnte durch einen gezielten Griff in Zarpas Flanken seine Hinterbeine wegziehen und ihn so endlich zum Loslassen bringen.

Der kleine Hund war so schwer verletzt, dass es einige Zeit so aussah, als dass er diesen Angriff nicht überleben würde.

Er bekam eine schwere Blutvergiftung, musste einige Tage in der Tierklinik verbringen. Mein Mann und ich waren mehr als nur verzweifelt.

Es war bestimmt nicht unsere Absicht, anderen, wirklich lieben Menschen, ihr Ein und Alles zu nehmen. Wie sagt man? Das letzte Kind hat Fell.

Der kleine Schnauzer wird schließlich genauso geliebt, so wie wir unseren Zarpas lieben. Ich konnte mich so in diese Menschen hineinversetzen.

Mir tat das alles so unendlich leid.

Zum Glück haben wir guten Kontakt zu diesen Menschen. Wir haben anschließend fast jeden Tag miteinander telefoniert. Wir wollten schließlich wissen, wie es dem kleinen Hund inzwischen geht. Natürlich haben wir auch all die Rechnungen übernommen usw., schließlich war es unsere Schuld.

Aber so viel Leid und Sorgen über andere Menschen zu bringen, das hat mir fast das Herz gebrochen.

Für mich war es so ein tiefer Vertrauensbruch zu meinem eigenen Hund, das kann man sich kaum vorstellen.

Man neigt ja immer schnell dazu, Tieren menschliche Gedanken aufzudrängen…wie zum Beispiel: „Der weiß doch, dass der das nicht darf" oder „Er muss doch wissen, dass ich das nicht möchte".

Aber ein Tier hat keine menschlichen Gedanken. Folgt seinen natürlichen Instinkten, ob nun richtig oder falsch!

Wenn ein Tier urplötzlich aus seinen Trieben heraus in menschlichen Augen so etwas Furchtbares macht, ist man fassungslos, geschockt, tieftraurig.

Die Seele ist verletzt. Das macht es auch nicht besser, dass ich einfach auch nicht weiß, was der Auslöser für dieses Verhalten an diesem Tag gewesen war. Man fängt an, die Szene immer wieder durchzugehen. Man erlebt sie immer wieder und fängt an zu suchen. Habe ich etwas falsch gemacht? Habe ich bestimmte Anzeichen vielleicht nicht erkannt? Ich weiß es nicht!

Beide Hunde waren nicht aggressiv, sie hatten sich bereits bekannt gemacht, es gab kein Futter oder andere Beute zu verteidigen.

Der Auslöser wird wohl immer für uns alle ein großes Rätsel bleiben.

Natürlich liebe ich meinen Hund immer noch so sehr wie vorher.

Ich käme nie auf die Idee, ihn wegzugeben!
Aber ich bin vorsichtig und muss mir das Vertrauen wieder ganz neu
aufbauen. Zarpas trägt jetzt einen Maulkorb. Der tut ihm nicht weh,
schränkt ihn nicht ein und wir können zumindest sicher sein, dass er keinen
anderen Hund mehr beißen oder schwer verletzen kann.
Ansonsten machen wir weiter wie bisher. Training, regelmäßiger
Hundekontakt, „Social-Walks" und wir wollen ihm trotzdem alles
ermöglichen, irgendwie was geht. Wir geben niemals auf!

Liebe Grüße,

Petra & Zarpas 

Alle meine Seelenhunde

Ich bin als Kind mit einem Dackel groß geworden.
Dieser Dackel war ganz klar der Seelenhund meiner Mutter, aber auch
zugleich mein bester Freund und ich glaube, umgekehrt sah er das nicht
wirklich anders.
Neben meiner Mutter war ich eine wichtige Person in seinem Leben,
welches erst nach fast 20 Hundejahren beendet war und mir jeden Tag
bewiesen hat, wie wichtig auch meine Rolle für sein Leben war.
Dennoch waren meine Mutter und der Dackel das Seelenpaar schlechthin.
Diese innige Verbindung musste nicht wörtlich erwähnt werden, jeder der
die zwei miteinander erlebte oder kannte, vermochte das einfach
wahrzunehmen und auch mehr als nur zu spüren.
Mein eigenes Leben wurde bis heute von insgesamt neun Hunden begleitet.
In einem Hund seinen Seelenhund zu finden, ist etwas ganz Zauberhaftes
und unbeschreiblich schönes, was das gemeinsame Leben nochmals von
großer Intensität kennzeichnet, bereichert und auch sehr tief prägt.
Ich gehöre zu genau den Hundehaltern, die einen Hund nicht nach
besonderen Anforderungen auswählen!
Eher hat bisher immer das Schicksal und der Zufall über alles entschieden,
welche Seele auf vier Pfoten an meiner Seite sein Leben verbringen wird.
Für Hunde empfinde ich schon immer eine wirklich große Liebe und echte
Empathie.
Da mich meine Hunde schon mein ganzes Leben mit auf meine Arbeit
begleiten können, verbringen wir überwiegend einen 24 Stunden Tag
gemeinsam, dass ist weitaus mehr Zeit, als ich mit meiner Familie und auch
einzelnen Familienmitgliedern verbringe.
Dieses Zusammenleben ist natürlich sehr intensiv! Also hat man meinem
Erachten nach eh schon eine hohe Qualität an Beziehung und Bindung
erreicht. Aber trotzdem gab es immer wieder diesen einen Hund, die
einfach noch tiefer eindringen, oder eingedrungen sind!

Wahrscheinlich oder auch gerade deshalb, weil sie es auch selber so wollten?! Einem Hund zwingt man kein Gefühl auf, lediglich einen Befehl!
Unter meinen geliebten Hunden stach Donka (eine Labrador Hündin) absolut als Seelenhund hervor.
Sie war ein Hund, der mich hat erleben lassen, wenn ein Hund mehr als echte 100 % vertraut, einfach alles gemeinsam möglich ist.
Worte waren irgendwann mehr als überflüssig, unsere Blicke verstanden sich still und leise. Donka war mit größter Hingabe für alles bereit, aus völlig freiem Willen heraus.
Es schien für sie einfach selbstverständlich, dass wir im Einklang miteinander agierten und unsere Verbundenheit einfach grenzenlos und immer funktionierten.
Donka war stets an meiner Seite, Donka war für mich so selbstverständlich, wie die Luft zum Atmen und genauso wichtig wie die Luft zum Atmen.
In der Zeit, als Donka ihre Jahre an meiner Seite verbrachte, hatte ich gerade einen Säugling.
Ja, irgendwie haben wir das sogar gemeinsam gemeistert, sie war auch stets in 1000 % Zuverlässigkeit für mein Kind da und für alles, was ein Haushalt mit einem heranwachsenden Kind so an Anforderungen mit sich bringt. Donka hatte allerdings in ihrem Leben schwer mit Allergien zu kämpfen und das Leid war ihr nur zu oft anzumerken, was mich ebenfalls schwer mit ihr leiden lassen hat.
Aber es gab nichts, was ich nicht versucht und ausprobiert habe, um den Zustand dieses absolut zauberhaften Hundes zu optimieren.
Als wir uns mit diesem Problem gut eingefunden haben, würde ich meinen, hat sie ein halbwegs normales Leben führen können.
Ich konnte mir irgendwie überhaupt nicht vorstellen, dass ich diesen großartigen Hund, der mich immerzu mit Glück und tiefer Zufriedenheit erfüllt hat, eines Tages nicht mehr an meiner Seite haben würde.
Aber das Leben eines jeden endet irgendwann und so war es auch bei ihr.

Jeder bisher eingetroffene Abschied meiner Hunde hat mich tagelang weinen lassen, hat mich verzweifeln lassen, aber ich konnte mich dann doch immer wieder fangen und erholen.

Bei Donka wollte ich das irgendwie gar nicht, weil ich diesen Schmerz des Verlustes aufrechterhalten wollte, weil es das Einzige war, was mir blieb, die Trauer, der Schmerz, der Verlust, der mich permanent an sie erinnerte. So grausam es ist, das Leben geht irgendwie ja immer weiter!

Ich hatte noch meine geliebten Rüden Merlin (verstorben 2018) und Rivan, die mir halfen, irgendwann über diesen schmerzhaften Verlust hinweg zu kommen.

Parallel zu Donka muss ich sagen, dass Rivan (russischer Mischling) für mich ein sehr spezieller Hund war. Er war einer dieser Hunde, der nicht vermittelt wurde und bereits 4 Jahre im Tierheim in Russland verbrachte. Ein letzter Notaufruf wurde mir durch Zufall auf mein Handy zugeschickt und es ist kaum beschreibbar, aber als ich dieses eine Bild von diesem Hund sah, wusste ich, dass er zu mir kommen würde. Rivan hat mir am Anfang gar keine große Wahl gelassen, ihn zu meinem Seelenhund zu ernennen.

Mit einer Hartnäckigkeit und Beharrlichkeit hat er sich diesen Platz in Windeseile und ohne Nachlass gesichert.

Er ist so schnell, so tief und so intensiv in meine Seele eingedrungen, sodass wir bereits nach kürzester Zeit ein unglaublich vertrautes Gefühl und ein unglaublich vertrautes Miteinander verspürten.

Ehrlich gesagt umschlich mich bereits beim Anblick seines Bildes das Gefühl von Vertrautheit, als würde ich diese kleine Seele bereits kennen.

Wahrscheinlich fasst sich beim Lesen dieser Zeilen jetzt so mancher mit dem Finger an die Stirn, aber genauso empfand ich es und genauso fühlte es sich an, als ich ihn entgegennahm.

Rivan ist mein absoluter Seelen- und auch Herzens-Hund.

Es sind unsere Blicke des Verstehens, es sind die Berührungen, die beiderseits und ständig gewünscht und gefordert werden.

Sein Charakter ist einerseits der eines Freigeistes, andererseits der einer treuen Seele, die sich in mein Seelenleben im Eilverfahren eingebettet hat.
Er ist inzwischen schon sehr alt, sein Geist ist aber noch jung geblieben.
Sein Körper leider nicht.
Eine gewisse Weisheit bringt er heute mit sich und wir sind so tief miteinander verbunden, dass schon heute der Gedanke unerträglich ist, dass unsere gemeinsame Zeit nicht mehr allzu lange andauern wird.
Er wird mein Herz mehr als nur zum Weinen bringen, meinen Verstand vernebeln, aber da wir noch eine gemeinsame Zeit miteinander erleben dürfen, versuche ich heute, hier und jetzt über diesen unausweichlichen Tag nicht weiter nachzudenken.
Mein 2018 verstorbener Merlin berührte mein Herz ebenfalls sehr tief.
Merlin war schon älter und hat viel zu viel Schlimmes in seinem Leben erleben müssen.
Sein vertrauen durfte ich von der ersten Stunde unserer gemeinsamen Zeit an genießen und er ließ unsere Beziehung jeden Tag weiterwachsen.
Vor anderen Menschen zeigte er sich am Anfang ablehnend, bewies mir aber sein tiefes Vertrauen, wenn ich an seiner Seite war.
Dann waren andere für ihn in Ordnung, als hätte er gewusst, dass ich es niemals zugelassen hätte, dass ein Mensch oder Hund ihm nochmals böses tut. War ich allerdings nicht an seiner Seite, ging er auch keinen Kontakt mit fremden Menschen ein.
Sein sanftes und freundliches Wesen konnte er am Anfang nur mit mir an seiner Seite entfalten.
Er war ein ganz besonders zauberhafter Hund, mit dem ich ebenfalls sehr tief verbunden war und er zu meinem Seelenhund wurde, durch seine zauberhafte sanfte und fröhliche Art und das große Geschenk an mich, dass er mir sein vollstes Vertrauen geschenkt hat.
Jedes Mal, wenn ich seinen großen und breiten Kopf zwischen meinen Händen hielt und ihm viele dicke Küsse in sein weiches Fell verpasste, war das Gefühl von reinster und tiefster Qualität vorhanden.

Auch wenn er vor unserer Zeit vermochte sehr verstört zu reagieren, ich machte mir nicht einmal darüber Sorge, dass er bei mir falsches tun könnte.

Seine Seele war absolut rein, das war einfach spürbar.

Seine Seele suchte nach einem Hafen und wenn er auch nicht sofort mein Seelenhund war, er wurde es, er suchte diese Verbindung regelrecht und es fiel mir wirklich nicht schwer, diese Suche zu erwidern, bis wir schließlich im Einklang und sehr innig waren.

Auch er wurde zu meinem echten Seelenhund.

Und dann ist da meine Rosa, eine Bardina aus Fuerteventura, eine ganz neue Erfahrung auf dem Gebiet Seelenleben, echte Seelenverbundenheit, Seelenhund.

Mein gestreifter Hund, ein ganz spezieller und sehr besonderer Hund.

Am Anfang unserer Verbindung hatte ich so überhaupt nicht das Gefühl, dass es mit uns harmonisch werden könnte.

Ich habe sie seit der ersten Stunde wirklich geliebt, ich empfand aber auch Mitleid mit ihr, denn sie war so verstört, so anders als all meine anderen Hunde. Man fühlte, dass sie irgendwie ganz weit weg war.

Sie suchte eine tiefe Bindung, aber Misstrauen und ihre Angst blockierten sie immer wieder auf das Neue.

Ich musste um Ihr Vertrauen und ihre Gunst hart kämpfen und das alles war nur sehr langsam und schwergängig möglich.

Ihr Vertrauen konnte man sich immer wieder schnell zunichtemachen.

Ihre extremen Verhaltensweisen, ihr Wesen an sich, waren so komplex und am Anfang undurchsichtig für mich, dass es mich manchmal traurig machte, weil ich ihr täglich mein Herz schenken wollte, doch irgendwie erwies sich das als etwas holperig und auch nicht ganz so einfach.

Aber mit der Zeit, mit Geduld und meinem beharrlichen Bemühen diesen Hund zu verstehen, passierte es dann doch, sehr heftig, sehr ergreifend, dieser Hund schenkte mir ebenfalls ihr Herz, ihr tiefes Vertrauen.

Als dieses Tor geöffnet war, da entstand ein wirklich sehr mystischer und unbeschreiblicher Zustand zwischen uns.

Diese Art und Weise, wie wir miteinander verbunden sind, lässt sich kaum beschreiben. Sie ist von ihrem Wesen ein sehr selbstständiges Tier und doch hat sie mich so nötig.

Sie ist in ihren Entscheidungen durchaus unabhängig und doch ist ihr meine Meinung so wichtig.

Wir sind immer beieinander und wenn es mal nicht möglich ist, ist der Verlust auf beiden Seiten klar zu erkennen.

Ich habe oft das Gefühl, dass ich ihr wirklich in nichts etwas vormachen kann, sie ist sich stets meiner Gefühlslage bewusst, umgekehrt meine ich das ebenfalls behaupten zu können und wir sind von beiden Seiten sehr bemüht, unseren Zustand auf einem ausgeglichenen Level zu halten.

Der gegenseitige Trost ist sicher, wenn es einer Seite nicht wirklich gut geht. Selbst wenn Rosa in meine Augen schaut, spüre ich die Tiefe, die ihr Blick erlangt. Ja, sie ist mein ganz spezieller Seelenhund von ganz besonderer Art und wenn es etwas gibt, was ich wirklich an diesem Leben liebe, dann ist es die Tatsache, diese Erfahrungen und Begegnungen auf diesen Ebenen gemacht haben zu dürfen. Bei jedem Hund, den ich meinen Seelenhund nenne oder genannt habe, habe ich unterschiedliche Empfindungen der Seelenverbindung wahrgenommen.

Jede zauberhafte Seele hat etwas anderes in mir geweckt und auch etwas anderes von mir erwartet. Wie ein offenes Buch spürt man diese Bedürfnisse und erfüllt diese mit voller Leidenschaft und jeder einzelne Seelenhund tut genau dasselbe.

Unser eigenes Leben auf dieser Welt steckt voller Pflichten, voller vorgegebener Maßstäbe, voller festgelegter Werte, sodass es meine persönliche Bereicherung in meinem Leben ist, dass es etwas gibt, was so privat und so einzigartig ist, dass es nicht von anderen bewertet oder bemessen werden kann.

Es sind meine persönlichen Erfahrungen und Empfindungen auf einem Gebiet, welches für mich persönlich spürbar und real ist und für mich die Welt und das Leben auf diesem Planeten sehr viel attraktiver macht.

Natürlich hat man im besten Fall eine Familie die man über alles liebt, Kinder die über alle Grenzen geliebt werden, Freunde die man schätzt, jedoch ist das natürlich ein ganz anderes Thema.

Aber das Zusammenleben mit einem Tier und wenn es dann zum Seelenpartner wird, ist und bleibt unbeschreiblich und ist für mich eine großartige Bereicherung, mit der ich zum Glück auf meinem Lebensweg Bekanntschaft machen durfte.

Unerwartet und völlig überraschend gibt es nun seit kurzem einen weiteren Hund in meinem Leben. Es gibt Wege, zu einem Gefährten zu gelangen, die weder geplant noch erhofft waren und trotzdem eintreffen.

Eine Verbindung zu einem fremden Lebewesen, die über eine räumliche Distanz entsteht, bildet man sich das nur ein oder ist es real?

Für mich persönlich so real, dass ich fest daran glaube, dass sich auch zwei Seelen begegnen können, auch wenn sie über große Distanzen voneinander getrennt sind.

Das Schicksal hat mich zu einem Hund geführt, den ich gesehen habe und eine unglaubliche Vertrautheit empfunden habe.

Diese Vertrautheit war so übermächtig, dass dieses Tier mir keine Ruhe mehr gelassen hat.

Eine Stimme tief in mir, mein Bauchgefühl, meine Intuition waren so stark, dass das Thema dritter Hund plötzlich im Raum stand.

Eine wirkliche Begeisterung konnte ich nur von meiner Tochter ernten!

Mein Mann glaubte noch an meine Worte: „Keine drei Hunde mehr, ich habe nur zwei Hände und es reicht!"

Ich informierte mich über das Tier, ein unscheinbares Wesen, bisher von niemandem gesehen, vielleicht auch aufgrund seiner Einfachheit.

Eine schnelle Vermittlung war nicht in Sicht.

Es gab keine tollen Bilder von ihm, es gab keine mitleiderregende Geschichte, er war kein Welpe mehr.

Er war der Hund, der mal wieder einfach nicht gesehen wurde.

Mich erreichten Videos und Bilder und mein Gefühl wurde übermächtig, sodass ich die Entscheidung treffen musste, dass auch dieser Hund ein Zuhause bei uns finden sollte.

Es fühlte sich einfach so an, als wenn das alles kein Zufall sein kann und es irgendwie vorbestimmt wäre. In der Zeit wo er noch nicht bei uns war, machte mein Geist viele Stationen durch, von der unglaublichen Überzeugtheit diesen Hund holen zu müssen, aber auch von der Angst getrieben, meinen vorhandenen Hunden nicht gerecht werden zu können, sollte mein Gefühl mich getäuscht haben.

Ich hatte das Gefühl, dass Engelchen und Teufelchen einen Kampf auf meinen Schultern auszutragen versuchten, aber letztendlich siegte mein positives Gefühl, mein Engelchen, auf das ich in Bezug auf Tiere schon immer mehr gesetzt hatte, als auf alles andere.

Als Marvel aus Ungarn dann endlich von mir auf einem Übergabe-Platz entgegengenommen werden konnte, waren meine Zweifel, die sich trotzdem immer wieder meldeten, wie weggewischt.

Da stand der Hund, dem ich ein Gefühl zuordnen konnte, dass man einfach nur als Vertrautheit beschreiben kann und genau dieses Gefühl machte alles einfach. Selbst meine Hunde waren in Sekunden mit diesem neuen 2 ½ Jahre alten Rüden, vertraut und friedlich miteinander.

Nicht einmal gab es bisher Probleme, sie agierten wie selbstverständlich miteinander. Es gibt Dinge, die überwältigen mich noch heute und wenn ich die drei Hunde gemeinsam sehe und erlebe, dann empfinde ich nach wie vor ein Gefühl von Vertrautheit.

Mir kommt es fast so vor, als wäre eine bekannte Seele zurückgekehrt und auch diesen Hund zu meinem Seelenhund zu ernennen wird nicht schwer werden. Vieles ist wirklich unerklärbar und es liegt an uns selbst, auch die unerklärbaren Dinge für uns anzunehmen.

Wenn wir Empfindungen verspüren und ihnen einen Namen geben, dann müssen sie richtig sein.

Für einen selbst sind sie es auf jeden Fall und niemand auf dieser Welt kann uns das Gegenteil beweisen.

Ich wünsche jedem Menschen eine Seelenbegegnung in seinem Leben
erleben zu dürfen, ich wünsche jedem Hundehalter in seinem Hund auch
seinen persönlichen Seelenhund zu finden.
Mit dieser Erfahrung sind wir in der Lage eine besondere Qualität an Glück
und Liebe zu empfinden, die man auch nicht wirklich in Worte zur Erklärung
fassen kann.

Eure Anuschka Schöle und meine wundervollen Seelenhunde

Eine Hündin ohne Namen…
…eine Hündin, die wirklich niemand wollte!

Einzig und alleine nur auf diese Welt gekommen, um zur Zucht missbraucht zu werden, alleine hinter grauen Mauern, misshandelt und geschlagen.
Die Jahre vergingen und die Tage zogen ins Land.
Als eines Tages diese stolze Hündin ihre ersten Tod-Geburten hatte, wurde sie von ihren miesen Züchtern einfach so entsorgt, vollkommen skrupellos, herzlos und keine Gnade, kein Verständnis. Gnadenlos und einfach so entsorgt, in eine spanische Perrera (Tötungsstation)!
Um dort dann irgendwann zu sterben, alleine, verlassen, trostlos und wieder hinter kalten Mauern. Die Zeit verging und ihre Uhr des Lebens tickte unaufhaltsam vor sich hin.
Ob es nun echtes Schicksal war, oder was auch immer?!
Eines Tages kamen Tierschützer in diese Perrera und sahen dieses traurige Mädel, weit hinten in einer Ecke ihres Verließ ängstlich und wimmernd kauern. Die Hündin hatte sich längst aufgegeben, ein sehr trauriger Blick in ihren Augen, dem Sterben nahe.
Die Tierschützer hatten ein sehr großes Herz, retteten sie und nahmen diese Hündin mit auf ihre Finca!
Vielleicht haben sie ja Glück und können dieses Mädel im Tierschutz irgendwohin in gute Hände und in ein neues Zuhause vermitteln.
Sie nannten sie „Bola" (spanisch für „Kugel"), sie hatte endlich einen eigenen Namen. Bola durfte leben!
Sie hatte großes Glück, dank dieser Tierschützer dem sicheren Tod in einer spanischen Perrera einfach zu entrinnen!
Unbeschwerte Tage und Monate vergingen, die Zeit lief so vor sich hin.
Die Menschen auf der Finca waren sehr liebevoll zu ihr, pflegten sie und heilten manche ihrer Wunden.
Dennoch war es so, dass die Monate und die Zeit endlos vergingen…

Aus den Monaten wurde schnell ein ganzes Jahr und niemand wollte sie.
Alle Versuche einer schnellen Vermittlung in ein neues und schönes
Zuhause, eher eine echte Fehlanzeige und nur ein wirklich großer Traum!
Man inserierte diese Hündin in unzähligen Vermittlungs-Plattformen und
Adoptions-Portalen, im Tierschutz und an anderen Stellen, leider ohne
Erfolg oder gar eine gewisse Nachfrage von Interessenten!
Keine einzige Anfrage kam für diese stolze und wunderschöne Hündin.
Auch immer wieder die große Frage nach dem „Warum"?!
War es ihr Alter, von (geschätzten) fünf bis sechs Jahren?
Hatte niemand ihr Aussehen oder gar ihren ganz besonderen Charakter
angesprochen?
Nicht einmal ihre einzigartigen Bernstein-Augen zogen jemand in ihren
Bann. Niemand wusste eine Antwort, auf all die offenen Fragen und die
endlosen Tage vergingen.
In weiter Ferne und an einem anderen Ort lebt ein Pärchen, die vor einigen
Wochen ihren über alles geliebten Bardino verloren hatten.
Eigentlich war dieses Pärchen noch nicht so weit, sich überhaupt für einen
neuen Hund aus dem Tierschutz zu entscheiden, denn der Verlust ihres
geliebten Hundes war noch viel zu groß und nicht wirklich schon gedanklich
und emotional verarbeitet. Die Trauer war mehr als nur sehr groß, über den
gestreiften, einzigartigen, treuen und verlorenen Freund auf vier Beinen.
Irgendwie war es so, dass dieser schwere Verlust beiden Menschen nicht
nur vollkommen den gewohnten Alltag veränderte, sondern irgendwie war
jeder Tag einfach nur noch grau, leer und ohne Inhalte, ohne Antrieb, ohne
jegliche Bedeutung, irgendwie nicht wirklich lebenswert.
Etwas ganz Entscheidendes fehlte in ihrem Leben! Der geliebte und
gestreifte Freund an ihrer Seite, nichts war mehr so, wie es einmal war.
Es fehlte an gewohnter Struktur in ihrem Leben, gewohnte Abläufe eines
Hunde-Halter, all die Gassi-Runden und der tägliche Spaß, oder einfach nur
der Stupser einer feuchten und vertrauten Hunde-Nase.

So kam ein weiterer langer Abend, als die Dame des Hauses mal wieder im Internet unterwegs war, um etwas Zerstreuung und gedankliche Ablenkung zu suchen.

Sie schaute (wie so oft) diverse Tierschutz-Seiten, schaute Hunde bei verschiedenen Vereinen und Organisationen, als sie plötzlich über Bola stolperte. Irgendetwas war da plötzlich zwischen „Zeit & Raum", was man nur sehr schwer in passende Worte fassen kann.

Diese ganz besondere Hündin im spanischen Nirgendwo! Dieser irgendwie gebrochene Blick, gesenkter Kopf auf all den Bildern, aber diese ganz besonderen und funkelnden Augen, sie ließen uns dann nicht mehr los.

Augen, wie wir sie schon lange nicht mehr gesehen hatten!

Die Tage vergingen, aber etwas änderte sich für uns.

Diese Augen ließen uns nicht mehr los und immer wieder schauten wir diese Bilder, von dieser gebrochenen, aber wundervollen und ganz besonderen Hündin, mit Namen Bola.

Irgendwie ließ uns (besonders meine Frau!) dieses gestreifte Mädel mit ihren Bernstein-Augen nicht mehr zur Ruhe kommen, sie zog meine Frau vollkommen in ihren Bann.

Eine innere Stimme sagte uns immer wieder, sie will zu uns!

Eigentlich mussten wir auch nicht wirklich lange überlegen, denn auch unser Leben muss wieder in normale Bahnen laufen, auch wenn unser schmerzlicher Verlust immer noch sehr schwer an unseren Herzen zerrte!

Wir sprachen auch mit guten und vertrauten Freunden, denn irgendwie war diesmal alles anders.

Selbst unsere Freunde sagten immer wieder: „Sie wurde uns geschickt"!

Von einer höheren Instanz…oder gar von unserem verstorbenen Pablo.

Schon irgendwie sehr verrückt, diese äußerst merkwürdigen Gedanken.

Aber auch wenn wir nicht wirklich gläubige Menschen sind, sind wir davon überzeugt, dass es da etwas zwischen „Zeit & Raum" gibt, was der Mensch nicht gut erklären kann.

Schon gar nicht mit den passenden Worten, in irgendwelchen Zeilen.

So kam der eine ganz besondere Tag, an dem wir zum Telefon griffen und einen guten Freund anriefen, der selbst im Tierschutz sehr aktiv ist, einen wundervollen und ganz besonderen Tierschutz-Verein ins Leben rief und diesen auch leitet. Zufälligerweise auch genau der Verein, der seit einiger Zeit versuchte, diese einzigartige Hündin in gute Hände zu vermitteln.
Der Ablauf einer Adoption und alles andere waren sehr schnell geklärt, denn man kannte sich ja schon seit vielen Jahren aus der gestreiften Hunde- und Tierschutz-Szene, das Vertrauen war mehr als nur gegeben.
Bola durfte endlich fliegen, raus aus ihrem grauen Schicksal, weg von dieser Insel…unterwegs in ihr neues Leben…unterwegs in ihr neues Zuhause…einfach nur zu uns!
Sie darf nun endlich „LEBEN", in einer schöneren und für sie besseren Welt.
Einfach nur Prinzessin sein, geliebt zu werden und wohl beschützt und behütet bei ihren Menschen.
Nun ist sie hier bei uns, endlich „angekommen"!
Auch wenn wirklich einiges an Zeit ins Land gegangen ist, manches auch etwas steinig war, bis sie uns endlich grenzenlos vertraute.
Ein echter Traum von Hund, der auch für uns in Erfüllung gegangen ist!
Kein Vergleich zu unserem Pablo…denn sie ist vollkommen anders, auf ihre ganz spezielle, gestreifte und sehr liebevolle Art.
Und das ist auch sehr gut so, wie es nun mal ist…
An dieser Stelle auch immer wieder unseren großen und herzlichen Dank an all die Menschen, die uns diesen ganz besonderen Traum erfüllt und realisiert haben!
Denn man kann es kaum in passende Worte fassen, wie uns dieses ganz besondere und gestreifte Mädel unser Leben mehr als nur bereichert und auch auf den Kopf stellt, sondern uns wirklich unser Leben wieder zurück-gegeben hat, in dieser teils sehr merkwürdigen und auch gestreiften Welt.
Danke an euch für alles! Vor allem aber auch ein Großes, sehr liebevollem und herzlichem Danke an unser gestreiftes Bolchen.

Danke, dass es dich jetzt in unserem Leben gibt!
Denn was wäre unsere Welt, ohne deine großen und leuchtenden Augen,
an manch so grauen und dunklen Tagen, in dieser merkwürdigen, teils
verrückten und sehr gnadenlosen Welt.

Stefan Klink

PS: Liebe Leser dieser Zeilen!
An dieser Stelle muss ich offen und ehrlich eingestehen, ich hatte meinen
ganz besonderen Seelenhund.
Auch wenn unser Bolchen mir sehr tief ans Herz gewachsen ist, sie
inzwischen mein echtes „ein & alles" ist, mich längst vollkommen erobert
und in ihren magischen Bann gezogen hat, vergeht kein einziger Tag, wo ich
an meinen gestreiften und ganz besonderen Freund Pablo zurückdenken
muss. All die gemeinsamen, schönen und glücklichen Stunden, all die
großen Abenteuer, die unvergesslichen Erlebnisse und dieses Stückchen
gemeinsamer Weg des Lebens, den wir zusammen in großer Vertrautheit
und grenzenloser Treue gemeinsam gehen und erleben durften.
Unvergessen, in Gedanken oft bei ihm und für immer und ewig in meinem
Herzen tief vergraben, wir hatten unsere gemeinsame Zeit.
Wie meine Frau immer so treffend sagt: „Alles im Leben hat seine Zeit!"
Und jetzt ist IHRE ZEIT gekommen, denn Bolchen ist ihr Seelenhund, ein
echter Hund mit Streifen, den sie wirklich lange suchte.
Und offen eingestanden (manchmal mit etwas Wehmut im Herzen und
einer ehrlichen Träne in den Augen), ich finde es mehr als fair meiner Frau
gegenüber, nach all den Jahren mit unserem Pablo. Denn ich hatte meinen
Seelenhund und für sie war dies nicht wirklich immer leicht.

Mein Anouki, mein „Großer", mein wunderschöner Hund, unser Bär.

Im Internet sah ich ein Foto. Ein mich unendlich berührendes Foto, eine
schreiende Seele, die mir keine Ruhe ließ. Mehr kann ich nicht dazu sagen.
Anouk, damals Cäsario, war in einer Tötungsstation auf Lanzarote.
Der Verein, von dem die Fotos waren, sagte uns, man habe ihn dort
gesehen, kurz kennengelernt, aber man könne eigentlich nichts über ihn
sagen oder ihn richtig beschreiben, da die Umstände dort verlässliche
Aussagen nicht zuließen. Er sei ca. 3-5 Jahre alt.
Ein ziemlich großer Bardino (vielleicht ein Mastiff Espanol Mix?).
Man könne ihn auch nur dann dort raus und auf die Finca holen, wenn es
eine definitive Zusage einer folgenden Vermittlung für ihn gäbe.
Der Platz auf ihrer Finca sei zu gering, um weitere Hunde ohne definitive
Vermittlung dort aufzunehmen. Wir haben immer noch Kontakt zu der
Vermittlerin, die immer ehrlich war und wir werden auf ewig dankbar sein,
dass sie ihn gesehen haben.
Mir war Angst & Bange. Ein für mich junger Hund. Hatte ich doch sonst eher
Senioren, denen ich einen schönen Lebensabend machen wollte.
Ich wohnte jetzt sehr abgelegen und wirklich schön für Hunde, hatte an sich
keine Ansprüche an einen Hund, ABER…
Mittlerweile gab es auch wieder einen Mann an meiner Seite.
Bis zu meiner Bekanntschaft, völlig ohne Hunde-Erfahrung.
Da wir beide arbeiteten und mir wichtig war, dass die Hunde nicht so lange
alleine blieben und genug Sozialkontakte haben, sollte auch er in die
Hundetagesstätte gehen.
Nebenbei arbeitete ich mittlerweile dort auch aushilfsweise und die
Menschen dort waren gute Freunde geworden.
Er musste also definitiv mit anderen Hunden klarkommen!
Sena, das verrückte Pointer Weib, war ja auch noch da.
Dann hörte ich von einer Kollegin, sie habe von einem großen Bardino
gehört, der den Mann nicht mehr aus der Küche gelassen habe.

Dieses alles ließ mich Zweifeln. Ich war mir der eigenen Unvernunft
bewusst. Trotzdem; es gab einfach kein zurück!
Er musste kommen, dieser eine etwas spezielle Bardino!
Cäsario war ein gut gemeinter, würdevoller Name für diesen Hund, aber
irgendwie völlig unpassend. Schon vor seiner Ankunft war irgendwie klar, es
war „Anouk", unser Bär und wie wir ihn nennen wollten.
Ich hatte solche Angst, vor meiner eigenen nun getroffenen Entscheidung!
Es ging dann alles sehr schnell und Ende Januar 2016 kam er bei uns an.
Schlafend in der Box vom Flughafen bis zu uns ins Haus.
Dort die Tür geöffnet, dann kam Anouk.
Uns keines Blickes würdigend, beschnüffelte er jede Ecke seines neuen
Zuhauses. Gut, mit Sena kein Problem.
Sie war eben einfach da. Wir quasi nicht vorhanden.
Hätte schlimmer sein können! Vor unseren Händen wich er zurück.
Erst recht, wenn sie von oben kamen.
Weiche Kissen verschmähte er, liebte harte Böden.
Er hatte ein paar offene Stellen, das Fell seitlich an seinen Ohren war
abgeschürft, aber erstmal alles überhaupt kein Drama.
Fressen wollte er anfangs nicht. Trockenfutter, Gekochtes oder Barf, alles
wurde verschmäht. Draußen war er recht munter, erkundete alles sofort
mit der Nase, zog an der Leine von links nach rechts.
Der erste Besuch in der Huta am Wochenende, nur mit den eigenen
Hunden, verlief an sich vollkommen problemlos. Bis auf den Boden!
Schnell wurde klar, je nach Beschaffenheit und Farbe waren bestimmte
Böden böse und man konnte eigentlich nicht mit den Pfoten auf sie treten.
Schlimmer noch, Licht und Schatten. Helle Lichter ängstigten ihn.
Egal, ob von Autos, von der Decke, oder von der Sonne.
Je nachdem, wie das Licht auf ihn fiel, kauerte sich dieser große 35 kg
schwere Hund sofort zusammen. Sich bewegende Schatten, z.B. von Türen
usw., das gleiche Problem.

Je nach Tageszeit und Wetter, konnte Anouk so kaum die Wohnung
betreten, weil die Türen entsprechende Schatten warfen.
Für mich war das wirklich schlimm. Er sollte sich doch sicher fühlen, in
seinem neuen Zuhause und jetzt ängstigte ihn es so sehr! Unterführungen
gingen auch nicht. So viele Kleinigkeiten und für uns zunächst unfassbar,
denn dies alles machten aus diesem großen, stolzen Hund ein Häufchen
echtes Elend. Ich weiß nicht wie, irgendwann wurde es irgendwie besser.
Wir haben versucht bei hm zu sein, ihm Sicherheit zu geben.
Ich war nie ein Vertreter des „Ignorieren bei Ängsten"!
Ich finde, die Hunde haben es verdient, wie jeder andere auch, dass sie in
ängstigenden Situationen eben nicht alleine gelassen werden.
Wir haben ihn nie bedauert, aber wir haben ihn gehalten.
Ich glaube, das war der Weg, der Weg zu seinem Vertrauen.
Auch heute ist es noch so, dass er bestimmte Dinge nicht alleine tun
möchte. Z.B. die Kellertreppe herunter gehen oder morgens runter in die
Küche. Dann gehen wir eben mit. Am besten immer mit Körperkontakt.
Einfach nur berühren, dann funktioniert es.
Selten guckt er noch unsicher zur Decke, ob die Lampen und die ganze
Decke auch wirklich oben bleiben und ihm nicht auf den Kopf fallen.
Aber eigentlich guckt er auch so, als wisse er, dass es eher nicht passieren
wird und trotzdem, man kann sich ja mal vergewissern.
So ist er halt, unser Großer!
Außerhalb seiner Ängste weiß er alles und ist absolut selbstbewusst, stark
und entsprechend gelassen.
Es ehrt uns, dass er sich auf uns verlässt, und wir verlassen uns auf ihn.
Was waren wir stolz, als er sich das erste Mal auf ein richtiges Kämpfchen
mit uns einließ! Wir diskutieren unsere Vorhaben und je nach Wichtigkeit
überzeugt er uns oder wir ihn. Er hat eigentlich immer Recht mit seinen
Entscheidungen, vertraut aber eben auch darauf, dass wir manchmal
anders entscheiden müssen. Mein lieber großer Hund!

Wenn wir nach Hause kommen, beschnüffelt er uns (das ist und bleibt sein Sinnesorgan zur Welt) und er weiß dann, wie es uns geht und sicher auch, wie es uns ergangen ist und wo wir waren.

Er ist unglaublich rücksichtsvoll, sowohl uns, als auch unseren anderen/neuen Hunden gegenüber. So oft gibt er einfach nach (für uns manchmal schon viel zu oft), dann als kleiner Weichei-Hund betitelt, unser Rehlein, eigentlich weil wir ihm so sehr die Privilegien gönnen, die er unserer Meinung nach wirklich verdient hat.

Aber er tut dies, weil er einfach weiß, dass es so vielleicht viel klüger ist. Irgendwann sehen auch wir es dann ein und sind so stolz auf ihn.

Ich bin so geehrt durch dieses so unglaubliche Vertrauen, von dieser Seele, die bestimmt so viel Schlimmes schon ertragen und gesehen hat.

Es macht mich so stolz!

Danke, lieber Anouki, auch wenn ich weiß, dass auch du keine Dankbarkeit möchtest oder gar erwartest.

Wenn wir uns ansehen, wissen wir, was wir denken und was der andere braucht und fühlt. Wenn wir unsicher sind, wissen wir, dass der andere uns sofort hilft. Und jetzt fängt es an, komisch zu klingen; auch, wenn ich in rein menschlichen Dingen, die die Beziehung zu anderen, die Arbeit o.ä. betreffen, unsicher bin, kann ich ihn fragen.

Ich erzähle ihm in Gedanken, obwohl ich irgendwann merke, dass er das meiste schon weiß, und er antwortet mir, gibt mir Rat, macht mir auch manchmal klar, dass ich dumm bin, etwas anders machen oder sehen muss, Verständnis haben soll oder, oder, oder…

Und er hat Recht! Das meine ich damit, dass er mich besser kennt, als ich mich selbst. Er sieht in die versteckten Ecken meiner Seele, die ich nicht mal selber sehe. Mein Anouki, wie könnte ich dich allumfassend nun beschreiben? Mein wundervolles Wesen!

Nun wirst du älter. Ich weiß, es kommt die Zeit, da werden wir uns verabschieden müssen. Manchmal siehst du so unglaublich alt aus!

Du bist gemächlicher geworden, deine Schritte werden deutlich langsamer. Mancher Gang fällt dir mehr als schwer. Deine Hinterbeine wollen nicht mehr so richtig. Früher hast du schon mal Alleingänge gemacht.
Wir sind umgezogen. Noch weiter aufs Land hinaus.
Ein paar Mal bist du Rehen oder Füchsen hinterhergelaufen (ich sage bewusst nicht gejagt!) und dann spazieren gegangen. Wir haben dich gesucht, sind durch den Tiefschnee gestapft, stundenlang an dem Punkt, an dem wir uns verloren haben, stehen geblieben und auf dich gewartet. Wanderer erzählten uns von einem großen schwarzen Hund, der irgendwo gemütlich den Wegesrand ab schnüffelte.
Ich bin fast gestorben vor Angst um dich und jedes Mal bist du wieder einfach so nach Hause, bzw. zum Auto gelaufen.
Völlig verdreckt, glücklich und selbstverständlich. Ich weiß, du wolltest einfach mal ganz frei und alleine sein. Dein eigenes Ding machen, in völliger Ruhe die Gegend erkunden. Ich habe es dir so gegönnt.
Aber auch hier lauern Gefahren. Ich hatte schreckliche Bilder im Kopf und ich bin unendlich dankbar, dass es wirklich immer gut ausgegangen ist.
Mein lieber kleiner Anouki. Mein großer Bär.
Seitdem wir einen GPS-Tracker angeschafft haben, ist es nicht mehr passiert. Jetzt lasse ich dich oft entscheiden, wo du lang gehen möchtest und wenn du viel Zeit zum Schnüffeln brauchst, oder einfach mal trödeln möchtest, versuche ich sie dir zu geben. Woher sollten wir auch wissen, wo es am interessantesten für dich ist?!
Du zeigst uns Tag für Tag und immer wieder, dass wir alles richtig gemacht haben, und wir hätten es so gerne besser gemacht, nur für dich.
Als du kamst und nur auf dem harten Boden liegen wolltest, habe ich gesagt: „Aus dir machen wir auch noch einen verpimperten Familienhund."
OK, nicht ganz. Du bist schließlich ein großer stolzer Bardino (oder doch ein Mischling?)! Du brauchst deinen eigenen Raum.
Natürlich suchst du dir selbst deine bevorzugten Plätze aus!

Als wir umgezogen sind, wollten wir, dass du und Sena im Schlafzimmer
schläfst. Es war groß und Ihr unsere Familienhunde.
Für dich war das furchtbar. Aber wir haben ja genug Zimmer hier und so
hast du eben Dein eigenes Schlafzimmer bekommen.
Nachdem es, wenn wir im Bett liegen, in der richtigen Reihenfolge erst
einen Hühnerflügel und dann einen Hühnerfuß gibt („keine Rituale" sagte
die Frau in der Hundeschule), ziehst du dich zurück. Na gut!
Irgendwann konnten wir dich streicheln, ohne dass es dir Angst gemacht
hat. Dann konntest du das Kraulen genießen.
Jetzt dürfen wir uns sogar mit auf deine Matte legen und dich bepüseln,
ohne dass du aufstehst und sofort gehst. Jetzt kannst du es für dich
genießen (und wir auch!). Mit dem Alter scheinst du es immer mehr zu
lieben, sogar darauf zu warten, so als wüsstest du auch, dass unsere Zeit
endlich ist und wir sie so bewusst wie möglich genießen müssen.
Nicht zu vergessen, unser „Gute Nacht" sagen, vor dem Abend-Leckerchen
zum Schluss. Ich komme zu dir, weiß was du magst, erzähle dir, wie stolz ich
auf meinen besten Hund der Welt bin, wie toll du bist und du schnurrst, wie
ein kleines Kätzchen. Mein kleiner Katzenhasser, unser Kuschelhund, unser
kleines und gestreiftes Rehlein!
Du bist inzwischen unser „Draußen Hund".
Du liebst es so sehr, draußen zu liegen und auf alles aufzupassen!
Du erledigst deinen Job so gut! Zur Not mit Mantel und Schlafsack und
Decke. Mein verpimperter kleiner Familienhund.
Aber dann ist das „Mutterherz" beruhigt, wie mein Mann so treffend sagt.
Wir diskutieren oft, wann du reinkommst und Feierabend machst, wie viel
Regen noch okay für dich ist, wann es wirklich viel zu kalt geworden ist.
Du verbellst Fremde, tolerierst Nachbarn!
Du freust dich auf deinen Freund (unseren lieben Postboten), der eben
einfach auch ein guter Mensch ist und sich hier und da um einsame Hunde
kümmert (ja, hier gibt es sie halt noch, die einsamen Hunde, die
hauptsächlich draußen leben und kaum Liebe von Menschen erfahren),

sie ab und zu ausleiht und versucht, ihnen eine gute Zeit zu machen und euch natürlich bei jedem Kommen ein paar Leckerchen über den Zaun wirft und mit Euch spricht. Durch dich ist er mittlerweile ein guter Bekannter und fast ein Freund geworden.

Du weißt, was gute Orte sind. Du hast den Platz ausgesucht, an dem wir später alle einmal begraben werden, indem du dich, als wir uns in diesem Stückchen naturbelassenem Urwald, der dadurch unterhalten wird, dass man dort Parzellen für seine Urnen erwerben kann, dort einfach an genau diesen Platz hingelegt hast.

Uns war sofort klar, das ist der eine ganz besondere Ort, an dem man uns später alle wieder vereinen soll, wenn dieser eine der Tag gekommen ist.

Du hast Jahre später auch „unseren" Platz auf dem Campingplatz in Nordfrankreich wiedergefunden, auf dem wir oft mit dem Wohnwagen standen und uns dazu gebracht, genau gegenüber ein gebrauchtes Mobilheim zu kaufen, weil du dich auch dort genau an diesem Platz hingelegt hast (auch hier werden jetzt natürlich Nachbarn nicht angebellt, nur die Touristen). Du liebst es so sehr, dort mit uns zu sein.

Ich weiß, du würdest für uns alles tun und für uns auch sterben.

Du hast nur auf meinen hilfesuchenden Blick gewartet, als der Schornsteinfeger in die Wohnung kam, sofort bereit, alles zu tun, was nötig ist um mich zu schützen.

Am Meer und in den Dünen, liegst du immer etwas abseits, aber alles im Blick. Du bist einfach da! Du suchst nie Streit, regelst alles mit Bedacht und Weisheit, aber du würdest alles tun, wenn es wirklich sein müsste.

Unser großer und gestreifter Bardino-Hund!

Du warst mit uns und dem Wohnwagen unterwegs, bist mit uns Kanu gefahren, hast so viele Ängste überwunden, bist unser großer schwarzer Hund geworden, so stolz und auch so wunderschön!

So gutmütig, so liebevoll, so stark, so weise, so eigensinnig, so stur, so gutherzig. Du hast die Kuschelversuche von Sena ertragen und liebst die Küsschen von Lucie (deine Lucie, eine stolze Bardina aus Fuerteventura, die nur durch dich zu dem geworden ist, was sie jetzt ist).

Unsere große Schlabber! Danke für alles das, was du für uns tust, obwohl du es vielleicht lieber ein bisschen anders tun würdest! Du liebst auch deine kleine Jack Russel Freundin, die zuvor mit keinem anderen Hund zurechtkam, musst zu ihr, wenn du sie nur von weitem siehst, bist so zärtlich. Es ist so rührend, euch zu sehen. Du liebst immer noch deine erste Huta mit ihren Menschen, die so sehr teilhatten, am Beginn deines neuen Lebens. Du liebst deinen verschrobenen Hundemann, bei dem ihr jetzt seid, wenn wir arbeiten. Auch ihn hast du mit deiner Seele gesehen.

Deine wunderschönen Bernstein-Augen.

Du sagst alles mit deinen Augen, Bardino-Augen eben!

Sie lachen, trauern, können verständnislos und hilfesuchend sein, liebevoll und auch entrüstet. Nicht nur mich und uns verzauberst du immer noch mit Deinem Blick, der alles sagt und tief in die Seele geht.

Eine Busfahrerin kam einst aus ihrem Bus heraus, nur um bewundernd festzustellen, dass du wunderschöne Augen hast.

Natürlich weißt du neben dieser wahren Schönheit deiner Augen, auch den Bardino-Herzensbrecher-Blick einzusetzen, der besonders in der Damenwelt die Herzen mehr als nur zum Schmelzen bringt.

Nur anfassen dürfen dich die allermeisten Leute dann doch nicht!

So weit geht kein Vertrauen und muss es ja auch nicht wirklich!

So lange diese Augen lachen können, wird meine Welt in Ordnung sein.

Aber was mache ich irgendwann ohne meinen Anouki?!

Wie soll ich all die Wege gehen?

Wie oft hast du mich gerettet?!

Toleranz, Loyalität, Großherzigkeit. Erst du hast es mich gelehrt.

Du bist einfach bei mir, auch wenn wir es gerade nicht mehr sind.

Ich weiß, Anouk wird immer bei mir sein, so wie ich bei ihm.

Er wird mir immer helfen!

Aber ich will ihn einfach nicht gehen lassen, meinen Seelenhund!

Ich hoffe und bete, an wen auch immer, dass ich/ wir es gut machen, wenn diese Zeit gekommen ist. Dass es ihm nicht schwerfällt.

Das er vertrauensvoll zu den anderen über diese vielbeschriebene Regenbogen-Brücke gehen kann, ohne dass er sich um uns sorgt.

Das ist mein größter Wunsch.

Ich weiß, wir sehen uns alle wieder und deswegen habe ich keine Angst, selbst irgendwann zu sterben.

Aber leben ohne meinen Anouki?

Wie soll das gehen? Ich weiß es nicht.

Ich habe solche Angst davor!

Es ist sicher egoistisch.

Deswegen weiß ich auch, dass ich es schaffen muss! Für ihn…

Für alles, was er hinterlässt, für alles, was er gegeben hat.

Mein schöner großer schwarzer Hund.

Bleibe noch lange hier bei mir, aber quäle dich bitte nicht, wenn der Tag des Abschieds auch für uns gekommen ist! Nie wieder sollst du gequält sein!

Ich liebe dich so sehr!

Wüsstest du doch, was für ein tolles Wesen du für mich geworden bist.

Miriam Berthold

Meine Mika

Es war Herbst 2021 und der Wunsch nach einem Hund wurde immer
größer. Dazu muss ich sagen, dass ich mit Hunden aufgewachsen bin und
auch nachdem ich zuhause ausgezogen bin, immer gerne einen Hund
gehabt hätte.
Das war anfangs auf Grund verschiedener Faktoren leider einfach nicht
möglich. Mein Mann und ich gingen Vollzeit arbeiten.
Das wollte ich einem Hund dann doch nicht antun, dass er täglich acht
Stunden alleine und vollkommen auf sich gestellt ist.
Im Februar 2014 kam dann der „Krümel" auf die Welt und ich war erst mal
ein Jahr zuhause. In der Zeit traute ich mir das allerdings nicht zu, mich um
ein Baby und die Eingewöhnung eines Hundes zu kümmern.
Die Jahre zogen also so ins Land, immer noch ohne Hund.
Ab 2018 hatte ich dann öfter den Hund eines guten Freundes zur Pflege,
wenn dieser im Urlaub war. Ich merkte, dass unsere Katzen doch besser mit
einem Hund klarkommen, als ich bis dahin dachte.
Mein lang ersehnter eigener Hund wurde immer präsenter und der Wunsch
immer größer.
Es sollten dann doch noch mal fast drei Jahre ins Land ziehen, bis mein
Wunsch dann so präsent war, dass ich mit meinem Mann und unserem
Sohn darüber gesprochen habe.
Die üblichen Bedenken kamen auf.
Mein Mann (hatte von zuhause aus nie etwas mit Hunden zu tun) war dann
der Meinung, wir sollten warten, bis er in Rente ist und auch so mehr Zeit
hätte. Das wollte ich aber nicht! Bin ich doch selbst mit Tieren und Hunden
groß geworden und wusste, wie toll das auch für heranwachsende Kinder
ist. Also hat der Familienrat getagt und sich endlich für einen Hund
entschieden. Dann folgte die Suche nach „dem richtigen" Hund.
Ich durchsuchte das Internet und schaute natürlich erst einmal bei Ebay
Kleinanzeigen nach einem passenden Hund.

Als ich ein Kind war, gab es immer diese „Ups"-Würfe / Welpen in den Dörfern. Tja, früher war alles besser und die „Ups"-Würfe kosteten während Corona dann in etwa so viel, wie ein echter Rassehund vom Züchter. Nicht, dass mir das ein Hund nicht wert gewesen wäre, aber das wollte ich wirklich nicht mit meinem Gewissen unterstützen, in dieser fragwürdigen Welt der Züchter und Vermehrer.

Der nächste Blick ging dann in die Tierheime in der Region.

Tolle Hunde hatten die da.

ABER…viele abgegeben wegen Beißvorfällen und anderen großen Problemen. Das konnte und wollte ich uns dann auch nicht zumuten, vor allem nicht mit kleinem Kind.

Also nochmals ab ins Internet und „Hunde-Adoption" gegoogelt.

Schnell wurde ich fündig! Eine Hündin sollte es werden.

Bitte noch recht jung, damit ich sie gut an Kind und Katze gewöhnen konnte. Ich hatte mich dann auch schnell in ein Bild einer ganz besonderen Hündin verliebt.

Wie das ebenso ist, wenn man „nur mal gucken" will!

Es folgte ein Telefonat mit der Vermittlerin, in dem ich all meine Fragen gestellt habe, die ich so hatte und die mir auf den Nägeln brannten.

Mir wurde erklärt, dass der nächste Schritt (vor der endgültigen Adoption) dann eine Vorkontrolle bei uns zuhause sein würde.

Ok, dachte ich „das schaffe ich mit links".

Hatte ich doch schon sehr oft selbst Vorkontrollen bei / für andere Vereine durchgeführt. Wenn man dann aber selbst „auf der anderen Seite sitzt" ist dies dann doch wieder etwas anderes.

Ich war mehr als nur aufgeregt, als die nette Dame dann zu uns kam.

Die Fragen die sie gestellt hatte, waren teilweise mehr als nur etwas seltsam, wie zum Beispiel: „Darf der Hund denn auch mal ins Haus?".

„Natürlich!" antwortete ich, wo soll er denn sonst hin?!

Na ja, die Vorkontrolle war dann auch schnell erledigt.

Die Dame sagte mir schon als sie ging, dass aus Ihrer Sicht nichts gegen einen Hund und dessen Adoption sprechen würde.

Dann hieß es warten und warten, bis unser Hund endlich aus Spanien ausreisen durfte.

Am 16.10.2021 war es dann endlich so weit. „Mika" (so ihr neuer Name bei uns) sollte am Flughafen Frankfurt ankommen und von uns abgeholt werden. Wir haben uns also alle drei recht spät ins Auto gesetzt und sind zügig nach Frankfurt gefahren. Eingepackt hatten wir alles, was wir dachten zu brauchen…natürlich viel mehr, als wir wirklich brauchten.

Aber mehr ist ja immer bekanntlich besser, als zu wenig einzupacken.

Wir kamen in Frankfurt an und trafen uns dort mit jemandem vom Verein, der uns den Hund übergeben sollte.

Das hat dann auch alles soweit super funktioniert!

Als Mika dann aus der Box genommen wurde, dachte ich schon: „Oh mein Gott, ist die ängstlich".

Ich muss dazu sagen, dass mir gesagt wurde, sie wäre schüchtern und würde eher einen Schritt nach hinten gehen, als einen Schritt nach vorne. Das fand ich grundsätzlich und eigentlich gut, wohnen bei uns ja auch noch ein Kind und ein alter sehr spezieller Kater.

Aber dass sie dann so ängstlich war, damit hätte ich nach all den Bildern, Beschreibungen seitens des Vereines und den Videos im Vorfeld niemals gerechnet. Okay, nun war sie also da.

Die Kontaktperson hat ihr dann noch das mitgebrachte Geschirr angezogen, wir haben sie ins Auto geladen (auf die Rückbank neben unseren Sohn) und sind nachhause gefahren, wo wir dann mitten in der Nacht endlich angekommen sind. Ich habe Mika dann nur noch hinters Haus getragen, weil ich dachte, sie müsste sich ja mal lösen und das war es dann aber für die erste Nacht auch. Danach sind wir Menschen vollkommen übermüdet schlafen gegangen und haben sie erst einmal in Ruhe gelassen, in ihrem neuen und vollkommen unbekannten Zuhause.

Ich werde die nächsten Monate nun etwas verkürzen, weil ich sonst morgen noch hier sitze und schreibe und ihr das sicher auch nicht alles lesen wollt.

Was uns von diesem Verein „versprochen" wurde:
Eine junge Hündin, die sehr verträglich mit anderen Hunden ist und bei Menschen eher einen Schritt zurück geht, als nach vorne!
Die aber absolut nicht ängstlich sei.

Was wir bekommen haben:
Eine junge Hündin (das Alter stimmte tatsächlich laut unserem Tierarzt, gegenüber manch anderer Behauptungen und Angaben über den Hund), die wochenlang vor Angst nur gezittert hatte und Menschen in jeglicher Hinsicht und grundsätzlich doof findet (immer noch!), neben zahlreichen anderen Problemen.

Ich habe viele Stunden weinend verbracht, weil ich unseren Sohn um einen „normalen" Hund gebracht habe, weil ich nicht wusste, wie ich das alles überhaupt hinbekommen sollte, mit diesem echten (wie ich es heute wirklich besser weiß!) „Problem"-Hund und mir Mika so unendlich leidtat.
Alles in allem könnte man sagen: „Vermitteln um jeden Preis!"
Und wen interessieren da die Wünsche, Bedürfnisse und Erwartungen der neuen Halter?! Vor allem aber immer wieder die große Frage, ob der Betreffende Hund überhaupt in sein neues Zuhause passt?!?
Schließlich muss dies auch in erster Linie für den Hund selbst passen!
Dieser Verein hatte sich danach wirklich unter aller Sau verhalten, denn es kam keinerlei Hilfe, noch sonst etwas!
Lediglich beleidigende Worte, dass Mika nur so ängstlich und problematisch ist, sei ausschließlich meine Schuld.
Ich müsste souveräner mit ihr umgehen!
Klar, dachte ich, dann schleife ich sie eben mit der Leine hinter mir her, nur harte Ansagen usw. bis sie funktioniert! Aber keine Sorge, das habe ich natürlich nicht getan, denn mit Härte erzieht man keinen Hund!

Vor allem gewinnt man so niemals sein Vertrauen!

Was habe ich stattdessen getan?

Ich möchte nicht sagen, dass das ein Patentrezept ist, aber bei uns hat es mit viel Zeit, Liebe und Vertrauen funktioniert.

Ich habe mir auch den Hund meines Bekannten öfter mal ausgeliehen, um vieles zu trainieren. Die beiden haben sich von Anfang an wirklich bestens und super verstanden.

Ich hatte nun also einen 65 Kilo schweren Irischen Wolfshund ein paar Tage zu Besuch - aber keine Sorge, für den Iren war das nichts neues; war er doch vorher auch schon unser „Besuchs-Hund", wenn sein Besitzer in Urlaub gefahren ist oder Termine hatte, wo der „Kleine" nicht mitkonnte.

Irgendwann geschah es dann! Mika ist ihm einfach hinters Haus gefolgt. In dem Moment hat sie anscheinend vergessen, dass man da nicht einfach so raus gehen kann, sondern sich tragen lassen muss.

Für schwierigere Situationen, also Situationen, wo ich wusste, dass Mika die alleine nicht meistern würde, haben wir uns den „Kleinen" dann immer mal wieder ausgeliehen, wo sich Mika wirklich wunderbar orientieren und Vertrauen fassen konnte.

Mittlerweile haben wir genug Vertrauen aufgebaut, dass auch ich sie durch schwierige Situationen bringen und meistern kann.

Wir brauchen nicht immer einen zweiten Hund!

Natürlich kamen immer wieder Zweifel in mir hoch.

„Ist das alles richtig so, wie ich das mache!?"

„Wäre es nicht besser, einen zweiten Hund dazu zu nehmen, der souverän ist und sich Mika mehr orientieren könnte?"

Ein klares NEIN! Denn ich habe mich bewusst gegen einen zweiten Hund entschieden! Auch wenn ich immer mal wieder darüber nachdenke.

Aber, was mache ich, wenn der zweite Hund auch so eine echte Mogelpackung ist, wie der erste? Denn mit Ehrlichkeit seitens des Vereines, der uns Mika vermittelt hatte, hat unsere Geschichte wirklich nichts zu tun!

Auch die Tatsache, dass wir nach unserer Bezahlung mehr als nur im sprichwörtlichen Regen stehen gelassen wurden, mit all unseren Problemen und falschen Versprechungen!

Da ich selbst jahrelang im Tierschutz aktiv war, kommt für mich auch immer wieder nur ein Tierschutzhund in Frage. Und da ist die Gefahr dann leider doch sehr hoch, dass der Hund sich dann als etwas ganz anderes entpuppt, als er sich vorher auf den Pflegestellen gezeigt hatte, oder von fragwürdigen Vereinen bewusst falsch beschrieben wird, nur um diesen schnellstens zu vermitteln und so zu Geld zu machen ist.

Also habe ich mich einfach gefragt, was denn nun wirklich mein oder unser Problem ist!?

Wenn ich ehrlich bin, dann ist es mittlerweile gut so, wie es ist und manchmal zahlt man im wahrsten Sinne des Wortes ein gewisses Lehrgeld, für das persönliche Vertrauen in andere Menschen und wieder einmal einen großen Preis bezahlt, für die eigene Gutmütigkeit.

Aber egal! Mika kann da nichts dafür, weder für ihre Vergangenheit, noch für die Menschen, denen sie im Vorfeld ausgeliefert war!

Wir gehen unseren gemeinsamen Weg und wir haben mit Hilfe eines ganz lieben Freundes (Danke Stefan!!!) unseren eigenen Weg gefunden.

Wenn ich mal wieder verzweifelt bin, dann rufe ich ihn an und er holt mich auf den Boden zurück, gibt mir wertvolle Tipps, oder kommt einfach mal helfend bei uns vorbei.

Manchmal reicht es schon, dass er mir sagt, dass ich einfach mal an den Anfang zurückdenken soll und wie viel wir seitdem schon geschafft hätten.

Und das stimmt! Ich bin wahnsinnig stolz auf Mika, meine Familie und mich, denn der Schlüssel zu diesen ganz besonderen Hunden sind wirklich nur Vertrauen, Geduld und auch die Zeit.

So wie es jetzt ist, kann es ruhig weiter gehen, im großen Spiel des Lebens!

Denn es sind ganz besondere Tiere und für mich persönlich sind Bardinos und deren Mixe ganz besondere Hunde.

Aber auch die Tatsache, dass sie uns in ihrer Welt eigentlich nicht brauchen
und das zeigen sie uns auch nur zu gerne.

Aber wenn man sie so akzeptiert, wie sie sind und sie ihr Vertrauen zu uns
Menschen erst einmal aufgebaut haben, dann bekommt man den tollsten,
loyalsten und vor allem ehrlisten Hund der Welt, den man sich nur
wünschen kann.

Man erlebt gemeinsam Dinge, die man vorher von anderen Hunden absolut
nicht kannte! Auch kommt man dem Wort sehr nahe, was sich
„Seelenhunde" nennt. Denn sie verändern nicht nur unser eigenes Leben
und unseren Alltag, sondern sie geben so viel an uns Menschen zurück, in
guten wie in schlechten Tagen! Auch die banale Tatsache, dass sie uns
oftmals näherstehen, als mancher Mensch es je vermag.

Zumindest ich sehe das so, in Gedanken bei meinem Seelenhund.

Bianca Komes

PS: Ja, Mika mag nicht gerne an der Leine sein - ich aber auch nicht!
Ja, sie läuft auch schon mal den Vögeln hinterher - aber wo ist das Problem?
Sie bekommt sie ja eh nicht!
Ja, sie ist nicht der „normale" Hund den ich / wir uns immer gewünscht
hatten, der auf jeden freundlich zugeht und sich von Fremden anfassen
lässt. Aber macht ja nichts, denn das braucht sie nicht und das mache ich ja
auch niemals! Aber sie ist immer da, wenn ich nachhause komme.
Sie freut sich, mich zu sehen und fordert bei uns auch mittlerweile ihre
Streicheleinheiten ein.
Sie passt auf unser Haus auf, wenn wir nicht zuhause sind.
Sie schützt mein Kind, ohne jemals einen einzigen Schritt zu weichen.
Sie passt auf unseren Garten auf, egal ob wir zuhause sind oder nicht.
Sie kommt mit unserer speziellen Katze super klar.

Sie passt auf uns auf, wenn wir unterwegs sind - von Ängstlichkeit wirklich keine Spur. Alles in allem würde ich es NICHT noch mal so machen, wie ich es gemacht habe. Niemals wieder anderen Menschen blind vertrauen und jedes Wort glauben, ohne es zu hinterfragen!
Ich gebe ehrlich zu, dass ich einer direkten Adoption eines Hundes aus dem Ausland mittlerweile sehr kritisch gegenüberstehe.
Erst den Hund kennenlernen, sich selbst ein echtes und ehrliches Bild machen, dann adoptieren! Nie wieder möchte ich Menschen gutmütig und so letztendlich blind vertrauen.
Wir hatten früher immer Hunde zuhause - daher hatte ich schon gewisse und ausreichende Vorkenntnisse. Und ich habe seeeeehr viel Verantwortungsbewusstsein für ein anderes Leben auf vier Pfoten, ohne wenn & aber! Aber dank fragwürdiger Menschen in dieser Tierschutz-Welt, inzwischen leider auch sehr viel dazu gelernt, auf der Suche nach dem echten Seelenhund!
Ich behaupte, dass nicht jeder den Weg gegangen wäre, den wir gegangen sind. Aber mir war es wichtig, dass ich das durchziehe! Ich habe mich für diesen Hund entschieden / ihn mir ausgesucht. Mika konnte nichts dafür.
Also muss ich auch verdammt noch mal schauen, dass es klappt.
Was wäre denn die Alternative gewesen?
Mika wieder abgeben? Vor allem die Frage nach dem WOHIN?
Zurück an den fragwürdigen Verein?
Vielleicht ins nächste Tierheim?
So oder so wäre sie sicher ein Wanderpokal geworden, weil sie nicht schwanzwedelnd auf Menschen zu geht. Oder sie hätte irgendwann dann doch mal gebissen, weil man sie zu sehr bedrängt hätte?!
NEIN, das kam für mich auf keinen Fall in Frage - also Augen zu und durch!
Inzwischen bin ich sehr froh, dass wir den Weg weiter und gemeinsam gegangen sind! Gemeinsam auch mit echten Freunden, die uns immer zur Seite standen und helfen, wenn es mal wieder richtig brennt.
Auch hier nochmal ein RIESEN DANKE an unseren Stefan!

Nie hast du mich ausgelacht oder auch im Stich gelassen, wenn ich mal wieder von unseren Problemen erzählt habe.
Immer hattest du ein offenes Ohr, für mich und unsere Probleme.
All das ist in der heutigen Zeit leider nicht mehr selbstverständlich.
Ebenso ein riesen Dankeschön an meine Familie, die den Weg immer mit mir gegangen ist und auch jetzt noch weitergehen wird.

Meine Jiggy, mein gestreifter Seelenhund

Heute vor fünf Jahren bist du mit deinen Ängsten vor so vielem, deinem
Misstrauen gegenüber den Menschen und immer einem sicheren Abstand
vor Berührungen bei uns eingezogen.
Mit deinem Willen zu leben und ganz viel Geduld und Zeit, haben wir Stück
für Stück dein Vertrauen gewonnen. Du hast dich deinen Ängsten gestellt
und unsere Hilfe und Unterstützung angenommen.
Wir sind gemeinsam Schritt für Schritt gegangen.
Du hast gelernt, dass nicht alles und nicht jeder schlecht ist.
Dein Vertrauen wuchs, Tag für Tag. Du hast immer mehr Nähe zugelassen
und hast dich zu einer Persönlichkeit und einem starken Wesen entwickelt.

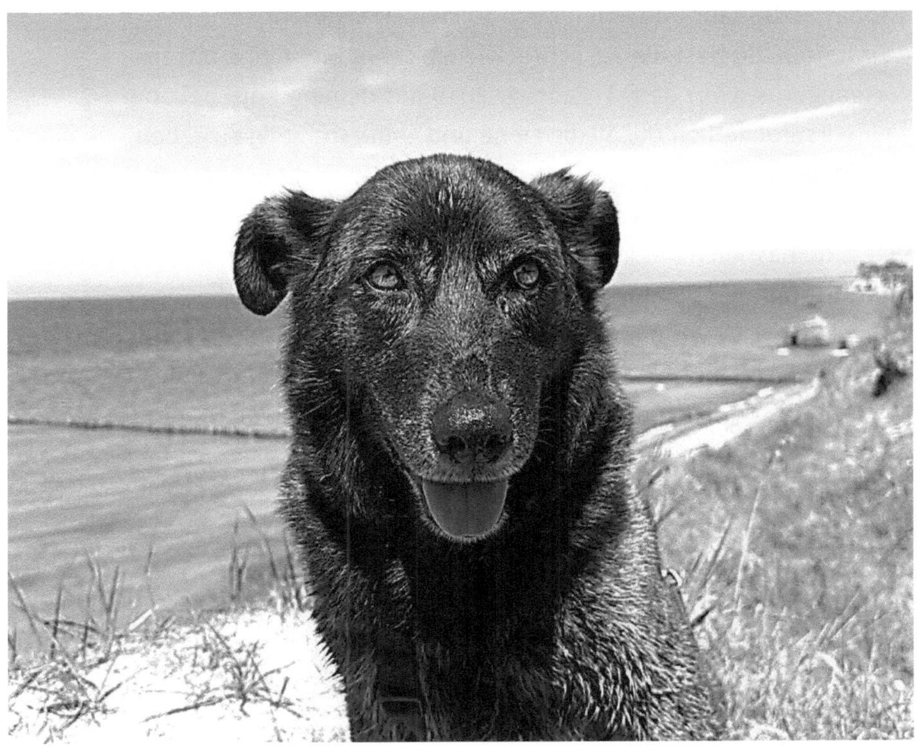

Ja manchmal auch sehr dickköpfig. Aber das macht dich so besonders.
Du brauchst Rituale und wir leben diese gemeinsam aus.
Wir haben gemeinsam gelernt, dass wir uns 100%ig aufeinander verlassen
können. Vertrauen ist inzwischen unsere große Stärke!
Deine Angst vor lauten Knallgeräuschen kannst du leider immer noch nicht
überwinden.
Aber die Lösung über Sylvester regelrecht zu „fliehen", tut uns allen gut.
Seid nun eben fünf Jahren bereicherst du unser Leben, vor allem meins.
Du beweist uns, dass sich alle Arbeit und Mühe gelohnt hat.
Keinen einzigen Tag haben wir es bereut, dich zu uns zu nehmen und auch
zu adoptieren.
Wir danken dir, für jede gemeinsame Stunde, jeden Tag, jede Woche, jeden
Monat, jedes Jahr und jeden noch so kleinen Moment.
Wir hoffen, du hast die 2,5 schrecklichen Jahre und deine bittere
Vergangenheit vor dem 1. Februar 2019 aus deinem Kopf bekommen.
Wir versprechen dir die all die Liebe und Unterstützung zu geben, die du
benötigst und auch brauchst und danken dir für dein tiefes Vertrauen und
deine Nähe, die du uns schenkst.
Jiggy, du hast dich tief in unsere Herzen gegraben, du bereicherst mehr als
nur unserer aller gemeinsames Leben.
Auch hätte ich / wir niemals gedacht, dass ein solch ganz besonderer Hund
mein / unser Leben und unseren Alltag so verändern kann.
Schön, dass es dich gibt, mein / unser wundervoller Seelenhund!

Ralph Lindenau

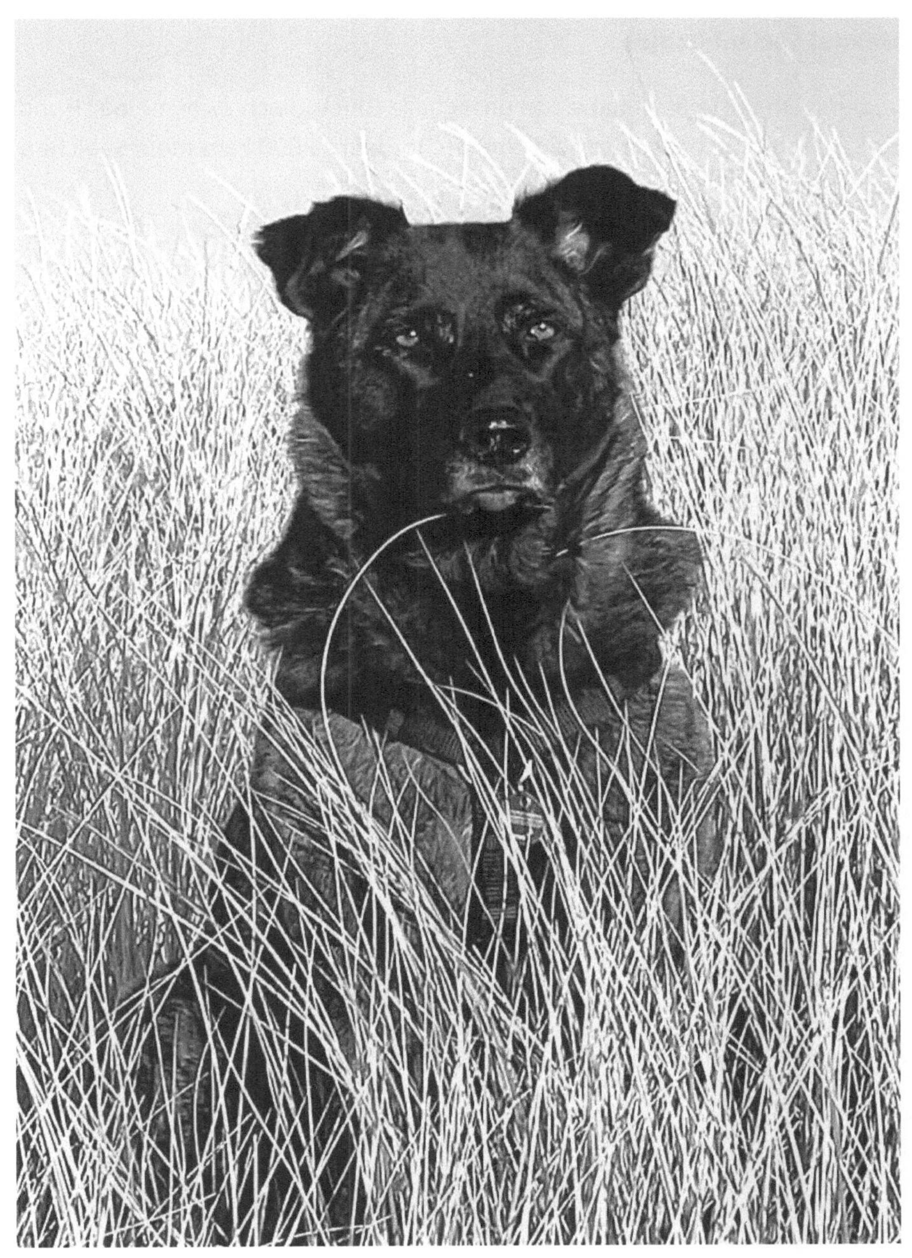

Mein(e) Seelenhund(e)

Ja, denn ich hatte bzw. habe das unsagbare Glück gleich zwei meiner Hunde
als Seelenhunde bezeichnen zu können. Im Jahre 2000 kam mein Seelchen
Odin zu mir.
Wir hatten sofort ein sehr inniges Band und vertrauten zueinander.
Stets war er dort, wo ich auch war, wie ein echter Schatten und wir
schliefen oft eng aneinander gekuschelt ein.
Er war mein süßes Seelchen und es tut mir heute noch unsagbar weh, wenn
ich an den Tag des Abschieds denke. Mein Herz war mehr als nur
gebrochen, meine Seele war so endlos leer.
Er ist immer tief in meinem Herzen verankert, bis auch ich irgendwann von
dieser Erde Abschied nehmen muss.
Odin mein Schatz, ich vermisse dich so sehr. Ob deine Nähe, dein Stupser
mit der Nase, deinen Trost an schweren Tagen, du fehlst!
Denn du hast mir mehr gegeben, als es manche Menschen jemals könnten.

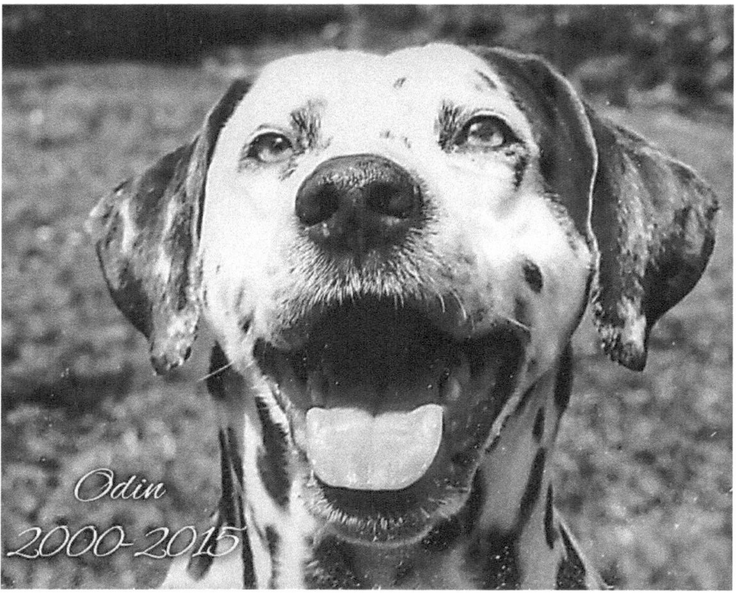

Und dann kam Neo…

…in mein Herz, in meine Seele, meine Familie und mein Leben.
Mein ganz besonderer Hund, der mir Tag für Tag ein Lächeln ins Gesicht
zaubert und mein Haus, für mich zu einem Zuhause werden lässt.
Oft lehnt er seinen Kopf gegen den meinen, ich spüre wie sehr er mich liebt
und ich weiß, auch er spürt meine tiefe Liebe, die ich für ihn empfinde.
Es braucht keine Worte, wir verstehen einander.
Neo, mein großer schwarzer Seelenhund, ich hoffe wir haben noch ganz
viele, schöne und gemeinsame Jahre miteinander.
Bis zum Schluss, werde ich immer für dich da sein und dich für immer in
meinem Herzen und meiner Seele tragen. Mein Herz, meine Seele, mein
wundervoller Neo.

Tanja-Evelyne Müller

In Gedenken und Erinnerung an unseren wundervollen Neo, der während wir an diesem Buch geschrieben haben, im Frühjahr 2025 gegangen ist…

Liebe auf den 2. Blick

Ja, auch ich hatte diesen einen ganz besonderen Seelenhund, ihr Name war
Bella. Sie war meine echte Seele, ein Spiegelbild meines Herzens und etwas
ganz Besonderes.
Ich sah sie damals im Tierheimgehege zum ersten Mal, auf meiner Suche
nach einem passenden Familienhund für uns.
Achtlos ging ich zuerst an ihr vorbei, denn „so einen Hund" wollte ich ja
eigentlich nicht.
Mein Mann war es damals, der mich mehr als nur überredete, doch einmal
mit ihr spazieren zu gehen und sie nochmal zu besuchen.
Ihre Augen und ihr Blick ließen meinen Mann irgendwie nicht mehr los.
Also nochmal zu ihr zurück, aber mein Herz war noch nicht so richtig bei ihr.
Im Laufe des Abends und in der Nacht habe ich dann immer wieder an sie
denken müssen, an ihre treuen Augen, die mich ständig verfolgten, solange
sie mich bei unserem Besuch sehen konnte!
Ihre zaghaften Berührungen durch die Gitterstäbe ihrer Box, ach und so
viele andere Gedanken mehr, die mir keine Ruhe ließen.
Ein paar Tage später haben wir sie dann adoptiert und endlich zu uns geholt
und das war die beste Entscheidung, die wir jemals getroffen hatten.
Bella wurde nicht nur mein echter Seelenhund, sondern die große Liebe auf
den zweiten Blick! Sie war mein Herz und sie wusste immer sofort, wann es
mir nicht so gut ging. Sie legte dann ihren Kopf auf meinen Schoß und sah
mich immer an. Sie ließ mich keinen einzigen Augenblick allein. Sie war
unser aller Glück und Sonnenschein, bereicherte mehr als nur unser
gemeinsames Leben.
Nach vielen wunderschönen Jahren kam dann dieser eine Tag, der leider
jedem Geschöpf bevorsteht, der Tag des Abschiedes.
Wir alle, mein Mann, meine Söhne und ich haben uns Bella genommen,
sind an ihren Lieblings-See gefahren, wo sie so gerne nach den Steinen
schnorchelte und haben einen wundervollen Tag mit ihr verbracht.

Es war unser letzter gemeinsamer Tag, ein guter und sehr friedvoller
Tag. Am nächsten Tag kam der schwerste Gang für uns alle, der Gang des
Abschieds nehmen. Ich habe sie fest in meinem Arm gehalten, haben ihr
viele liebe Worte ins Ohr geflüstert und gehofft, dass sie alles versteht und
all diese Liebe mitnimmt, auf ihre letzte Reise.
Und ich bin mir wirklich sicher, dass hat sie auch!
Das war im Jahr 2005, 15 gemeinsame Jahre lang Glück, Gemeinsamkeit
und pure Liebe. Seit dieser Zeit vermisse ich meine Bella noch immer, in
Gedanken immer noch bei ihr.
Danke Bella, mein Seelenhund und Danke, was du mir und meiner Familie
in all den Jahren geschenkt und unser Leben bereichert hast.
Deine Mama, Papa, unsere Söhne Holger und Torsten.
Du wirst für immer in unseren Herzen weiterleben!

Barbara Belz

PS und ein kleines Anliegen von mir:

Liebe Leser dieses ganz besonderen Buches und all unserer Zeilen!
Bitte geht auf eurer persönlichen Suche nach eurem Seelenhund ins
Tierheim oder wendet euch vertrauensvoll an den Tierschutz.
Denn dort warten so viele wundervolle und echte Seelen auf vier Pfoten auf
ihren Menschen, dem sie ihr Herz, ihr Vertrauen und ihre große Liebe gerne
schenken möchten. Danke!

Ach Teddy, ich widme diese Zeilen in diesem Buch absolut nur Dir.

Du bist mein Seelenhund und du bist vor elf Jahren in mein / unser Leben
getreten. In einer Zeit, als die Kids absolut dagegen waren, so schnell nach
Gingers Tod wieder einen Hund bei uns aufzunehmen.
Und natürlich musste es ein „Geretteter" sein.
Du warst absolut nicht geplant.
Ich fand dich auf einer Tierschutz- / Facebook-Plattform.
Du hattest Unterschlupf, nach deiner Rettung, bei einer lieben Dame auf
der Donauinsel in einem Lokal gefunden und konntest den ganzen Tag frei
herumstreifen. Ich nehme an, dass du damals schon dort so sehr das
Schwimmen geliebt hattest. Ich hatte alles organisiert, dass du zu mir
kommst und ich war irgendwie erschrocken.
Du warst so süß als Baby, du hattest ein Fell wie ein Koala-Bär und warst
unglaublich weich! Und ich wusste schon irgendwie sofort, dass du viel
Arbeit bedeuten würdest.
Du warst sehr aufgeweckt und natürlich auch extrem temperamentvoll.
Du warst mit zehn Wochen zu uns gekommen und ich musste jeden Tag
wirklich mit Dir viel trainieren, dass du nicht gleich zu jedem Hund hin
stürmen darfst.
Du dachtest immer, dass jeder Vierbeiner dein Freund ist.
Du hattest auch bis jetzt immer Glück bei solchen Begegnungen.
Inzwischen bist du nun elf Jahre und hattest nie eine echte Rauferei.
Ich habe dich von Anfang an immer zu Toby unserem Pony mitgenommen
und du konntest von klein auf ständig mit anderen Hunden, Katzen, Pferden
etc. umgehen und es war und ist das normalste auf der Welt für Dich.
Ich liebe dich so unendlich und alleine der Gedanke, dass du eines Tages
nicht mehr bei mir bist, zerreißt mir schon jetzt mein Herz.
Du bist mein Spiegel, mein wirklich ein und alles!

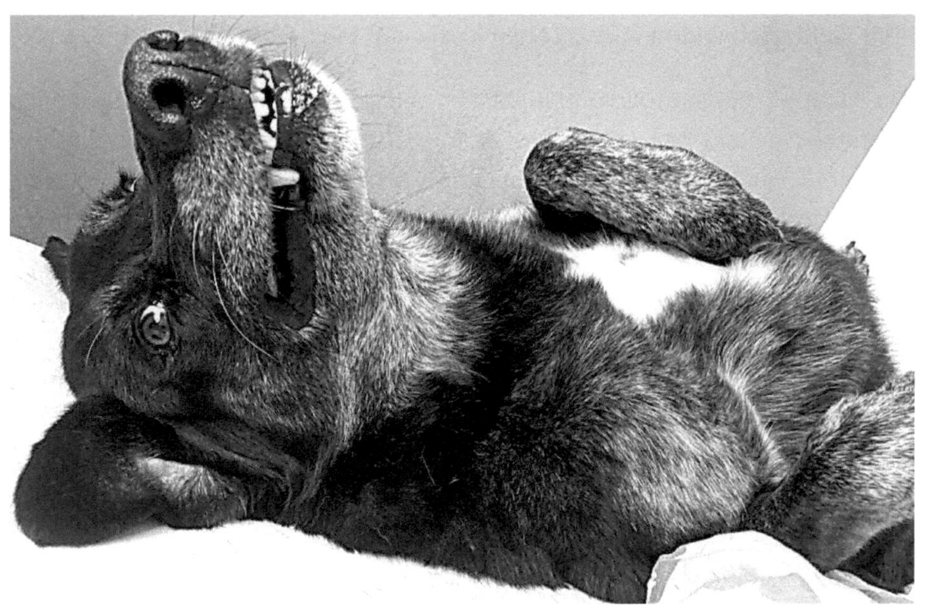

Wenn ich von der Arbeit heimkomme und mich nicht so gut fühle oder sehr
müde bin, schlägt dein Gemüt sofort um.
Du passt dich einfach an, klebst an mir und tröstest mich.
Komme ich nach Hause und bin vollkommen „excited", dann springst du
auch wie verrückt herum. Wir wussten tatsächlich schon nach ein paar
Wochen, dass du ein Bardino bist. Meine jüngste Tochter Kiki, hatte es
einfach über eine Google-Recherche über dich herausgefunden.
Dein außergewöhnlicher Charakter, dein Aussehen, dein Benehmen und
Verhalten, dies alles sprach so sehr für einen echten Bardino.
Dein Beschützer-Instinkt, deine Unbestechlichkeit, vielleicht auch deine
Liebe zum Wasser und so viel mehr. Irgendwie schon sehr besonders!
Mit sechs Jahren (leider erst so spät) wurde bei dir HD (Hüftdysplasie)
diagnostiziert, die du angeblich schon seit der Geburt haben musstest.
Du hast nie Schmerzen angezeigt und es zerbrach mein Herz bei dem
Gedanken, dass du sehr wohl oft Schmerzen gehabt haben musstest!

Wir haben so viel Sport mit Dir gemacht. Seit dem Zeitpunkt bekommst du jeden Tag eine Schmerztablette und bist schmerzfrei - so hoffe ich.

Du hast die Liebe zum pünktlich „ins Bett gehen" für dich entdeckt.

Ich sag dann am Abend immer „Komm gehen wir Schlafi" und du gehst gemeinsam mit mir ins Schlafzimmer und machst es dir - wo immer du möchtest, sehr bequem. Hauptsache immer in meiner Nähe!

Ich liebe dich so sehr, du bist so ein toller lieber Hund und seid die Kinder ausgezogen sind, ist unsere Bindung noch viel enger geworden.

Ich hoffe, dass du noch ganz, ganz viele Jahre bei uns bist und werde jede einzelne Sekunde mit dir genießen. Wir haben schon so viele tolle Abenteuer gemeinsam erleben dürfen und du bist immer an meiner Seite.

Ich richte mein Leben so gerne nach dir aus, denn du bist mein größter Schatz, mein Vertrauter und mein geliebter Seelenhund.

Danke, dass du dich für ein Leben in unserer Familie entschieden hast, Danke das du mir immer treu zur Seite stehst.

Ich würde alles für dich tun, mein treuer Teddy und mein Seelenhund!

In Liebe, Emine Zehir

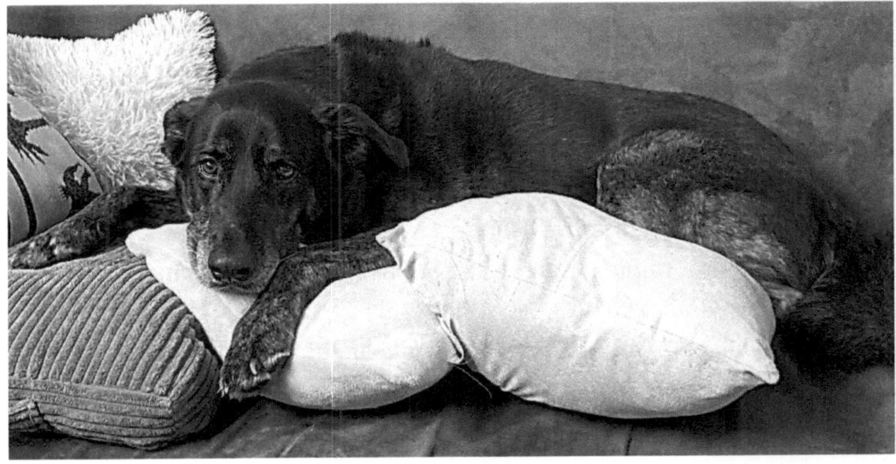

Der Tag, an dem sich unser Leben veränderte

Den Tierschutz zu unterstützen, war immer mein großer Wunsch und so beginnt auch unsere Geschichte.
Auf einem Foto bist du aufgetaucht, so voller Schmerz und Trauer in deinem traurigen Blick.
Das war der Moment, als du (unser Seelenhund) in unser Leben kamst und unsere Herzen im Sturm erobert hattest.
Wenn man beim ersten Blick in die Augen eines ganz besonderen Hundes schaut, weiß man, du gehörst zu mir und dann ist es eine echte Seelen-Verwandtschaft. Blindes Verständnis, endloses Vertrauen und wahre Liebe, auf ganz besondere Art.
Es ging nicht darum, welche Rasse oder Größe, welche Eigenschaften oder Vorlasten du mitbringen würdest.
Deine Augen sollten lernen, wieder richtig zu leuchten.
Obwohl du anfangs sehr ängstlich warst und auch heute dies noch Fremden gegenüber bist, bist du bei uns richtig aufgeblüht. Bereicherst unseren Alltag, bis immer für uns da!
Eine sehr stolze Bella, die mit erhobenem Schweif an der Leine läuft.
Mit keinem anderen Hund hast du Probleme und nur bei Menschen willst du lediglich Abstand halten. Keine drohende Haltung, lediglich ein kurzes Bellen, wenn jemand vor unserer Türe steht.
Du läufst immer neben mir, auch ohne Leine!
Selbst im Pflegeheim, wo wir immer gemeinsam meine Mutter besuchen.
Bist du mal nicht bei mir und an meiner Seite, fragen alle sofort nach dir.
Du folgst aufs Wort, ganz ohne Hundeschule oder einen Trainer.
Ganz ohne hartes Training, noch sonst etwas in dieser Richtung und wir verstehen uns wirklich blind.
Du darfst bei uns ein unbeschwerter Hund sein, ohne Kunststücke zu vollbringen und ohne immer schmusen zu müssen.
Unser Leben hat sich dank Bella mehr als nur verändert.

Vielleicht haben wir nur Glück gehabt, aber vielleicht ist es einfach eine
ganz besondere Verbindung zwischen uns, die man nur sehr schwer
erklären kann. Unsere Bella, unser ganz besonderer Seelenhund.
Vor allem aber auch die Tatsache, dass man genau solch wundervolle und
auch einzigartige Seelen von Hund im Tierschutz findet!
Für immer ein tolles Team, Bella und ihre Familie.

Monika Zwosta

Leo

Wir wollten für unseren Hund Shaylo einen Bruder haben und bekamen von
unserer Hundetrainerin den Tipp, dass im regionalen Tierheim Labrador-
Mix Welpen geboren wurden. Wir sofort ins Tierheim und sahen vier kleine
gestromte Welpen und ihrer Mutter. Es war Liebe auf dem ersten Blick.
Leo (wie wir ihn tauften) sah aus wie eine kleine dicke „Robbe“.
Uns wurde gesagt, dass der Vater ein Bardino ist, uns vollkommen
unbekannt, aber eigentlich auch egal.
Eine Woche später holten wir ihn dann ab und es stellte sich heraus, dass er
am gleichen Tag Geburtstag hatte, wie mein Mann.
Das nennt man Schicksal!
Zuhause angekommen, hat Shaylo den Kleinen im Garten-Teich getauft.
Von da an waren die zwei wirklich unzertrennlich.
Leo entwickelte sich zu einem lieben, treuen und herzensguten Hund.
Er liebte es, mit uns endlos zu kuscheln, wartete immer an der Türe, bis das
letzte Familienmitglied endlich zuhause war. Im Feld hatte er immer mit
großer Vorliebe den Maulwürfen ins Wohnzimmer gepinkelt (lach).
Dann kam plötzlich dieser eine Tag, der alles in unserem Leben vollkommen
verändert hatte. Wir mussten ihn innerhalb von drei Stunden und
unerwartet über die Regenbogenbrücke (mit nur jungen sechs Jahren)
gehen lassen. Dank Corona konnten leider nur mein Mann und ich bei ihm
sein. Für uns alle ist die Welt vollkommen zusammengebrochen.
Nicht nur wir trauerten, sondern auch unser Shaylo.
Er zog sich immer mehr zurück, so dass wir einen Labrador-Mix Welpen ein
neues zuhause gegeben haben.
Leo, unser Familienmitglied ist jetzt zwei Jahre und einen Monat nicht mehr
bei uns und er fehlt uns noch immer jeden Tag.
Mittlerweile überwiegen die schönen Erinnerungen an ihn, mit einem
Lächeln und nicht mehr mit unzähligen Tränen.

Wir reden oft über ihn. Für uns war Leo ein Familienmitglied, den wir für immer im Herzen haben werden und ich trage ihn zur Erinnerung als Tattoo seine Pfote und seinen Namen auf meinem Arm.
Jetzt beim Schreiben, laufen mir wieder die Tränen, denn er war für mich wirklich das, was viele einen Seelenhund nennen.
Ich habe dich unendlich lieb mein Leo, du fehlst mir und uns so sehr.

Sandra Braun

Donatello zieht bei uns ein

Wir erfuhren das, er und fünf weitere Hunde durch das Tierschutzhaus beschlagnahmt wurden, da ihr Besitzer ins Gefängnis musste und seine Mutter mit 80 Jahren vollkommen mit all den Hunden überfordert war.
Zu dem Zeitpunkt war das Tierheim gnadenlos voll und die Hunde waren in den Notfallzwinger in der Tierkörperverwertung untergebracht, was aber auch ein gewisser Vorteil war, weil sich hier das Personal mehr und auch wirklich gut kümmern konnte.
Wir fuhren heim und haben dann sofort angerufen und unser Interesse an einem der Buben kundgetan.
Leider erfuhren wir, dass das Verfahren noch läuft und er noch nicht zur Vermittlung stand. Es war ein schrecklicher Zustand bei uns zuhause, es fehlte das Getapse, das Gesabbere und das laute Schnarchen eines Hundes, einfach auch das Rudel-Kuscheln. Die lange Warterei begann.
Nach über einem Monat bekamen wir dann endlich den erlösenden Anruf, ob wir noch Interesse an Donatello hatten, seine wunderschöne Schwester Bacara würde sich sogar ein Angestellter nehmen, der sich Hals über Kopf in die Hündin sofort verliebte. Man sagte uns, es wären die Unkosten für die Unterbringung dort bei einer Übernahme / Adoption zu bezahlen und das wäre auch der bittere Grund für manche Interessenten, warum er noch zu haben ist.
Der Besitzer könne sich das für die sechs Hunde absolut nicht leisten.
Also rein ins Auto und ab Richtung Tierkörperverwertung!
Vor lauter Vorfreude haben wir dann auch zu unserem Glück auch noch eine Radar-Strafe kassiert.
Nun ja, sowas kann halt mal passieren!
Donatello kam uns sofort entgegen, ich kniete mich hin vor ihm und er warf sich auf den Rücken, nach dem Motto: „Bitte kraule mich!"
Irgendwas war da von der ersten Minute an zwischen uns, was man nicht gut erklären kann.

Von oben bis unten vollgesabbert ging es dann endlich Richtung Auto und wir fuhren los.

Donni war damals acht Monate alt und wir dachten uns, gehen wir mit ihm noch in der Lobau (eine Gegend bei uns, wo man mit einem Hund schön laufen kann) spazieren, bevor wir heimfahren und da es dort einfach etwas ruhiger war. Er saß ja doch längere Zeit in dem kleinen Zwinger (viel zu klein für solche Hunde) und wir dachten uns, das macht ihm sicher große Freude.

Er war ein richtig toller Hund, freundlich und auch relativ Leinen führig, da hatten die Männer dort schon gute Arbeit geleistet.

Er klebte von der ersten Minute irgendwie an mir und wir hatten gleich einen besonderen Draht zueinander.

Nach dem Ründchen ging es Richtung Auto, um dann endgültig heimzufahren, aber da hatten wir die Rechnung ohne Donni gemacht!

Er wollte partout nicht mehr einsteigen, also Trick siebzehn musste her, ich kletterte über die Sitzbank und dann folgte er mir und schnell die Klappe zu.

Zuhause endlich angekommen, fiel er auf seine Decke und war die nächste Zeit im Land der Träume.

Wir mussten jetzt wieder (seit seiner Ankunft bei uns) den Fernseher lauter stellen, da wieder eine echte Schnarchnase bei uns zuhause war.

Dann kamen schnell die Herausforderungen, denn mit seinen 8 Monaten kannte er nicht wirklich viel von seiner Umwelt.

Spazierengehen wo Autos fuhren, eine einzige Katastrophe für ihn.

Da wurde er zum Miniatur-Mastino, der am liebsten seinen Bauch auf der Erde geschliffen hätte, aber da musste er leider durch.

Mit all unserer Liebe fasste er recht schnell Vertrauen und ging mit uns überall hin.

Am liebsten ging er sonntags bei der Konditorei (wo wir unsere Sonntags-Brötchen oder Kuchen holen) vorbei und setzte sich vor deren Eingangstüre hin, denn dort bekam er immer einen großen Butterkeks.

Also ein echter und wirklich sehr großer „Genießer"-Hund.

Am allerliebsten schlief er bei mir im Bett und kuschelte auf meiner Brust,
bis auf das Manko, wenn ich auf der Arbeit war.
Er nahm meine Stofftiere, sabberte diese voll bis auf die große „Diddel-
Maus", die hatte er inzwischen schon komplett zerbissen.
Leider stellte sich heraus, dass er eine Herzkrankheit hatte und er
Medikamente brauche.
Es ging ihm sehr gut damit und hatte keinerlei Einschränkungen.
Er wuchs zu einem wunderschönen Buben heran und wurde immer
bewundert.
Damals fuhren wir noch auf Hundeausstellungen, um günstig einzukaufen
und auch Halsbänder für so große Wuffs kriegt man dort eher und leider
nicht in jedem Geschäft um die Ecke.
Jedes Mal hörten wir die Leute sagen: „Stellt ihn doch hier aus, so
wunderschön und er entspricht voll dem Standard seiner Rasse!"
Aber dies war nie eine Option für uns.
Mein graues Riesenbaby wurde leider nur sechseinhalb Jahre alt.
In der Früh war alles noch normal, gefressen, spazieren gehen sowie immer,
also gingen wir sorglos einkaufen. Unser Papa war in der Arbeit und er blieb
ja auch brav mal eine Stunde alleine.
Wir kamen heim an diesem Tag, er freute sich wahnsinnig, sprang auf die
Bank und im runterspringen jault er fürchterlich und plötzlich auf, fiel mir in
die Hände und ich schrie nur noch laut „er stirbt".
Mama rief sofort unseren Tierarzt an, der sofort im Dauerlauf mit
Notfallkoffer gelaufen kam und konnte leider nichts mehr tun.
Seine Vermutung war, dass ein Aneurysma geplatzt wäre und er hätte auch
in der Klinik nichts machen können, um ihn irgendwie zu retten.
Für mich brach eine Welt zusammen und ich war kurz vor dem
vollkommenen Durchdrehen.
Die Zeit kam uns vor wie eine echte Ewigkeit, weil wir auf Papa gewartet
haben, um ihn ins Tier-Krematorium zu bringen.

Auch dort waren alle vollkommen entsetzt, weil alle unseren Donni
kannten! Er war ein ganz besonderer Wegbegleiter und mein großer
Herzbubi. Vielleicht auch mein größter Seelenhund?!
Dies alles passierte kurz vor Weihnachten.
Ganz ohne meinen Hund, ohne meinen mehr als nur geliebten Donni, ein
wirklich schlimmes Weihnachtsfest…

Die Tage vergingen und so nun auch die schwere Weihnachtszeit

Es kam die Zeit mit unserem Balu.
Wir entdeckten ihn in einem Inserat und riefen dort bei der angegebenen
Nummer an und vereinbarten einen Termin.
Es wäre für uns das erste Mal, dass es ein Hund von einem Züchter wäre,
diesmal nicht vom Tierschutz oder einem Heim.
Nun gut, Weihnachten war längst vorbei und nach drei Stunden ewiger
Autofahrt kamen wir endlich am Bestimmungsort an.
Man kam schnell zum Punkt und sagte uns gleich, es wären noch vier
Welpen da! Davon zwei Mädels und zwei Rüden, alle vier Monate alt und
alle kerngesund. Wir sahen Sie uns alle an und entschieden uns, den
kleinsten Buben mitzunehmen und er bekam den Namen Balu von uns.
Er war immer sehr ruhig und hatte ein wenig Probleme, wirklich sauber zu
werden. Er entwickelte dann auch plötzlich auf beiden Augen ein
sogenanntes „Cherryeye", welche natürlich zeitnah operiert werden
mussten. Soweit so gut dachten wir uns, jetzt ist es geschafft und es geht
endlich mit ihm bergauf. Aber was ein Irrglaube!
Prompt begann die nächste Baustelle, denn er fing an vorne stark zu
humpeln. Auf ging es erneut zu unserem Tierarzt, der wirklich orthopädisch
spezialisiert und richtig top war, hatte sogar auch kürzlich erst mit einem
sehr angesehenen Facharzt aus Deutschland gemeinsam ein Buch
geschrieben. Er wurde sofort geröntgt, aber es war nicht wirklich was zu
sehen! Wir nahmen an als mögliche Ursache, dass er von seinem schnellen
Wachstum bedingt eine Knochenhautentzündung hatte.
Also Salbe und Verband drauf, etwas Ruhe halten und dann schauen wir
weiter. Nach ein paar Tagen wurde es tatsächlich besser, Verband runter
und alles schien soweit in Ordnung.
Irrtum! Nun begann es auf der anderen Seite, auch begann er sich richtig ab
zu mühen, von der Hüfte her überhaupt auf zu stehen.
Also wurde er narkotisiert und ab ins Röntgen und was dabei herauskam,

erschütterte auch unseren sehr erfahrenen Tierarzt! Schwerste HD und es fiel gleich die Entscheidung eine Golddauerakupunktur zu setzen, weil es ihm helfen sollte, dass er Muskeln aufbauen kann ohne große Schmerzen. Dass er kein Athlet werden würde, war uns schon immer klar bei seiner Größe, aber er hatte eine Chance verdient.

So auch dies überstanden, langsames Bewegungstraining an der Leine und bloß nicht toben. Nun ja, der nächste Schock ließ nicht lange auf sich warten! Parallel beginnt er vorne an zu hinken und wieder ging es sofort ab zum Röntgen, natürlich mit leichter Sedierung und damit es nicht so schmerzhaft für ihn werden würde.

Und jetzt viel die wirklich bittere und nieder schmetternde Schicksalsdiagnose! Beidseitige ED, beidseitige OCD und große Löcher in den Knochen. Dazu kam, dass die leichte Narkose auch schon sehr problembehaftet war, denn er lief plötzlich und wirklich unerwartet blau an und somit viel die schlimme Entscheidung, ihn gleich gehen zu lassen.

Das alles mit gerade mal siebeneinhalb Monaten und an meinem Geburtstag, da steht wirklich die ganze Welt dann still und man glaubt, man ist selbst vollkommen in einem falschen Film.

Alles versucht, gekämpft und doch verloren, nichts hat geholfen!

Es war der richtige Schritt, ihn sofort zu erlösen. Denn trotz allem und wenn es gut gegangen wäre, der Zwerg hätte nie ein schmerzfreies Leben gehabt.

Im Nachhinein haben wir dann erfahren, dass hier eine wirklich große und verwerfliche Gemeinheit an diesen Hunden passiert ist. Zwei Leute, die sie abgegeben und andere verkauft haben, haben sich ein und dieselbe Mastino-Hündin zur Zucht geteilt und unter jeweils falschen Namen eine kommerzielle Qualzucht betrieben und all die (schon im Vorfeld kranken) Welpen sind aus Slowenien eingeführt worden.

Es geht einfach immer nur um das verteufelte Geld bei diesen Hunden und sie zahlen den höchsten Preis dafür mit ihrer Gesundheit und mit ihrem Leben! Da das Tier ja noch immer in der Rechts-Sprechung eine Sache ist,

haben wir mit Müh und Not einen Teil des Kaufpreises sogar zurück-
erhalten, was aber dem Hund leider nicht sein Leben zurückgibt und
eigentlich müsste man solchen Menschen mehr als nur die Zucht verbieten!
Wir waren mehr als nur vollkommen am Boden zerstört und das Kapitel
„Mastino - Napoletano" war für uns Geschichte.
Es folgten eineinhalb Jahre ohne Hund, nur das ist eindeutig für Menschen
wie mich kein echtes Leben, so ganz ohne einen Hund!
An so manchen Tagen frage ich mich immer wieder, auch lassen mir meine
Gedanken niemals Ruhe, warum ich mich wieder und wieder für einen ganz
besonderen Hund entscheide?!
Aber was soll ich sagen, ohne Hund sind meine Tage leer. Vor allem aber
wartet da draußen irgendwo ein echter Seelenhund, der nur darauf wartet,
endlich seinen Menschen irgendwann und irgendwo zu finden.

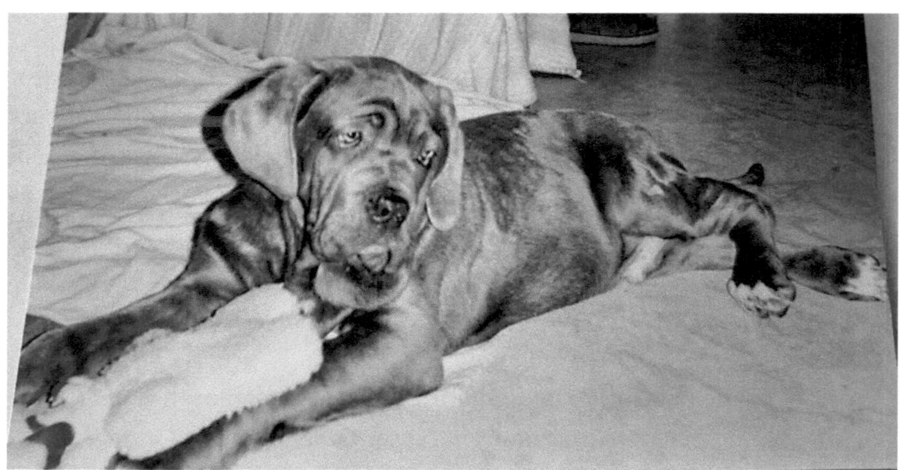

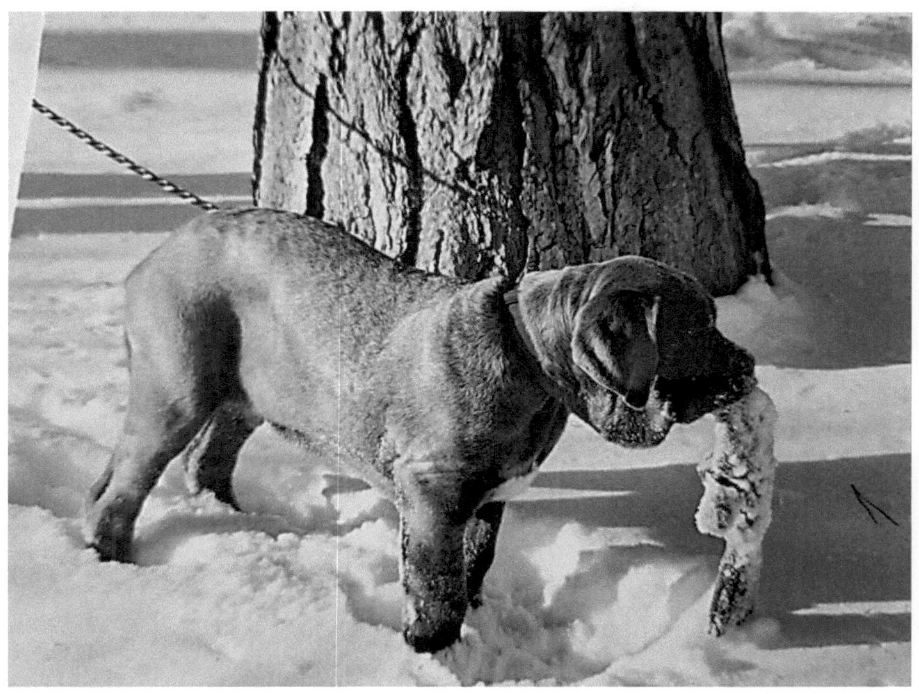

Ein „Old english Mastiff"

Einmal wollten wir es noch versuchen, einen Welpen zu bekommen.
Wir meldeten uns in Deutschland bei einer renommierten Züchterin an.
Damit man sich persönlich kennenlernt, fuhren wir 1500 km auf eine
Ausstellung in Geesthacht, wo nur Mastiff und Bordeuax-Doggen waren.
Es war wirklich toll und man verstand sich, einige dort fragten uns, ob wir
bescheuert wären, soweit wegen einem Hund zu fahren.
Nun gut, der Wurf an Welpen viel inzwischen und wir bekamen einen Brief
von ihr, dass es nun soweit wäre.
Zwei Tage versuchte ich Sie vergeblich zu kontaktieren und endlich
erreichte ich Sie.

Dann sagte sie nur lapidar, da wir uns nicht gemeldet haben, hatte sie den von uns gewünschten Welpen in die Schweiz vergeben.

Ich war echt wütend, gleichzeitig traurig und wünschte ihr nicht das Beste.

Somit ging die Suche für uns wieder weiter, bis wir fündig wurden.

Auch hier klang alles sehr gut und wir waren nun auf der Warteliste.

Die Welpen wurden geboren und wir erhielten den lang erwarteten Anruf, er wäre nun da, der kleine Bub.

Juhu, die Freude war sehr groß, dass bald wieder eine Sabberbacke bei uns wäre. Am dritten Tag folgte der Anruf, dass der Welpe plötzlich verstorben sei, wir müssten jetzt leider wieder auf den nächsten Wurf warten. Nun gut, es wollte einfach nicht sein, nochmals einen Molosser zu bekommen.

Ich kaufte mir trotzdem die Hundezeitungen und bei den Kleinanzeigen war dieses Inserat, das ein Wurf noch Plätze suchte.

Dann entschied ich mich anzurufen und ja es waren noch zwei Rüden da!

Einer mit einem schmalen Kopf und einer hätte einen breiteren.

Wir entschieden uns für den mit einem großen Kopf.

Nun ging es darum, ob wir mal vorbeikommen wollten, was nicht ganz so einfach war, weil wir 700 km entfernt von Thüringen zuhause sind und nicht mal kurz zu einem Kaffeeplausch vorbeikommen können.

Alles kein Thema sagte man uns, wir bekamen Fotos zugesandt und im August 2005 fuhren wir endlich los, um unseren kleinen Buben endlich in unser Zuhause zu bringen.

Dort angekommen, führte er uns nach der Begrüßung zum Auslauf und fragte mich, welcher den unserer sei?! Ich zeigte ohne lang zu zögern auf Ike und er kam auch direkt auf mich zu.

Wir fuhren dann am Abend los, damit wir wieder irgendwann heimkommen, da ja jetzt wegen dem Hund und langer Fahrt mehr Pausen gemacht werden mussten! Wobei er uns bei jeder Pause immer anschaute, so nach dem Motto: „Was wollt ihr von mir, ich will jetzt schlafen!"

Obwohl sich dort auf den Rastanlagen Fuchs und Hase guten Tag gesagt haben, war er im Dunkeln total furchtlos.

Selbst die Lkws die an uns ständig vorbeirasten, haben ihn überhaupt nicht interessiert oder gar sonderlich erschreckt.

Zuhause endlich angekommen, hat er sofort unsere Mama begrüßt, wie wenn er sie schon ewig kennen würde!

Vom Kater des Hauses bekam er gleich mal eine auf die Schnauze und die Fronten waren schnell geklärt, wer hier das Sagen hat.

Wir hatten von Anfang an ein sehr inniges Verhältnis, er schlief bei mir vor dem Bett und am liebsten auch im Bett.

Leider stellte sich recht früh heraus, dass er an einer Subaortenstenose leidet und wir fuhren zum Kardiologen unseres Vertrauens.

Er bekam seine Medikamente, wurde jährlich kontrolliert und es hat sich all die Jahre nichts verändert. Auch Narkosen waren kein Thema bei anderen Behandlungen, weil er meinte, sich auf beiden Beinen einen Kreuzbandriss zuziehen zu müssen. Und da er mit 90 kg ja nicht gerade eine Ameise war, überstand er die Operationen dennoch ohne Probleme.

Er war immer der ganze Stolz seines Tierarztes, weil er sich noch am selben Tag auf das operierte Bein zum Pinkeln stellte und gar nicht so mimosenhaft war, wie so manch anderer Hund nach einer solchen Geschichte.

Nachdem sein inzwischen geliebter Kater gestorben war, haben wir überlegt, ihm ein nettes Mädchen dazu zu holen.

Wir hatten uns dann für ein Sharpei-Mix-Mädel namens Saritza aus Ungarn entschieden. Ike war zu diesem Zeitpunkt bereits acht Jahre alt und lebte so richtig auf, den jungen Hüpfer an seiner Seite zu erziehen.

Nur zwei Monate später nach Sari zog dann noch ein Pflegehund ein, da ich zu diesem Zeitpunkt im Verein sehr aktiv tätig war.

Odin, ein gestromter Cane Corso war schon einmal vergeben und soll dann angeblich das Kind dieser Familie gebissen haben und er muss natürlich sofort weg! Oder er wird halt eingeschläfert.

Das konnten wir auf gar keinen Fall zulassen! Also rein ins Auto und die 300 km fahren, um ihn runter zum Vereinssitz zu bringen. Ich gab mich damals als neue Interessentin aus, damit wir ihn da rausbekamen.

Natürlich fragte ich noch nach, wie es denn dem Kind geht und ob der Biss
sehr schlimm gewesen sei. Die Antwort hatte mich fast umgeworfen, denn
die Kinder sind mit der Frau des Hauses erst einmal in Urlaub geflogen.
Also wenn das Kind am Vortag vom Hund ins Gesicht gebissen wurde, kann
man natürlich in Urlaub fliegen - eine wirklich skurrile und sehr fragwürdige
Situation?!
So etwas Schlimmes hatte ich noch nicht gesehen! Ein riesiges Luxus-Haus
mit zwei mehr als dicken BMWs davor und Odin lag auf einer roten
dreckigen Bank, das Halsband viel zu klein, die Futterschüssel vollkommen
verdreckt mit Resten, kein frisches Wasser und das schlimmste war, er hat
sofort ängstlich unter sich gemacht, wenn der Besitzer den Raum betrat!
Ich habe diesen dann rausgeschickt und mit ganz ruhiger Stimme und
Geduld den Angsthasen das alte Kettenhalsband runtergenommen und
durch ein weiches ersetzt.
Dann ging es schnell, Leine dran und nichts wie raus Richtung Auto und
ganz schnell weg von diesem Horror-Ort. Sobald wir losfuhren, hat er sich
im Auto noch vor lauter Angst zu gekotet, der arme Hund.
Da er nicht bei der Vereins-Obfrau bleiben konnte und es eigentlich nur dir
Option gab, wieder zurück nach Ungarn in den Zwinger, wo ich sofort
wusste, dass er als gestromter, dunkler und nicht ganz einfacher Hund
keine Chance hatte, fiel bei mir die Entscheidung, ihn zumindest erst einmal
als Pflegehund zu mir zu nehmen.
Seitens meines Vaters bestand ein wenig Zweifel, von wegen zwei Rüden in
unserem Haushalt, aber das war völlig unbegründet.
Ike begrüßte ihn auf neutralem Boden mehr als freundlich und wir gingen
mit allen dreien so nach Hause.
Odin traute sich zunächst nicht ins Haus! Versteckte sich hinter den
Büschen und knurrte ständig vor lauter Angst. Nun, ich konnte ihn ja nicht
draußen lassen, so warm war es nicht in der Nacht!
Auch war er so sehr nass und roch nicht wirklich gut.

Wir wagten es und badeten ihn natürlich draußen im Garten und siehe da,
er genoss dies so richtig. Er streckte sich und rekelte sich rum, ließ sich die
Ohren reinigen und auch Krallen schneiden.
Unser Ike stand immer bei ihm und er gab ihm die Sicherheit, auch endlich
das Haus zu betreten. Er fiel sofort auf seine Decke und mit einem großen
Seufzer schlief er sofort ein. Es war ein sehr unruhiger Schlaf und ich
möchte nicht wissen, was er da alles verarbeitet hatte.
Somit wurde aus dem Pflegehund ein für immer „Bleibehund" und wir
waren mal wieder richtige und echte Pflegestellen-Versager.
Die Zeit verging und leider bekam unser Riesenbaby Ike einen großen
schnell wachsenden Nasentumor, erblindete plötzlich und ungeahnt über
Nacht vollständig.
Es war wirklich grausam und wir versuchten alles! Odin war immer an
seiner Seite und geleitete ihn bei jedem Spaziergang und bei jedem Gang in
den Garten, brachte ihn sicher wieder ins Haus. Unser Tierarzt meinte noch,
wir sollten einen Augenspezialisten hinzuziehen, damit wir nicht etwas
übersehen würden, wo ihm vielleicht noch geholfen werden kann.
Dieser verschrieb ihm starkes Cortison und ich hatte noch so ein
merkwürdiges Bauchgefühl, das ich es besser nicht geben soll und ich hätte
darauf hören sollen, nicht auf diesen Tierarzt!
Dass die Tage mit ihm gezählt waren, durch diesen Krebs war klar.
Aber ich wollte ihn in Würde gehen lassen und wir hätten nochmals
Abschied nehmen können in aller Ruhe. Aber es kam dann alles anders!
Denn nach zwei Tagen der Medikamentengabe hat er sich buchstäblich
totgesoffen und bekam dadurch plötzlich eine Magen-Drehung.
Ich ging damals früher vom Büro nach Hause und spürte, das was mit ihm
nicht stimmte. Ich rief damals unseren Tierarzt an und er meinte nur warte
noch ein wenig, dass sei nur eine Überbelastung des Magens, also nicht
wirklich schlimm. Aber nach 15 Minuten rief ich wieder an und sagte:
„Markus wir kommen sofort bei dir rein, Ike hat eine Magendrehung!"

So fuhren Papa und ich eine Stunde Richtung Tier-Klinik, Mama blieb bei
den anderen beiden zuhause und berichtete uns dann wie wir weggefahren
sind, dass sich Odin ins Vorzimmer gesetzt hatte und geheult wie ein Wolf,
was er noch nie zuvor gemacht hatte!
Er spürte, dass er Ike nicht mehr wiedersehen würde...
Nach einer sehr unruhigen Fahrt kamen wir in der Klinik an und sagten, dass
wir ihm jetzt den letzten Dienst erweisen und ihn erlösen müssen.
Unser Arzt glaubte dies bis zu diesem Zeitpunkt immer noch nicht!
Aber als er die Nadel in den Bauch stach, entwich das Gas.
Nach der erlösenden Spritze ging Markus kurz aus dem Raum und kam stark
verheult zu uns zurück, drückte mich und verlor kein Wort.
Ike war sein großer Liebling, vielleicht sogar sein Seelenhund.
Zuhause angekommen, durften sich die beiden anderen von ihm
verabschieden, bevor er von uns ins Tierkrematorium gebracht wurde.
Es war ein richtiges Drama für Odin, seine Stütze, sein Vertrauter!
Seine eigene Sicherheit und Selbstvertrauen waren von jetzt auf gleich fort.
Er war jetzt ein richtig ängstlicher Hund, der nun auch dazu neigte, bei dem
kleinsten Anlass gleich nach vorne zu gehen. Er kam ja aus Ungarn und da
war er in einem Zigeunerdorf grausam aufgewachsen. Auf ihm wurden
immer wieder Zigaretten ausgedämpft, er wurde ständig brutal geschlagen
und getreten, das hatte er wohl nie ganz vergessen können.
Mir standen mehr als nur die Tränen in den Augen, immer wieder die Frage
in meinem Kopf und auch in meinen Gedanken, warum Menschen nur so
grausam sind?!
Und wenn es Nacht wird, schaue ich oftmals hoch in den Himmel und denke
dabei an Ike. Danke, dass du bei uns warst.

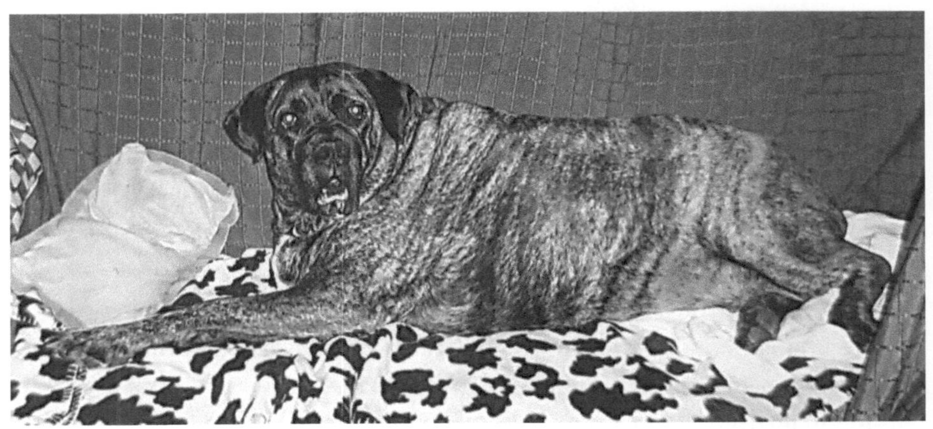

Csicsi

Nur einen Monat nach dem Tod von unserem Herzensbuben wurde uns
eine kleine Hündin angeboten von dem Verein, wo ich immer noch tätig
war. Ich wollte Sie zuerst nicht nehmen, da Sie irgendwie etwas richtig
Schäferartiges an sich hatte.
Ich solle doch bei der nächsten Übergabe einfach mitkommen und mir die
kleine ansehen, sie war nicht mal kniehoch und hatte ein sehr dichtes Fell.
Sowas habe ich bis dato noch nie gesehen. Als sie uns sah, kam sie sofort
auf uns zu, setzte sich hin und grinste uns richtig an und es war um uns
geschehen. Csicsi stieg wie selbstverständlich ins Auto, legte sich hin und
schlief, bis wir zuhause waren. Ich rief meinen Papa an, dass wir vor dem
Haus stehen und er soll mal ohne Hunde rauskommen.
Auch hier setzte sie sich hin, grinste Paps an, rückte immer näher und
wurde sein Herzens-Mädel sowie es seine Didi war.
Sie war ein neuer Seelenhund, in seinem großen Herzen!
Es muss alles im Leben einen Sinn haben und auch wenn es komisch
erscheinen mag, wir hatten das Gefühl, dass unser Ike-Bärchen die Kleine
geschickt haben musste.

Auch sie war leider orthopädisch wirklich eine Katastrophe, da in ihr Bulldoggen-Gene waren, aber Sie war mein Seelenmädchen gleich nach Ike. Sie war ein wirklich charakterstarkes Mädchen und unser Grinse-Kätzchen, wenn sie sich gefreut hat und der Bauch gekrault wurde, dann zog sie die Mundwinkel bis hinter ihre Ohren, da ging einem mehr als nur das Herz auf, egal wie hart der Tag gewesen war.

Odin war auch mit ihr sehr glücklich, weil Sie ihm wieder die Stütze war, wie Ike es war. Er hatte viereinhalb schöne Jahre bei uns, er durfte sein wie er wollte und niemand zwang ihn zu was, bis ihn ein Milztumor mit zwölf Jahren einen Tag nach Weihnachten dahinraffte.

In seinen letzten Stunden und auf seinem letzten Weg war er so friedlich und kuschelig, als hätte er danke sagen wollen, dass er bei uns sein durfte! Er war unser erstes „Streifenhörnchen".

Nun waren die beiden Mädels alleine, saßen auf der Terrasse und guckten immer in die Richtung, wo Odin immer beim Bambus-Busch vorgekommen ist. Die Zeit verging und es fehlte etwas in unserem Rudel, es war keine große Sabberbacke mehr da, kein tiefes Bellen und Schnarchen mehr zu hören. Eigentlich hatten wir gesagt, keinen großen Buben mehr dazu, aber auch hier schlug eine Fügung zu.

Warum und wie ich auf diese Internetseite eines deutschen Vereines gestoßen bin, weiß ich bis heute nicht mehr so genau, aber ich schaute mir die großen Rüden an und da war ein Bild von einem großen schwarzen Cane Corso, der genau so saß wie Odin und immer gesessen hatte, dabei den Kopf schief hielt.

Es musste wirklich echtes Schicksal sein, das es so kam.

Und so kam es, dass er im Februar bei uns einzog.

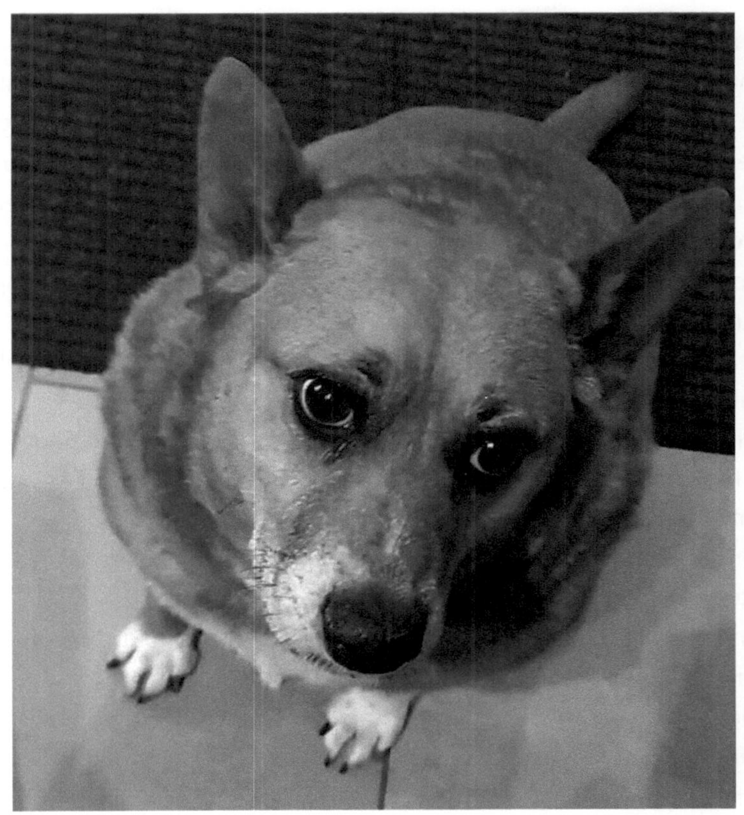

Pici - Dagobert

Pici saß in Ungarn mit einem Labrador auf einer Pflegestelle, musste dort
sofort weg, weil er sonst sehr bald in Ungarn getötet worden wäre.
Wir hielten Familienrat und tags darauf schrieb ich den Verein an.
Es kam zu einem Telefonat und wie es endete kann man sich ja denken.
Im Februar 2018 holten wir ihn auf einer Raststation ab, er musste nur zwei
Stunden von Ungarn rauf im Transporter sitzen.
Natürlich hatten wir unsere Csicsi mit als Chefin, sie sah das schwarze
Monster und verbellte ihn, wie wenn sie ein Riese wäre.

Er war so friedlich und verschmust, dass wir ihn Dagobert oder Dago Bussi Bussi nannten. Jedes Mal, wenn er im Auto über die Rückbank schaute, fraß ihn die Chefin buchstäblich zusammen. Wir beschlossen eine Zwischenrast einzulegen, damit er sich lösen konnte, bevor wir dann noch eine Stunde heimfuhren. Er war ein friedlicher, stolzer schwarzer Rüde mit weißem Brustfleck, ein verschmustes Kuschelbärchen mit sechs Jahren.

Er genoss das Leben, fraß leckeres Fleisch und liebte es in seinem Doggy-Pool zu liegen! Wenn es nach ihm gegangen wäre, natürlich auch im Winter. So zogen die Jährchen ins Land und er fing an abzubauen, nahm ab und bekam ein knochiges Aussehen, obwohl er ganz normal fraß.

Also wieder einmal ab zum Tierarzt, mit einem schon unguten Bauchgefühl. Leider bestätigte sich mein Verdacht, dass hier etwas nagt und es handelte sich um einen Analdrüsenkrebs der leider inoperabel war.

Wir beratschlagten uns, was wir tun können und beschlossen ihn palliativ zu begleiten, solange es irgendwie halt ging.

Er nahm wieder zu, weil wir mehr Fleisch und Gemüse zu fütterten, er hatte Spaß am Leben und war fröhlich.

Natürlich waren wir in ständigen Kontakt mit unserer Tierärztin, alle paar Wochen Blutabnahme usw.!

Wir beschlossen, solange es hinten funktioniert, darf er noch bleiben.

Er genoss noch den langen Sommer mit seinem Pool, bekam besondere Leckereien und auch zu Weihnachten wurde er verwöhnt, weil wir es wussten, dass es die letzten gemeinsamen Wochen / Tage mit ihm sind.

Im Februar 2023 war es soweit, es ging leider nicht mehr, der Krebs hatte ihm den Darm total verschlossen.

So mussten wir ihn leider gehen lassen.

Die Mädels, beide inzwischen nicht mehr jung und auch mit Krebs behaftet, durften sich natürlich von ihm verabschieden.

Dies alles passierte auf seinem Lieblings-Platzerl, auf seiner geliebten Decke auf der Terrasse. Es war ein trüber Tag, aber bei seinem letzten Atemzug durchbrach ein Sonnenstrahl die Wolken und schien genau auf ihn.

Und das solange er dort lag, bis er abgeholt für die Kremierung wurde.
So konnten die Mädels noch bis zum endgültigen Abschied vertraut neben ihm liegen.
Und wieder war eine große Lücke entstanden und ein Stück Herz ging mit ihm fort. Es herrschte wieder große Trauer bei unseren Püppis.
Aber wie durch einen Zufall tat sich da etwas auf…

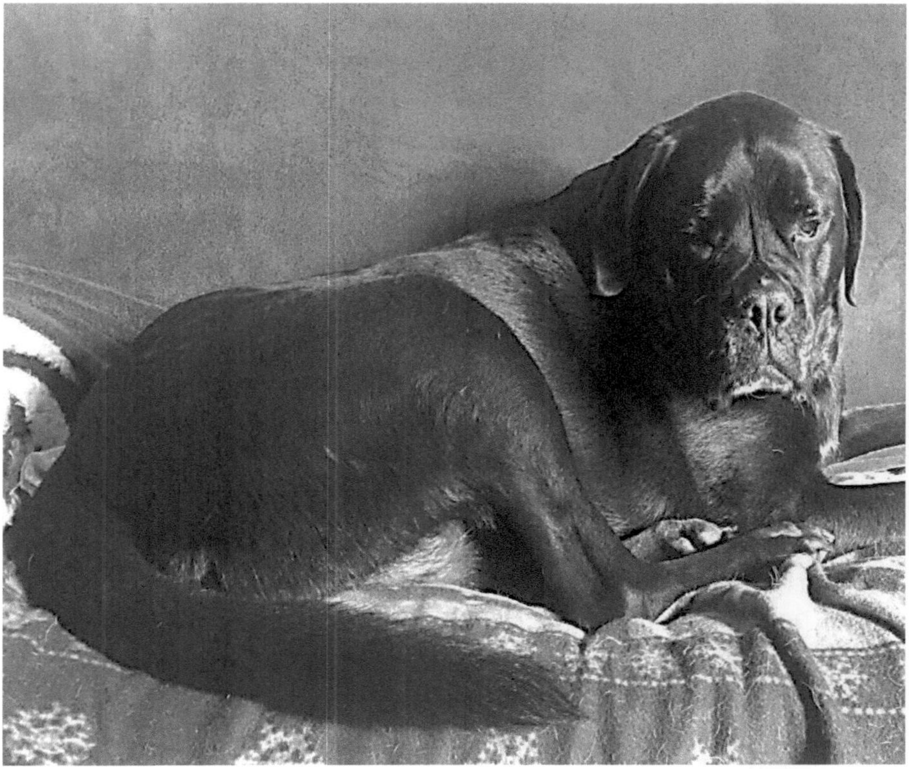

Sam das Streifenhörnchen

Ich hatte über Bekannte erfahren, dass in Rumänien in einem Tierheim ein
Herdenschutzhund sitzt, der schon zwei Jahre alt wäre und noch keine
einzige Anfrage hatte. Es war ein großer gestromter Bub namens Sam.
Zuerst hin und her überlegt, ob wir noch mal sollen und ob man sich einen
HSH nehmen sollte?!? Aber wer so viele Sturköpfe schon hinter sich hatte,
der kommt sicher auch gut mit so einem Eigenbröterl irgendwie zu recht.
Wir kamen recht rasch zu dem Ergebnis, er soll einfach zu uns kommen.
Nach einer sehr langen Fahrt durfte im März 2023 Sam bei uns einziehen.
Unser Csicsi war inzwischen schon ca. 15 Jahre alt, aber Sie begrüßte ihn
total friedlich, im Gegensatz zu Dago damals. Er ist ein total ängstlicher Bub,
das krasse Gegenteil zu all unseren bisherigen ungarischen Fellnasen.
Er orientierte sich sofort sehr an unserem Ömchen! Sie gab ihm Sicherheit
und zeigte ihm auch seine Grenzen auf. Sie spielten richtig süß miteinander
und es war total witzig, wenn die Kleine dem Großen auf den Rücken
springen wollte, was natürlich nicht ging, da er locker 3 x so hoch ist.
Nach einigen Monaten fing auch Csicsi an schwächer zu werden.
Sie plagte sich mit der Luft, spazierengehen ging auch nur mehr eingeschränkt.
Also auch hier ab zu Tierärztin für Röntgen, Ultraschall und Co., ob
eventuell Wasser im Bauch oder der Lunge ist?! Aber leider war es eine
röntgendichte Maße und es ging vom Darm aus, drückte unten auf die
Lunge. Es war wieder guter Rat sehr teuer, denn unser Ömchen war so
lebensfroh und fraß mit so viel Appetit, dass es sehr schwierig war.
Wir hielten ständig Kontakt mit unserer Tierärztin bis zu dem Zeitpunkt, wo
es einfach nicht mehr ging.
Am 4.4.2024 mussten wir Sie schweren Herzens gehen lassen, wir gingen
ein letztes Mal spazieren, fuhren nochmals mit dem Auto durch den Ort
und sie bekam ihr Lieblingsfutter gekochtes Huhn.
Zum Mittag hin kam die Tierärztin heim und Csicsi rückte ganz nah zum
Schmeicheln, so dass auch die Tierärztin Tränen in den Augen hatte.

Ich sagte „leg dich auf die Decke", nahm ihren Kopf in den Arm und legte mich zu ihr und sie schlief mit einem tiefen Seufzer für immer ein.

Das Mäuschen wurde stolze 16 Jahre alt.

Nun durften sich die beiden verabschieden, Sam legt sich noch zu ihr auf die Decke und dann fingen wir an, sie in unserem Garten zu begraben.

Sam wollte immer wieder die Erde wegschaffen und sie wieder ausgraben, warum auch immer.

Er geht bis heute jeden Tag zu ihrem Grab, als möchte er Sie begrüßen.

Nun fehlte die Stütze für den extrem ängstlichen Sam wieder, auch Sari ist eine unsichere Hündin und auch schon 13 Jahre alt.

Auch bei ihr schlug der Krebs inzwischen zu und wir wissen nicht wie lange es noch irgendwie vertretbar geht.

Also tagte mal wieder der Familienrat und es fiel die Entscheidung, noch einen Hund zu nehmen, damit Sam nicht von jetzt auf gleich alleine ist.

Über ein Tierheim die in Ungarn tätig sind, erfuhren wir, dass ein Mastino-Rüde in der Tötung sitzt! Dieser wäre beschlagnahmt worden und man müsse das Verfahren abwarten, wie es mit ihm weiter geht.

Es vergingen Wochen und Monate und nichts passierte.

Da ich inzwischen Sorge hatte, Sam verfällt noch mehr, wenn Sari plötzlich auch nicht mehr da ist, schauten wir weiter.

Vor allem kann es auch in Ungarn passieren, dass der schreckliche Besitzer diese Hunde wieder zurückbekommt, wenn es ganz dumm läuft.

Und auf einmal war ein Welpe namens Hudson auf der Homepage des Vereins zu sehen!

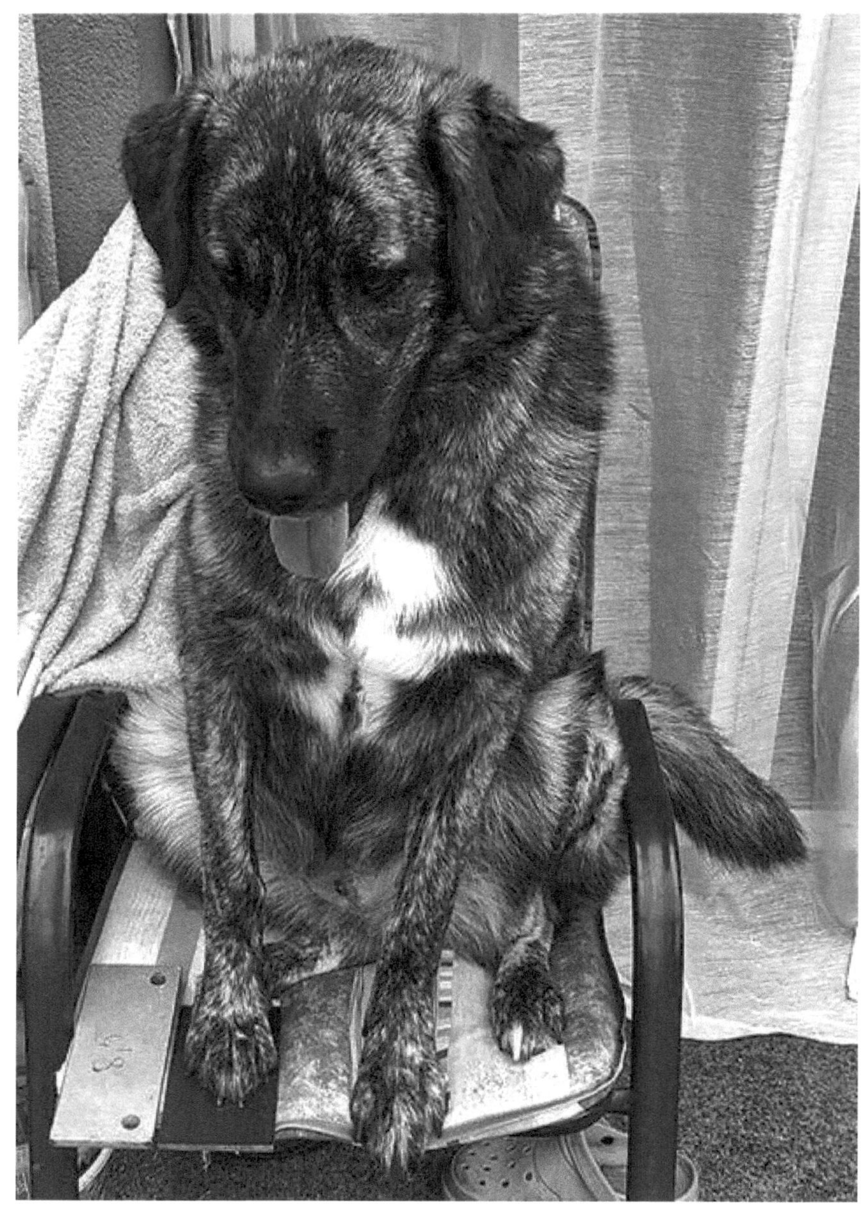

Hudson

Ein kleiner und gestreifter Herdeschützer, von der Art her ein Kaukase.
Nun, auch wenn man nicht unbedingt an Übersinnliches glaubt! Aber ich
denke, hier hatte unsere Csicsi ihre Pfötchen mehr als nur im Spiel.
Er wurde am 24.4. in einem Garten ausgesetzt und wir beschlossen, dass er
es werden sollte. Wir mussten noch drei Monate Quarantäne abwarten und
am 26.7. kam er um Mitternacht mit dem Tracer auf der Raststation an.
Wir übernahmen ihn, ließen ihn noch kurz sich erleichtern und dann fuhren
wir nach Hause.
Er schlief genauso wie damals Csicsi sofort auf der Rückbank ein.
Zuhause angekommen um 2:00 Uhr früh, die anderen beiden rausgeholt
zum Kennenlernen auf neutralem Boden.
Dann ging es ins Haus rein…und auch Hudson schmuste wie unser Ömchen.
Hudson hat genau dieselben Allüren wie unsere Csicsi, bellt wenn er
Nachbars Stimme hört, sitzt in derselben Ecke im Garten, natürlich auch mit
Löchern graben und knackt die Äste ab. Da sage mal noch einer, es gäbe
keine dummen und merkwürdigen Zufälle, in dieser doch komischen Welt!
Hudson war sieben Monate alt, als er zu uns kam und ein richtig halbstarker
Lauser, einfach pubertierend! Sam wurde durch ihn etwas selbstsicherer
und Sari ist und bleibt eine alte griesgrämige Oma.
Klar gibt es Reiberein mal zwischen den Jungs, aber auch das werden wir
auch noch hinbekommen. Es gibt keine Option jemals einen Hund
zurückzugeben, nur weil er nicht gleich perfekt funktioniert!
Es wird sicher noch viele Erlebnisse und Geschichten mit unserer
Rasselbande geben und ich hoffe, dass wir Sie noch viele und gemeinsame
Jahre so erleben dürfen…

**Sie sind alle etwas ganz besonderes, auch einfach arme Socken und
können wirklich nichts dafür, was Sie alle in ihrem früheren Leben alles
schon erlebt haben.**

Vieles hat einfach der Mensch verbrochen und sich nicht selten an ihnen vergangen. Aber eins haben sie alle gemeinsam!
Sie können uns Menschen verzeihen und uns ihre Herzen schenken, denn sie alle sind echte Seelen auf vier Pfoten!

Ich hoffe wirklich auf viele gemeinsame Jahre in Ruhe und Frieden mit meinen Seelen auf vier Pfoten. Unzählige Stunden der Freude und wenn das Herz aufhört zu schlagen, dann sind wir es Ihnen auch schuldig, den letzten Weg gemeinsam mit ihnen zu gehen bis zum letzten Schnauferl, auch wenn es einem das eigene Herz zerreißt!
Es gibt so viele Seelen auf vier Pfoten, die wirklich niemand will und ja, sie sind nicht immer einfach! Aber sie verdienen es, geliebt zu werden und bis an ihr natürliches Lebensende von uns umsorgt zu werden und auch akzeptiert zu werden, mit all ihren Ecken und Kanten.
Man sollte niemals wegsehen und solchen Hunden eine Chance geben, denn irgendwo gibt es für jeden von uns einen echten SEELENHUND!
Geben wir all diesen „Vergessenen" gemeinsam eine Stimme, erzählt von ihnen und schenkt ihnen euer Vertrauen und euer großes Herz!

Liebe Grüße aus Österreich,

Andrea Verleye

PS: Bevor wir sie noch ganz im Buch vergessen, Ike & Saritza

Meine Klara

Als unsere liebe Rottweiler-Hündin Lotte, plötzlich nach elf glücklichen und
gemeinsamen Jahren verstarb, waren wir geschockt und voller Trauer.
Doch nach zwei Jahren ohne Hund merkten wir, dass uns was Wesentliches
fehlte. So suchte ich im Internet auf all den gängigen Tierschutzportalen
nach einem neuen vierbeinigen Begleiter.
Auf einer Seite aus Griechenland, wurde ich dann fündig und entdeckte
einen Hundewelpen namens Klara.
Reh-braun mit einem weißen Latz, einen markanten weißen Haken auf der
Stirn und wunderschönen Kulleraugen, die nur sagten, ich möchte zu Dir.
Es war wirklich Liebe auf den ersten Blick!
Klara wurde mit ihren acht Geschwistern samt Mutter in einem Olivenhain
ausgesetzt. Zum Glück gab es im Dezember 2015 ein kleines Weihnachts-
wunder und die Hundefamilie wurde durch diese Tierschutz-Organisation
gerettet. Als wir alles geregelt hatten, kam Klara ein halbes Jahr später am
2. Juni 2016 endlich per Flugzeug mit ihren Flugpaten in Hamburg an.
Freudig nahmen wir sie am Flughafen in Empfang und fuhren glücklich nach
Hause ohne zu wissen, welche Herausforderungen noch auf uns warten
würden. Die Ankunft war unglaublich turbulent.
Unsere drei Katzen dachten wohl, was will die denn hier und Klara dachte
sicherlich, wo bin ich hier denn gelandet.
Die sibirische Katze Ivory machte ihr unmissverständlich klar, wer hier
regiert und die darüber mehr als nur empörte Klara versuchte unsere
Katzen zu jagen.
Nun leben wir in einem Reihenhaus, wo jeder die Möglichkeit hat, sich
irgendwo zurückzuziehen.
Schnell ließ ich mir was einfallen, um das friedliche Zusammenleben
zwischen Katzen und Hund, was ich so sehr schätzte und von Lotte und den
Katzen bisher gewohnt war, irgendwie zu fördern.

Jedes neutrale Verhalten aller Tiere lobte und belohnte ich und veranstaltete Wohlfühl-Runden, wo gemeinsam Leckerlies und Streichel-Einheiten an alle verteilt wurden.

Das Verhältnis zwischen Klara und den Katzen besserte sich zunehmend. Doch leider wurde Klara sehr krank.

Sie litt an Durchfällen und Schwäche. Schließlich fand unser Tierarzt durch einen Mittelmeer-Test heraus, dass sie Ehrlichiose hatte.

Die langwierige Behandlung war zum Glück wirklich erfolgreich.

Es ging ihr Schritt für Schritt besser und ihre Lebensgeister samt überschäumendem Temperament kehrten zurück.

„Das ist die wilde Olga von der Wolga"; sagten die Nachbarn und freuten sich über Klaras Luftsprünge.

So bildete ich Klara aus, machte mit ihr die Befreiung von der Anleinpflicht und wir fanden tolle Hundefreunde, mit denen sie jeden Tag toben und rennen kann, wie sie es von Griechenland her auch gewohnt war.

Alles für einen glücklichen griechischen Wirbelwind in seiner neuen Welt.

Da Klara schon am zweiten Tag ihrer Ankunft in den Staubsauger biss, um ihren Unmut kundzutun und auch sonst sich so als originelle Wundertüte entpuppte, war ich neugierig, was für einen Mix ich an meiner Seite habe und ließ einen DNA-Test machen, der uns wirklich vieles dann erklärte.

Auf die Mischung von Boxer mit Chihuahua, sowie Neufundländer und Border Collie, wäre ich wohl nie gekommen.

Vom Aussehen her ähnelte sie dem Geka; einem griechischen Jagdhund.

Obwohl ich Filmtiere hatte und hundeerfahren bin, suchte ich mir Hilfe.

Ich fand eine tolle Hundetrainerin, die nicht mit den üblichen Methoden arbeitet und mich tatkräftig unterstützte, aus Klara eine zuverlässige Begleiterin zu machen.

Klara machte große Fortschritte und lernte schnell, anderen Menschen mehr zu vertrauen. Großes Misstrauen ist echter Freude gewichen.

Bei Film-Drehs trafen wir ohne Probleme auf Polizisten und Postboten.

Wir genießen das tägliche Glück im Garten, bei Gassi-Gängen und im Urlaub, denn Klara ist ein richtig toller Hund geworden.

Nicht nur das, sondern sie wurde für mich inzwischen ein Hund, den viele einen Seelenhund nennen!

Hunde waren und sind ein sehr großer Teil meines / unseres Lebens und Schwierigkeiten dazu da, sie gemeinsam zu überwinden.

Ich liebe Klara über alles und freue mich, wenn Klara abends glücklich eingekuschelt abwechselnd in meinen Armen und den meines Mannes schläft. Sie liebt die Wärme und Geborgenheit.

Genauso wie wir auch.

Mit Liebe und Geduld hat uns das Abenteuer „Auslandshund" wirklich großes Glück in unser Leben gebracht.

Vielleicht aber auch, weil Klara unser ganz besonderer Seelenhund ist!

Klara ist wirklich etwas anders, als die Hunde die wir vorher kannten.

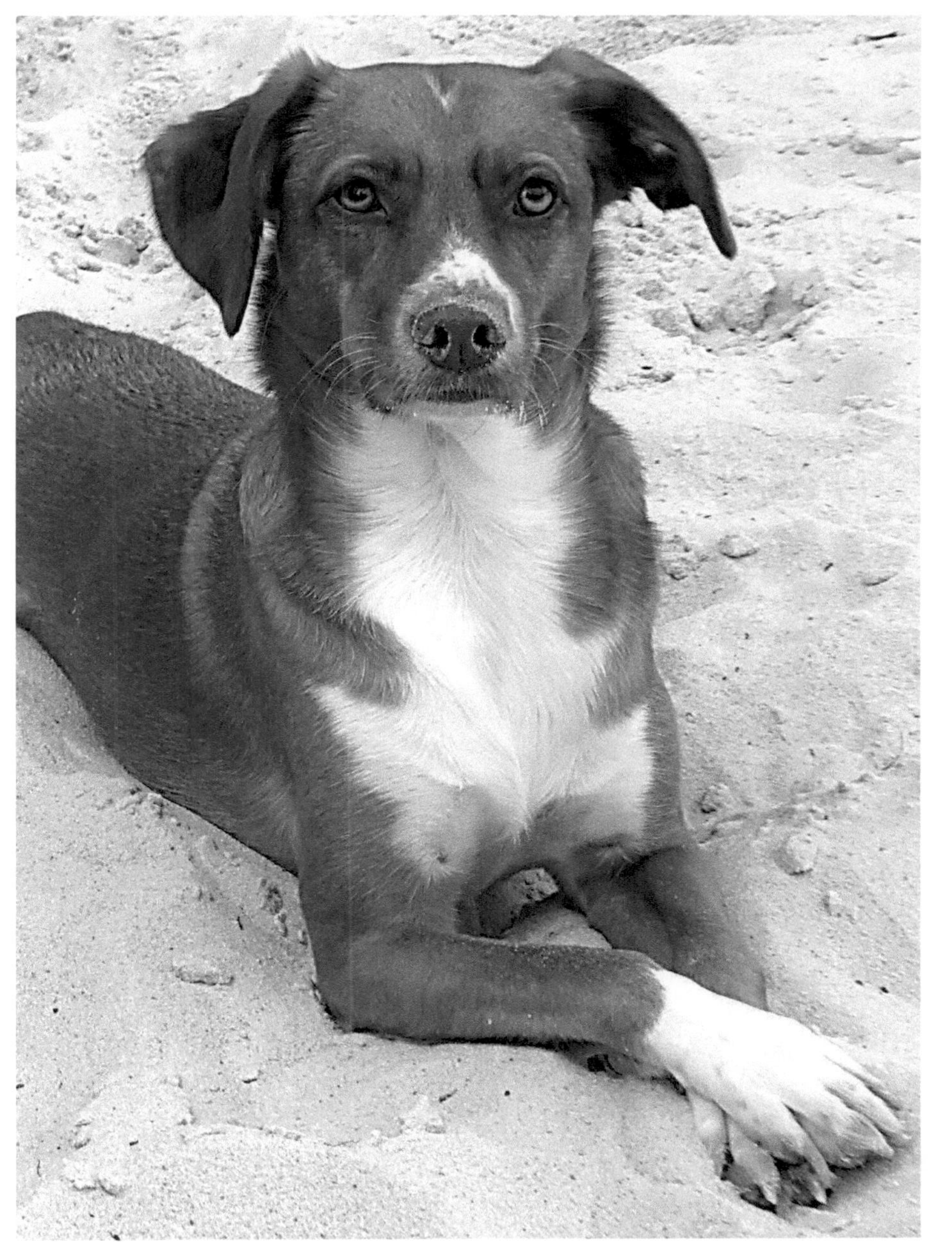

Hinzu kommt auch die Tatsache, dass solch besondere Hunde echte und innige Freundschaften zu anderen Geschöpfen eingehen können, wo man es im Vorfeld niemals vermuten würde und wir Menschen nicht gut erklären können. Anders halt und auf ihre ganz besondere Art und Weise.

Irmgard Töpelmann

„Ich sehe Dich!"

Ich bin ein echter Morgenmuffel, durch und durch und ohne Kompromisse.
Obwohl mir bereits die erste Tasse Kaffee Leben einhaucht, nehme ich
meine Umwelt erst nach der zweiten Tasse wirklich etwas wahr.
Also bleiben meinen Hunden gute 20 Minuten, vom Aufstehen bis zum
ersten „Lass es!"
20 Minuten, in denen sie all die Dinge erledigen, die sonst nicht erlaubt
sind, wie z.B. die Kontrolle des Abwaschbeckens und des Geschirrspülers.
Hastig werden, mit schielendem Blick auf meine halb leere Kaffeetasse,
Krümel vom Kuchenteller abgeleckt.
Solange alles leise und ruhig abläuft, laufen meine Hunde in diesen 20
Minuten nicht Gefahr, erwischt zu werden und sie haben ihre Vorgehens-
Weise in den letzten Jahren wahrlich perfektioniert.
Fast alle zumindest, denn gestern riss mich ein lautes Klappern aus meiner
morgendlichen Agonie.
Die Teile des zersprungenen Tellers lagen am Boden und mitten drin saß
unser Paulchen! Den Blick starr auf die gegenüberliegende Wand gerichtet,
so als wolle er mir sagen: „Keine Ahnung, was da nun passiert ist!"
Fast hätte ich es ihm geglaubt, aber nur fast! Wenn da nicht die braunen
Krümel auf seinem hellen Schnäuzchen gewesen wären.
Ob ich Paulchen wegen seiner kühnen Dreistigkeit ausgeschimpft habe?
Nein, das habe ich nicht! Geboren in der Hundehölle Rumänien, als Welpe
schwer an Staupe erkrankt, war Paulchens Lebensweg nicht gerade einfach.
Als er mit knapp sechs Monaten bei uns ankam, war er bereits sehr schwer
gezeichnet. Ein kleines, braunes, spindeldürres, zitterndes Etwas, das
seinen Körper aufgrund der durch die Staupe verursachten Nerven-
Schädigung nur schwer unter Kontrolle hatte.
Nicht nur das Gehen fiel ihm sehr schwer, sondern auch selbst das Fressen.
Im Tierheim war er gemobbt worden, die anderen hatten ihn immer wieder
gebissen. So dass er sich nicht mehr aus seiner Hütte getraut hatte!

Nur nachts hatte er, vom Hunger getrieben verzweifelt versucht, ein paar
Reste einzusammeln - ein paar Krümel Trockenfutter, die andere einfach
übersehen hatten und die er mit seinen kaputten Zähnen kaum zu kauen
vermochte. Paulchen war körperlich auch nicht in der Lage, sich überhaupt
zu wehren und ergab sich in sein Schicksal. Der verzweifelte Versuch nicht
gesehen oder bemerkt zu werden, bestimmte sein Leben.
Ein echter „Niemand" unter vielen, unbemerkt und wirklich bedeutungslos.
Bei uns angekommen, musste sich sein kleiner Magen erst wieder an
normales Futter gewöhnen und wir fütterten ihn per Hand, da er es selbst
nicht einmal wagte, in den vollen Napf zu fassen.
Ich erinnere mich noch allzu gut an unseren ersten Kontakt, an das Öffnen
der Box bei seiner Ankunft! Klein, braun, unscheinbar, mit großen Augen
die einem in die Seele blicken und an seinen ungläubigen Blick, der zu sagen
schien: „Meinst du wirklich mich?"
„Siehst du mich denn?"
Obwohl all unsere anderen Hunde ihn nicht ein einziges Mal bedrängten
oder gar mobbten, so behandelten sie ihn doch ausgesprochen unhöflich.
Rempelten ihn beim Vorbeilaufen einfach an, drängten ihn immer wieder
ab, sodass er das Gleichgewicht verlor. Auf drei Beinchen mit einem
„Staupe-Tick" hat man nun mal keinen besonders festen Stand.
Sie behandelten ihn wie Luft, als ob er gar nicht da wäre.
In all den Jahren stand ich das erste Mal vor der Überlegung, einen
Pflegehund aus der Gruppe heraus zu nehmen, weil ich mir wirklich ernste
Sorgen um sein Wohlergehen machte.
Nicht weil man ihn mobbte, sondern weil man ihn einfach übersah!
Wir haben uns dagegen entschieden, achteten aber in besonderem Maße
auf ihn. Kein Betüdeln, sondern ein achtsames „Du bist ein Teil von uns!"
Er durfte mit in den Gemüsegarten, jede Blume und jedes Kraut
beschnuppern und bewundern.

Auch wenn er unzählige Male über die Beet-Umrandungen stolperte, so hatte er doch seine Erfolgserlebnisse und auch irgendwie Spaß dabei.

Vieles davon von uns herbeigeführt, andere wieder, weil er es selbst so wollte. Langsam Schritt für Schritt wurde er nicht nur geistig wieder handlungsfähiger und entschlussfähiger, sondern auch sein kleiner Körper bekam die Zeit, die er wirklich brauchte.

Je mehr er sich selbst zutraute, umso größer sein Selbstbewusstsein wurde, umso mehr wurde er dann endlich auch gesehen und die erste echte Spielaufforderung eines anderen Hundes folgte.

Noch heute treibt mir die Erinnerung daran die Freudentränen in meine Augen! Mit uns in seiner Nähe, immer bereit ihn aufzufangen, wenn er selbst nicht mehr aufstehen konnte. Ihn selbst etwas tun zu lassen, egal ob Fehler oder nicht!

Ein sicheres Umfeld für ihn zu schaffen, erst einzugreifen, wenn er selbst es nicht mehr konnte. Denn nur wer nach dem Stolpern wieder aufsteht, der lernt auch wirklich etwas dazu!

Paulchen lernte immer mehr, unterbrochen von ausgiebigen selbstgewählten Ruhezeiten im Schatten unseres großen Holunderbusches.

Irgendwann war er dann soweit es auch den anderen mitzuteilen:

„Seht her, ich bin nicht mehr willenlos, man kann mich sehen!"

Er, der sonst nur fiepste, teilte nun den anderen mit lauten Knurren mit:

„Mein Knochen, ich gebe ihn nicht mehr her!"

Unser Charly, seines Zeichens ein Schäfer-Kaukasen-Mix, doppelt so hoch und dreimal so schwer wie Paulchen und eine echte Erscheinung, meinte nur: „Gut, wenn es dir so wichtig ist, dann behalte ihn doch!"

Ein echter Meilenstein in seinem Leben und wir durften ihn persönlich miterleben.

Vor allem aber schlich er sich in unsere Herzen, wie ein echter Seelenhund!

Einige mögen nun behaupten: „Ein knurrender Hund, wie unerzogen!"

Aber wenn es um das Hundeverhalten geht, sind wir Menschen meist mit schnellen und pauschalen Urteilen bei der Hand.

Wir bedenken dabei nicht, dass es so viele Gründe für das Verhalten eines Hundes geben kann, so viele Geschichten, Misshandlungen und vieles mehr, die dahinterstecken.

Paulchen war absolut nicht unerzogen!

Viel mehr war es ein Heraustreten aus seinem Schneckenhaus:

„Seht her, ich bin bereit von euch gesehen zu werden!"

Knurren ist Kommunikation, und kommunizieren bedeutet bereit dafür zu sein, ernst genommen zu werden und vieles andere in dieser Hundewelt.

Welch ein schöner Durchbruch, für unser kleines Paulchen!

Und ganz nebenbei bemerkt, für mich fällt ein ehrliches Knurren noch lange nicht in die Kategorie: „UNERZOGEN!"

Denn ein knurrender Hund kommuniziert.

Nicht mehr, aber auch nicht weniger.

Er geht davon aus, dass wir ihn sehen, dass er uns seine Befindlichkeit mitteilen kann, besser noch, mitteilen darf. Denn Knurren bedeutet auch ein Stück Vertrauen, Vertrauen darauf, dass mich der andere ernst nimmt.

Es liegt in unserer Verantwortung, sich auf das angebotene Gespräch einzulassen. Die Anerkennung der anderen ist uns wichtig, dass gilt nicht nur für uns Menschen, sondern oder insbesondere auch für Hunde.

Wie wir sind Hunde soziale Lebewesen und Anerkennung ist allen wichtig!

Zwei lange Jahre ist Paulchen nun schon bei uns.

Und obwohl seine Reise noch lange nicht zu Ende ist, geht sie doch in die richtige Richtung.

Richtig, nicht weil ich das als Mensch nun sage, sondern weil es mir sein zufriedener Gesichtsausdruck und das Leuchten in seinen Augen immer wieder sagt. Er ist ein „gesehener" Teil unserer kleinen Gruppe geworden, ein echter Seelenhund!

Er, dessen einziger Freund die Dunkelheit seiner kalten Hütte war, dessen einziges Lebensziel es war, im „Nicht gesehen werden zu überleben!"

Er liebt grünes Gras wirklich über alles, warme Sonnenstrahlen, eine streichelnde und schützende Hand.

Er hat uns wirklich sein großes Herz geöffnet und auch geschenkt.

Der Gemüsegarten, als kleiner Garten Eden ist ihm geblieben.

Wird ihm der Stress zu viel, so zieht er sich dorthin zurück, schläft neben den Walderdbeeren unter dem Holunderbusch und kommt doch immer wieder selbst hervor. Er teilt uns mit, wenn wir die Gartentür für ihn öffnen sollen und auch wenn manchmal auch ein Teller zu Bruch geht.

So strebt Paulchen noch lange nicht nach der Weltherrschaft, er möchte einfach leben und individuell abgestimmt, hat Paulchen halt einfach ein paar Freiheiten mehr.

Es ist vollkommen egal, wenn manche Kritiker ihn einfach „unerzogen" nennen! Denn auch wenn „erzogene" Hunde weniger stören, so nehme ich doch gerne das „Bisschen Störung" in Kauf, denn es ist für ihn ein großes Stück mehr an echter Lebensqualität.

Zwischen der ersten und der zweiten Tasse Morgenkaffee, die Anderen schnüffeln noch nach Kuchenkrümel und Soßenresten in der Spüle, schleicht Paulchen leise unter dem Tisch zu mir.

Während ich ihm heimlich ein Stück Trockenfleisch zustecke, sage ich ihm mit leisen Worten, was wir einander viel zu selten sagen:

„Ich sehe dich, mein kleiner Seelenhund!"

Andrea Krauskopf

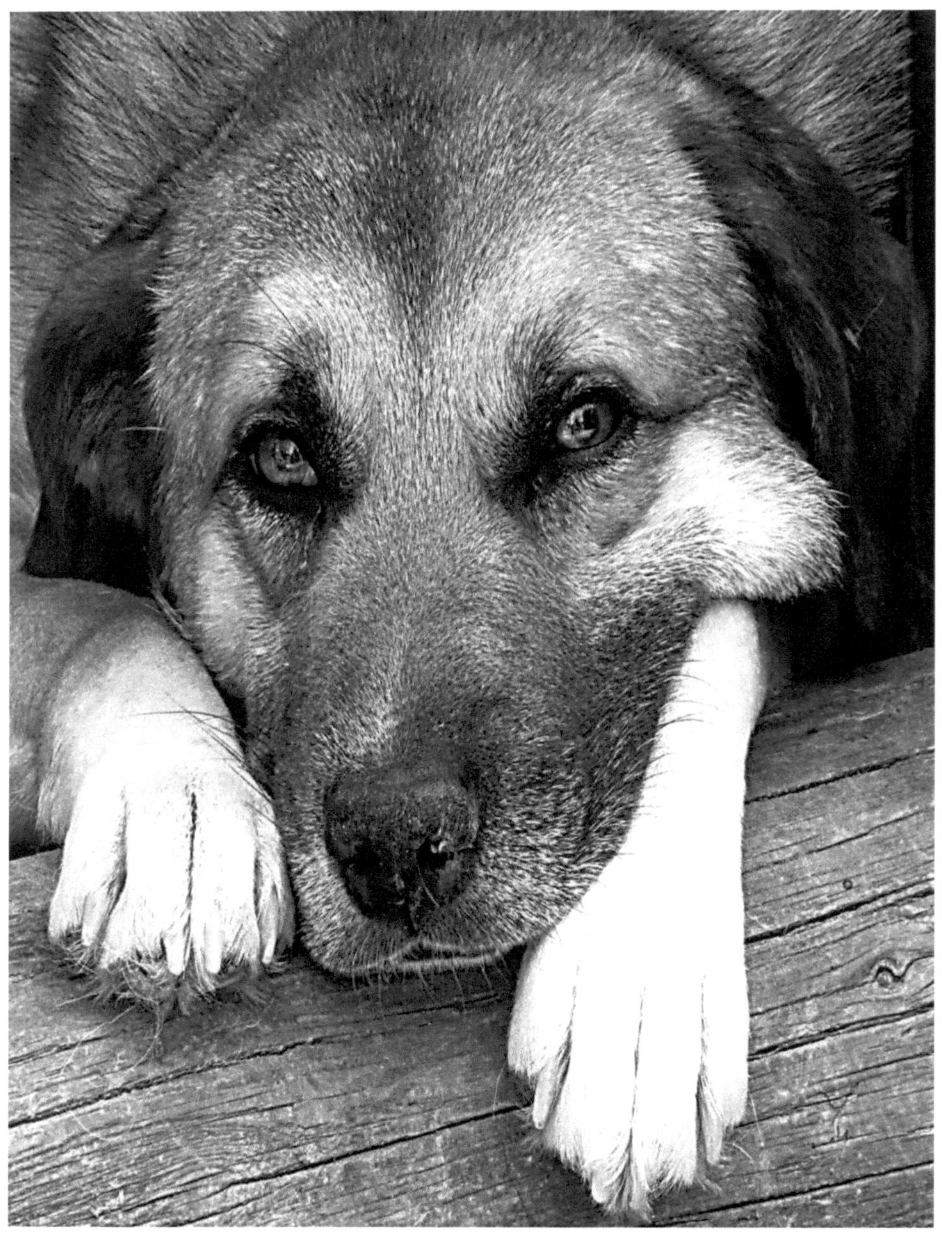

Als Xava durch den Schornstein fiel

Unsere Geschichte begann Anfang September 2024.
Draußen waren noch milde Temperaturen, ein richtig schöner Tag im
Herbst. „Uns" will heißen, ich Gwendolyn und mein Lebensgefährte
Andreas. Wir leben in der Süd-Heide mitten im Wald, in einem kleinen und
sehr schnuckeligen Holzhaus. Die Aller liegt direkt vor unserer Haustüre,
also wirklich Natur pur, endlose Ruhe und Frieden!
Alleine leben wir nicht, mit von der Partie sind Frieda, eine lebenslustige,
quirlige und 4-jährige französische Bulldogge. Dazu kommt noch unsere
Bella, eine mittlerweile in die Jahre gekommene Straßen-Hündin, von der
wunderschönen Insel Kreta. Ich habe sie damals mit meiner Mutter und
meiner Tochter von einem Kreta-Urlaub einfach mitgebracht.
Nein, nicht über den üblichen Weg des Tierschutzes oder einen Verein,
sondern auf eigene Faust!
Völlig unerfahren, was Hunde angeht und den Transfer mit dem Flugzeug
und Hund im Gepäck wieder zurück.
Aber das ist eine ganz andere tolle und etwas verrückte Geschichte.
Wo war ich stehen geblieben?
Ach ja, richtig...wir verbrachten diesen schönen Herbsttag draußen auf
unserem über 1000 Quadratmeter großen Waldgrundstuck.
Hier gibt es natürlich auch immer etwas zu tun, denn es stehen viele hohe
Kiefern darauf, die gepflegt werden müssen. Der Boden ist sehr sandig, halt
typischer Heideboden und die selbstgepflanzten Buschen und großen
Hortensien bedürfen viel Pflege und vor allem auch mal Wasser.
Da fuhr unsere Freundin Karin plötzlich vor und stattete uns einen Spontan-
Besuch ab. Eigentlich wollte sie nur ihre Backbleche wieder bei uns abholen
und einen kurzen Kaffee-Plausch halten.
Von wegen Kaffee-Plausch!
Denn Karin ließ plötzlich endlich die Katze aus dem Sack und erzählte uns
den wahren Grund ihres Besuches.

Sie erzählte uns von einem großen, sehr lieben Bardino-Mischling, der seit einer Woche bei ihrem Neffen und dessen Frau Hannah zur Pflege und als dringender Vermittlungs-Notfall untergekommen sei und leider sofort den anderen Pflegeplatz, wo er vorher war (warum auch immer?!), verlassen musste.

Alle würden jetzt gemeinsam und schnellstens nach einem wirklich guten und schönen „FÜR IMMER ZUHAUSE" für ihn, einen 3-jährigen und wunderschönen Rüden namens Xava suchen. Er war laut Karin sehr lieb und unglaublich anhänglich, leider aber nicht ganz so gesund.

Sie bat uns, diesen Xava doch mal anzuschauen, denn sie ist der Meinung, dass wir sehr tierlieb sind und wir unsere Hunde fürsorglich, sehr gut und als echte Familien-Mitglieder behandeln. Und so ist es auch!

Für uns gibt es nichts schöneres, als Zeit mit unseren Fellnasen draußen im Wald und unserem wunderschönen und sehr ruhigen Natur-Refugium zu verbringen. Wir nahmen die Handynummer von Hannah sehr gerne entgegen und verabredeten uns mit ihr für den nächsten Tag, um Xava zu besuchen und auch persönlich kennen zu lernen.

Am 7. September 2024, also der Tag darauf, fuhren wir mit dem Rad in den Nachbarort zu Hannah. Wir wurden sofort sehr freudig von Hannah, ihren Kindern, ihrem Mann und auch von ihren beiden Labradoren begrüßt.

Dann kam Xava endlich vorsichtig um die Ecke geschlichen und was soll ich sagen? Es war wirklich mehr als nur Liebe auf den ersten Blick!

Da stand er nun, groß, mit schwarzem und gestromtem Fell, leicht grau am Schnäuzchen, mit wunderschönen braunen Augen, fast schon eine echt majestätische Erscheinung.

Was mir aber sofort besonders bei ihm auffiel, waren seine großen Ohren, die ein wenig an „Dobby", den Haus-Elfen aus den Harry Potter Filmen stark erinnerten.

Er kuschelte sich auch sofort abwechselnd an uns an und wir streichelten ihn mehr als sehr ausgiebig.

Als wir da so standen mit dem großen Prinzen, fing Hannah auch schon an,
uns Xavas (nicht gerade schöne!) Geschichte zu erzählen.
Und glaubt mir, diese Geschichte rührte und kratzte sofort an meinem
Herzen, ließ mir echt keine Ruhe mehr!
Xava sei vor einer Woche, als dringender Notfall über seinen zuständigen
Verein / Tierschutz-Organisation (My Dog Fuerteventura e.V., ein ganz
besonderer Verein, denn sie kümmern sich auch nach einer erfolgten
Adoption usw. sehr herzlich und tatkräftig um ihre Hunde, was man sich
von so manch anderen Vereinen mehr als nur wünschen würde und das
muss hier an dieser Stelle auch mal gesagt werden!), zu ihr gekommen.
Elke und Rainer, die mehr als nur wirklich gute Seelen des Vereins, hatten
Xava zu ihr gebracht. Denn der arme Hund hatte plötzlich und sehr
unerwartet seinen eigentlichen Pflegeplatz verlassen müssen!
Hannah berichtete mir auch, dass Xava schwer an Epilepsie erkrankt sei und
zweimal täglich sein Antiepileptika-Medikament einnehmen müsse.
Er hatte seine bisherigen Familien wegen dieser Erkrankung und seinen
Anfällen schon mehrmals leider verloren!
„Das auch noch!" Dachte ich mir fast wütend, still und leise.
Der arme Kerl hatte also schon eine große Odyssee hinter sich und hatte
bisher wirklich nur großes Pech gehabt. Vor allem mit den vielen Menschen,
die ihn wieder schnell aufgegeben haben. Eigentlich hatte Xava nicht einmal
die Chance gehabt, irgendwo überhaupt einmal „anzukommen!"
Immer wieder nur hin & her geschubst, weil er die Erwartungen mancher
Menschen nicht sofort erfüllte…und dann auch noch chronisch krank ist!
Er wurde in einer Tierklinik von oben bis unten auf den Kopf gestellt, um die
Ursache seiner Epilepsie richtig zu ergründen. Es folgten zahlreiche
Blutuntersuchungen, MRT, CT und vieles mehr.
Ein wahres Martyrium für einen Hund, was man ihm auch an seinen Augen
ansah! Ruhelos und ein wenig ängstlich, immer unter Stress.
Dass wunderschöne Funkel in seinen Augen war inzwischen erloschen.

Er hatte irgendwie Teile seine Seele verloren, auf seiner bisherigen Reise durch das traurige Leben und durch die Hände einiger Menschen.
Eins stand für uns sofort fest!
Wir wollten diesem wunderbaren Hund Tier, trotz seiner Erkrankung usw., mehr als nur eine Chance auf ein wirklich schönes und ein sehr gutes Leben schenken, hier bei uns im ruhigen Wald & Refugium.
Denn Krankheit, ob Mensch oder Tier, sollte niemals ein Ausschluss-Kriterium für ein wundervolles und lebendiges Geschöpf sein, das einfach nur Leben möchte!!!
Für den nächsten Tag wurde mit Hannah ein richtiger Schnuppertag für Xava hier bei uns geplant. Auch um zu sehen, wie es ihm hier bei uns gefällt und wie unsere Hunde-Damen auf Xava überhaupt reagieren würden…
Am 8. September 2024 kam Hannah mit Xava, schon gleich morgens früh, bei uns hoch motiviert angeradelt.
Die Freude war für alle wirklich groß! Unsere Frieda sprang ihm sofort entgegen und begrüßte ihn wirklich sehr herzlich. Nur Bella war zuerst noch etwas distanziert und meckerte auf ihre spezielle Art lautstark rum.
Das legte sich aber auch sehr schnell, im Laufe des Tages.
Hannah inspizierte in Ruhe unseren Wohnsitz und war sofort begeistert.
Die vielen Kiefern, der moosige und weiche Boden, das Rauschen der Bäume und das allgemeine und sehr ruhige Waldidyll gefielen ihr sehr.
Sie verließ uns dann, nicht ohne Futter und Xavas gewohnte Kuscheldecke da gelassen zu haben.
Der Nachmittag, auch mit Spaziergängen mit allen drei Hunden, verlief sehr harmonisch. Auch durfte Xava ins Haus hinein, denn unsere „Chefin" Bella hatte es ihm, zu unserer großen Verwunderung sofort erlaubt.
Xava fügte sich so nahtlos in unser aller Leben ein, das wir schon fast das Gefühl hatten, er lebe schon jahrelang hier bei uns.
So kamen wir zu dem „Überrumpelungs-Entschluss", den Schnuppertag erst gar nicht enden lassen zu wollen!

Nein, wir wollten diesen ganz besonderen Hund gleich hier bei uns
behalten. Anruf also gleich bei Hannah!

„Darf Xava hier bei uns bleiben?"

„Auch für immer?"

Sie war wirklich überrascht, dann etwas tonlos und versprach uns dann,
gleich mit Elke und Rainer von „My-Dog" zu telefonieren und ihnen die
Situation zu erklären / zu schildern.

Wir wollten unserem großen Prinzen so dieses unnötige hin / her ersparen
und so wenig Stress (auch in Hinsicht seiner Erkrankung) wie möglich
zumuten. Auch ich sprach noch wenige Stunden später in aller Ruhe mit
Elke am Telefon, stellte uns persönlich vor (wir kannten uns ja bis dahin ja
noch nicht) und erzählte über unsere Lebens-Situation.

Natürlich auch, wie gut es Xava hier bei uns haben würde und wie schon
unser schöner Schnuppertag verlaufen war.

Somit hatten wir auch am Ende das Einverständnis seitens des Vereines, für
diesen tollen Prachtkerl und seine mögliche Adoption, ihn bei uns für
immer aufnehmen zu dürfen.

Abends brachte uns Hannah noch all die Dinge, die Xava besaß.

Sein Körbchen, seine gewohnten und geliebten Decken, Schleppleine,
Geschirre und sein spezielles Futter.

Sie hatte sogar ihre kleine Tochter diesmal dabei, die in große Tränen
ausbrach, weil sie sich nicht gerne von Xava trennen wollte.

Das war ein sehr rührseliger und emotionaler Moment für uns alle, in dem
wir alle mit den Tränen kämpfen mussten.

Wir versprachen Hannah natürlich noch bevor sie ging, mit ihr in Kontakt zu
bleiben und dass sie mit ihrer Tochter Xava jederzeit bei uns besuchen
kann. Wir leben ja nicht weit voneinander entfernt.

So komme ich nun auf die **Überschrift** über all den Zeilen hier, unserer
kleinen und persönlichen Geschichte von Xava zu sprechen:

„Als Xava durch den Schornstein fiel"

Wir hatten nicht nach einem Hund gesucht, waren gesegnet mit unseren
beiden Hunde-Damen und „RUMMS", knallte völlig unerwartet und
plötzlich Xava von jetzt auf gleich in unser Leben!
Das Universum liefert manchmal große Geschenke zwischen „Zeit & Raum"!
Man muss nur überlegen, ob man solche Geschenke für sich annimmt!
Ja, das wollten wir. Denn wir wurden mit unserem Xava mehr als nur sehr
reichlich beschenkt. Es begann eine sehr aufregende Zeit, seit diesem einen
Tag im September für uns alle. Sich gegenseitig beschnuppern, Xavas
Hundesprache verstehen und erlernen…und ja, auch seine Vorlieben,
Eigenarten, seinen Charakter kennen lernen und auch seine echten
Macken, Ecken und Kanten.
Da wir hier recht einfach leben, kein Auto fahren oder gar besitzen, alles
mit dem Fahrrad erledigen, brauchte Xava auch als aller erstes, einen guten
und stabilen Hunde-Anhänger, für wirklich längere Strecken.
Und den bekam er auch! Er sprang sofort zum Testen rein und hat ihn
sofort für gut und sehr bequem befunden.

Denn eins ist klar! Wir müssen regelmäßig mit ihm zum Tierarzt, zur Blut-
Untersuchung, Xavas Medikamenten-Spiegel muss regelmäßig kontrolliert
werden, seine Medikamente usw. usw.!
Gott sei Dank haben wir hier eine richtig tolle Tierarzt-Praxis, die immer
sehr um Xava und sein Wohlergehen bemüht sind und wo wir auch
jederzeit mit ihm vorbeikommen können.
Jeder Tag ist, seid Xavas Ankunft, ein kleines und ein echtes Abenteuer.
Es macht große Freude zu sehen, wie Xava seine neue Welt entdeckt, mehr
als richtig auflebt und wirklich / endlich in einem echten Zuhause ankommt!
Sich immer mehr mit Bella und Frieda anfreundet und vieles mehr.

Wie er draußen frei und guter Dinge mit Frieda rumtollt, das Spielen für sich entdeckt, rumbuddelt und alles auf unserem Grundstück abschnuffelt, vieles hütet und sogar (inzwischen) sehr gut bewacht! Sein inzwischen geschätztes und gewohntes Mittagsschläfchen unter seiner Lieblings-Kiefer hält, die auch von einer gut duftenden Kletterhortensie bewachsen ist.
Er hat Stück für Stück sein altes Leben hinter sich gelassen und er hat uns immer mehr sein Herz geöffnet und auch geschenkt!
Auch wenn er langsam und bedächtig damit ist, denn echtes Vertrauen zu Menschen muss er noch lernen.
Xava taut langsam aber stetig förmlich auf. Die anfänglichen „Futter-Reibereien" waren auch sehr schnell vergessen, jeder hat jetzt seinen Futterplatz, an dem sie alle ungestört und in aller Ruhe fressen können.
An die erste Nachte kann ich mich auch noch sehr gut erinnern, da musste unser Prinz öfter mal Pippi machen und hinaus, heute schlaft er ganz entspannt durch...und schnarcht dabei laut, wie ein kanadischer Holzfäller nach einer großen Bier- und Kneipen-Tour!
Ja und ich? Die die ersten Monate jede Nacht auf dem Sofa verbracht hatte, um keinen epileptischen Anfall zu verpassen, kann jetzt auch wieder endlich in aller Ruhe im Bett durchschlafen. Denn Xava ist, seitdem er bei uns lebt, absolut Anfall (!) frei, ist richtig glücklich und zufrieden.
Alleine bleiben mag er (noch) nicht so gerne!
Denn er hat leider immer noch Angst, von seinen Menschen schon wieder verlassen zu werden. Und wer kann ihm das wirklich übelnehmen, nach seiner Vorgeschichte und den etlichen Vorbesitzern in seinen drei jungen Lebensjahren. Xava möchte endlich ein Gefühl der Sicherheit haben und eine feste Konstante in seinem Leben!
Das braucht der Bardino und ein „Steinbock" ist der Xava ja auch noch.
Der Bardino braucht eine feste und klare Tages-Struktur, feste Regeln und gewohnte Abläufe. Er reagiert sensibel und sofort auf jede noch so kleine Veränderung und auf Spannungen / Stress, die in der Luft liegen.

Wir gehen behutsam mit ihm um und versuchen, in kleinen moderaten
Schritten ihn daran zu gewöhnen, dass es kein Weltuntergang ist, wenn
Frauchen oder Herrchen mal zeitweise nicht bei ihm sind.
Denn alleine ist er ja nicht, er hat ja auch seinen kleinen Harem.
Bella ist und bleibt weiterhin die Chefin des Rudels, passt auf ihn auf und
das akzeptiert Xava auch.
Wir haben Xava in Ruhe ankommen lassen und ihm seine Eingewöhnungs-
Zeit mehr als nur gegeben. Denn eins ist klar, die braucht jeder Mensch und
auch jedes Tier in einer neuen Umgebung und in einem vollkommen neuen
Leben! Leider geben die wenigsten Menschen heutzutage den Tieren ihre
Eingewöhnungszeit, lassen sie nicht einmal richtig ankommen, was
natürlich unweigerlich auch zu größeren Problemen führen kann!
Die Tiere müssen sofort gefallen, 100 % perfekt funktionieren, Leistung
bringen und wer sich nicht schnell genug anpassen kann, fliegt gleich
wieder raus aus seiner ach so tollen Familie oder wird gnadenlos an der
nächsten Tierheim-Pforte rücksichtslos entsorgt.
Nun lebt Xava schon fast ein halbes Jahr bei uns, die Zeit rast wie im Fluge.
Mittlerweile sind wir fünf ein richtig gutes Team geworden!
Und ja wir können uns ein Leben ohne unseren grollenden und gestreiften
Kontrollfreak gar nicht mehr vorstellen.
Der Bardino ist ein sehr spezieller Seelengefährte, er beschützt und behütet
seine Menschen bedingungslos, wenn das Vertrauen erst einmal stimmt.
Wenn ich mit Xava spazieren gehe (und ich bin eine sehr kleine 1,5 Meter
große Frau), dann passt er immer sehr gut auf mich auf.
Manchmal auch zu gut, denn da wird auch schon mal der ältere Herr
Nachbar, der beim netten Grüßen den Regenschirm schwingt, mit einem
Hechtsprung Richtung Zaun und auf ordentliche Distanz zum Frauchen
hinweisend und sehr nachhaltig angegrollt!
Er könnte Frauchen ja mit dem Schirm einen auf die zwölf hauen, aber Xava
lässt wirklich keine Fragen offen, unbestechlich und verhandelt nicht!
Auch unser Grundstück ist mittlerweile sicher und sehr streng bewacht.

Hier kommt freiwillig niemand Fremdes mehr auf komische Gedanken oder gar unerlaubt auf das Grundstück drauf. Was ich persönlich nicht bedauere, denn ich habe schon erlebt, als ich in Unterwäsche morgens beim Zähne putzen war, dass der Nachbar vom Ende der Straße, plötzlich im Hausflur vor mir stand, was auch immer dieser Heini wirklich wollte?!

Da kommt echte Freude auf.

Aber wir haben inzwischen unsere neue Klingel draußen am Zaun angebracht und jetzt sind alle zufrieden und nichts passiert.

Auch gleicht unser Grundstück nun von außen einem Hühner-Käfig, da unser Zaun nur einen Meter Höhe misst, kann sich der Xava beim zurück schlagen der vermeintlichen Feinde locker darüber hängen.

Das schreckt natürlich Spaziergänger sofort ab, wenn der gestreifte Höllenhund mal richtig grollt und wirkt auf den einen oder anderen Zweibeiner sehr bedrohlich. Also ohne gleich tief in die Spardose zu greifen, den Zaun inzwischen nochmals mit gefundenen und stabilen Gittern verlängert / erhöht. Denn wir wollen ja auch keinen Ärger provozieren, wegen unserem großen, ach so bösen und schwarzen Hund.

Es gibt noch einiges zu berichten, vom wirklich sanften Riesen.

Xavas Leidenschaften sind eigentlich sehr schnell zu Papier gebracht.

Überschwänglich zu seinen Menschen, mal lautstark, mal mit dem Schwanz an der Holzwand klopfend oder mit seinem heiß geliebten Teddybären unterwegs in unserem Haus.

Der Teddy ist etwas ganz Besonderes, denn auch der war ein Geschenk von seiner Hannah und ihrer Familie.

Fahrradfahren mit Herrchen an der Aller entlang, ganz frei und ohne Leine, dass liebt der Xava über alles. Viel lieber als ein langer Spaziergang, mit den beiden Hundemädels. Da kann er auch all seine Energien mal so richtig loswerden und er erreicht auch um die 40-50 km/h. Gassi gehen ist dem Jungspund manchmal zu langweilig, zu gemütlich und viel zu langsam.

Denn die kleine Oma Bella mit ihrem Hinke-Beinchen, hat nicht gerade das schnellste Tempo. Und warten, dass kann der Xava mehr als schlecht!

Sei es aufs Fresserchen, den Spaziergang oder auf die Fahrrad-Touren, da
wird auch schon mal rumgenörgelt, wenn es zu lange für ihn dauert.
Auch hat er eine eingebaute, tickende innere Uhr, die alle abstrafen
möchte, wenn es ums pünktliche Futter geht.
Ach ja und bevor ich es noch vergesse! Seit neuestem backe ich jede Woche
Hundekekse mit einer Backmatte. Ich verwerte so Gemüse-Reste, Joghurt
usw. und füge natürlich noch einige andere und gute Lebensmittel dazu.
Das freut alle Hunde, besonders aber Xava, der schnuppernd und lauernd
an der Küchentüre liegt und in voller Vorfreude auf seine Ration wartet.
Und Frauchen freut sich natürlich auch, weil wir seitdem sie die Leckerlies
selber backt, alle weniger Pupsen müssen als von dem fragwürdigen
Discounter-Zeugs. Man stelle sich drei pupsende Hunde, in einem nicht
besonders großen Wohnzimmer vor und man kann es sich sicherlich
vorstellen oder vorriechen, haha. Und mal ehrlich, man könnte es auch
schön trendig „Tierischer Frühling" nennen oder lieber gleich „Deo-
Radikal"! Da hilft auch keine Anti-Hunde-Furz-Kerze mehr und ja, solchen
Blödsinn gibt es wirklich im Handel oder im Online-Shop überall zu kaufen.
Besuche von unseren Kindern am Wochenende, sind auch für Xava und die
Hundemädels das absolute Highlight. So viele Hände, die nun streicheln
können und Leckerlies bringen sie auch alle immer mit.
Da möchte Xava immer sehr gerne im Mittelpunkt stehen und die absolute
Nummer eins sein. Je größer das Rudel, umso besser!
Wenn wir mit den Kindern einen Spiele-Abend machen (es sind schon
erwachsene Kinder angemerkt), liegt er immer mit dabei und ist zufrieden
und richtig glücklich. Ich lache und hoffe natürlich immer, er hält uns nicht
für verrückte Karten spielende und verrückte Schafe.
Wir sind sehr dankbar und froh darüber, dass es Xava bei uns wirklich gut
geht und würden für ihn all die Sterne vom Himmel holen.
Denn er ist etwas sehr Besonderes in unserm Leben!
Manchmal braucht man aber gar nicht so weit zu reisen, sondern einfach
nur den Hund beobachten und versuchen, dies alles zu verstehen.

Warum er tut, was er tut und wir ihm etwas sehr wichtiges schenken,
unsere grenzenlose Liebe und unsere Aufmerksamkeit!
Unsere gemeinsame Reise mit Xava hat gerade erst begonnen.
Er bereichert unser Leben, wirklich jeden einzelnen Tag.

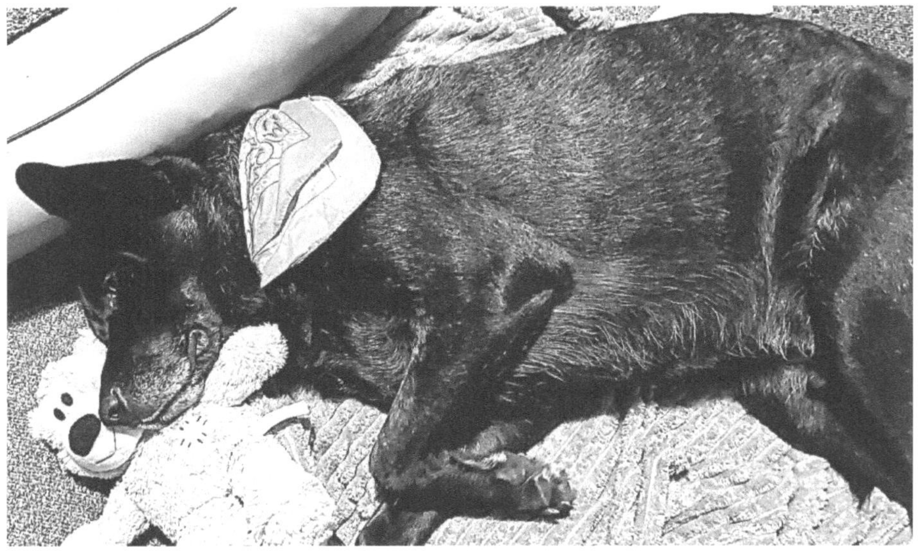

Aber auch ein großes Dankeschön an dieser Stelle, an all diese wahnsinnig
tolle Menschen, die sich für den Tierschutz ehrenamtlich stark machen, um
diese tollen Herdenschutzhunde aus Spanien zu retten und ihnen
unermüdlich versuchen, ein wirklich gutes und neues Zuhause zu geben.
Die Weihnachtsbasare oder Versteigerungen organisieren, Flugpaten
suchen, Spenden für die Hunde sammeln und noch so viel mehr!
Unser persönlicher und herzlichster Dank geht an Elke und Rainer von My
Dog Fuerteventura e.V., die wir zu jeder Tages- und Nacht-Zeit anrufen
können, wenn wir Sorgen um Xava haben.
Diese beiden wundervollen Menschen nehmen weiterhin an Xavas Leben
teil, helfen selbst nach der Adoption bei vielen Dingen und unterstützen uns
auch bei all den medizinischen Problemen rund um unseren Xava.

Denn eins haben sie wirklich!

Ein großes Herz für all diese Hunde die sie auf besondere Art vermitteln und ein Teil ihres Herzens haben sie auch unserem Xava geschenkt.

Hannah unserem Engel, die Xava in seiner Not einen Pflegeplatz angeboten hatte und die auf die Suche nach einem Zuhause für ihn ging. Eine ganz wunderbare und tolle Frau, die auch ein großes Herz für solche Hunde hat.

Karin, die bei uns vorstellig wurde und der Xavas Schicksal nicht egal war.

Und natürlich unserem Buch-Autoren und einzigartigen / sehr besonderen Freund Stefan Klink, der uns auch immer mit Rat und Tat zur Seite steht, für mich und Xava immer erreichbar ist, egal ob bei Problemen oder Fragen, egal zu welcher Tages- oder Nacht-Zeit und der mich für den Tierschutz noch mehr sensibilisiert hat.

Danke, dass wir euch alle kennenlernen und euch heute echte Freunde nennen dürfen. Ohne Xava waren wir uns alle wohl möglich niemals in dieser verrückten Welt begegnet! Geschweige denn würde ich jetzt hier nicht sitzen und dieses für mich sehr wichtige Buch mit unserer Geschichte und den vielen Zeilen füllen! Unser gedankliches Buch über das Leben mit Xava, hat erst begonnen und wir stehen erst am Anfang unserer Reise in ein neues und gemeinsames Leben.

Am Ende unserer gemeinsamen Reise, da bin ich mir sehr sicher, werde ich ein wunderschönes Buch in meinen Händen halten, mit all den Geschichten über meinen / unseren Seelengefährten Xava, der sehr viele Spuren in unserem Leben und in unseren Herzen hinterlassen wird.

Für jede Spur in unseren Herzen, jedes Hundehaar oder klebrige Nasen-Tattoo an der Fensterscheibe, bin ich heute schon dankbar, freue mich auf jeden einzelnen und neuen Tag mit unserem Xava.

Wir hoffen, wir können noch sehr viel Zeit, gemeinsam, gesund und glücklich miteinander hier in unserem Wald verbringen.

Ihr Lieben da draußen, derjenige der diese Zeilen von mir / uns lesen sollte, sei von uns herzlichst gegrüßt und wisse, dass es eine wahre Bereicherung ist, einen treuen Seelengefährten wie Xava an seiner Seite zu haben!

Nicht einfach nur ein wundervoller und einzigartiger Hund, wie so manche anderen auf ihren Pfoten, die auch unser Herz berühren.
Sondern diesen einen ganz bestimmten und sehr besonderen Hund, den man vielleicht nur einmal in seinem eigenen Leben trifft.
Den man auch den Seelenhund nennt.

Gwendolyn Malsch

Mein Freigeist Chilly

Chilly ist für mich nicht einfach nur ein Hund!
So viele Jahre gehen wir nun schon unseren gemeinsamen Weg, haben
zusammen große Abenteuer erlebt, viele Höhen und Tiefen gemeinsam
gemeistert, oftmals sogar sehr geheimnisvolle und verwunschene Orte in
dieser Welt erobert.
Eigentlich ein sehr schönes Leben, was wir beide gemeinsam führen, auch
wenn diese Leben manchmal komische und gnadenlose Wege geht.
Oder ist es das, was manche Menschen echtes Schicksal nennen und das
Leben selbst uns immer wieder vor sehr große Herausforderungen stellt?!
Nun ja, so kam ein Tag, an dem mein Leben plötzlich und wirklich sehr
unerwartet aus den Fugen geriet.
Ich kippte förmlich und vor allem gesundheitlich aus meinen Latschen!
Die Diagnose: Ein sehr gefährliches (schon geplatztes) Aneurysma und
andere sehr unschöne Komplikationen.
Mein ganzes bisheriges Leben veränderte sich von heute auf morgen.
Aber leider auch viele Dinge, die mir (natürlich auch Chilly) großen Spaß
machten, oder die mir immer irgendwie wichtig waren. Nicht nur schöne
Hobby's fielen plötzlich weg, sondern auch unsere vielen und langen
Spaziergänge, Wanderungen zu geheimnisvollen Orten oder einfach nur in
die Natur, sind so wie früher gesundheitlich leider nicht mehr möglich!
Es gab kaum noch Menschen um mich herum, oder in meinem weitläufigen
Umfeld, die mich überhaupt einmal fragten: „Wie geht es dir?!"
Was mir noch blieb…
Meine treue Begleiterin, mein Schatten auf ihren vier Pfoten, meine
Vertraute, meine Chilly.
Sie war und ist immer für mich da, egal wie es im Leben kommt!
Ob tröstend und stupsend mit ihrer Schnauze in meiner Nähe, ihre Pfoten
auf meinen Händen, oder ruhelos wachend über mich.
Sie ist für mich mein ein und alles. Und nicht nur das!

Sondern auch mein bestes Medikament, die beste Therapie, mein großer Antrieb in all den Stunden, meine echte Motivation an manchen grauen und den dunklen Tagen, wenn der eigene Körper nicht mehr so richtig möchte oder die Gesundheit mir mal wieder einen Streich spielte.
Meine treue Seele von Chilly, was wäre ich denn ohne sie?!
Sie gibt mir Tag für Tag die Kraft zu leben, wo Menschen kläglich nur versagen. Tief im Innersten kann ich nur hoffen, dass uns noch viel gemeinsame Zeit verbleibt!
Trotz ihres hohen Alters, mein größter und mein einziger Wunsch.
Meine Chilly...

Danke, für all die tollen Jahre, Monate, Tage, Stunden.
Danke, dass es dich in meinem Leben und in meiner Welt gibt.
Meine Chilly, mein echter und gestreifter Seelenhund.

Katja Petersen

Und da war sie nun, meine Seelenhündin Nala

Einen Seelenhund findet mal wohl nur einmal im Leben, diese besondere
Beziehung, die man mit diesem einen Hund aufbaut, ist einfach einzigartig.
Nala kam in mein Leben als es mit nicht gut ging und ich kann bis heute
nicht sagen, wer wen gerettet hat.
Mein Leben lang gab es Hunde in meiner Familie, aller Art und die meisten
waren aus dem Tierschutz. Aber Nala war mein persönliches Wunder, das
genau im richtigen Moment zu mitkam.
Nala war schon hier in Deutschland, auf einer Pflegestelle im Saarland.
Dort auf der Pflegestelle ein kurzer Anruf (nachdem ich im Vorfeld schon
alles mit dem zuständigen Verein klären konnte) und es folgte bald der der
Termin zum Spaziergang, damit wir uns endlich kennen lernen konnten.
Die Familie die Nala zur Pflege hatte, hatten mehrere Hunde und waren
wirklich sehr herzlich. Also auf, zu unserem ersten Treffen.
Es war so schön, dieses große Rudel zu sehen und wie die unterschiedlichen
Rassen problemlos miteinander funktionierten. Natürlich hatte ich
Bestechungs-Material für die Hunde in der Tasche.
Da war sie nun, meine gestreifte Schönheit.
Ich sah sie an und war richtig Schock-verliebt.
Wir gingen ca. zwei Stunden spazieren und selbst in dieser Zeit bauten wir
schon eine kleine Verbindung auf. Ich hätte sie am liebsten von Kopf bis
Rute durch gekuschelt, aber mit aller Kraft hielt ich mich noch zurück, denn
sie war eine echte Angst-Hündin und wir kannten uns ja nicht so wirklich.
Vor allem aber wollte ich sie nicht schon bei unserem ersten Treffen
vollkommen überfordern. Gegen Ende des Spaziergangs wurde darüber
geredet, ob Nala wohl was für mich wäre?
Ich sagte ganz offen und ehrlich, dass ich mich mit dieser Rasse so gar nicht
auskennen würde, aber das Gefühl habe, dass es zwischen uns mehr als
passt. Auch die Pflegestelle hatte das Gefühl, das wir wirklich zusammen-
gehören. Selbst schon nach dieser kurzen Zeit und den wenigen Stunden.

Also, eine herzliche Verabschiedung am Auto und wir wollten nun zurück, auch für Mal all die Eindrücke und meine Gedanken zu sortieren.

Ich schloss mein Auto auf, dreht mich noch einmal um, um zum Abschied allen nett zu Winken und in diesem Moment, plötzlich und vollkommen unerwartet, ergriff Nala ihre Chance (zu unserer aller Überraschung!) und kletterte in mein Auto, legte sich auf die Rückbank, als würden wir uns schon ewig kennen und ich hätte sie gerufen.

Eins war uns allen sofort klar! Nala hatte sich für mich entschieden.

Noch am selben Abend hatten wir dann bei der Pflegefamilie den Adoptions-Vertrag unterschrieben.

Unser großes Abenteuer konnte nun beginnen!

Da war sie nun in meinem Leben, die ängstliche Hündin und sie strahlte mich mit ihren großen Augen an, mit einem ganz besonderen Blick, tief in meine Seele.

Es war alles wirklich neu für sie, doch sie taute sehr schnell auf und natürlich durfte sie auf unser Sofa. Reichlich kuscheln und auch abends mit ins Bett, das gefiel ihr über alles und bildete mehr als nur echtes Vertrauen in den ersten Tagen zwischen uns.

Wir lagen dann Rücken an Rücken, sie schnarchte ganz leise und sie gab mir Sicherheit. Die Sicherheit, die ich selber immer suchte und bei keinem Menschen fand. Wenn sie Sicherheit brauchte, weil da irgendwo gruselige gelbe Säcke auf der Straße standen, oder komische Mülltonnen, Tüten durch die Luft flogen oder sonst etwas komisch für sie war, gab ich ihr die Sicherheit die sie brauchte. Auch fremde Menschen waren zu Anfang etwas sehr Beängstigendes für sie.

Aber da hatten wir zwei wundervolle ältere Damen im Ort, die schon morgens immer Walken gingen. Meist kurz vor und oder hinter uns waren. Sie waren sehr tierlieb und fütterten die Vögel im Wald. Als sie dann feststellten, dass Nala sich vor ihnen (oder auch vor ihren Wanderstöcken) fürchtete, legten sie ihre Stöcke weg und ließen sie an sich schnuppern.

Nach einigen Tagen hatten sie sogar Leckerlies dabei.

Die beiden Damen waren so toll zu ihr, bedrängten Nala nie.

Erst warfen sie ihr die Leckerlies zu, dann fraß sie ihnen aus der Hand! Und dann kam der Tag, dass Nala plötzlich unerwartet losrannte und als ich sah wohin, dort atemlos ankam, stand sie bei den beiden älteren Damen und ließ sich füttern und bekuscheln.

Sie wurde mit jedem Jahr sicherer und auch ich wurde sicherer.

Wir zwei gegen den Rest der Welt!

Wenn ich heute manchmal lese: „Bardinos sind nichts für echte Anfänger", dann denke ich für mich, dass wenn du einen gesunden Hunde-Verstand hast und weißt, einem Hund das zu geben was er braucht, ist die Rasse vollkommen egal. Klar, man muss natürlich mit dem echten Sturkopf eines Bardino irgendwie klarkommen, auch die Eigenheiten und seinem speziellen Charakter der ihm in die Wiege gelegt wurde, vor allem das sie sehr selbstständig denken und auch handeln in manchen Momenten, findet man gemeinsam einen guten Weg.

Sie wurden / werden für bestimmte Aufgaben seit vielen Jahren so gezüchtet, auch um zum Schützen und zu wachen, was man ihnen anvertraut! Also stellte sich auch mir die große Frage:

„Was durfte nun meine sehr geliebte Nala schützen und bewachen?!"

Ich musste eine Weile wirklich überlegen, aber dann war mir sofort klar, was es sein würde. Nala ging einfach mit zu meiner Arbeit.

Ich arbeitete anfangs in einem Mutter-Kind-Heim.

Also schützenswertes gab es dort mehr als nur genug.

Im Haus bei uns lag sie sehr brav da und war froh, einfach nur ein Teil des Rudels zu sein. Wenn wir jedoch mit den Kindern draußen waren, zum Spaziergang oder auf den Spielplatz, da kam der Herdenschutzhund sofort unbestechlich in ihr durch. Und das durfte sie auch, denn sie war nie aggressiv. Wollte aber ein Fremder an einer dieser Kinderwagen, nur um einen Blick hinein zu werfen, stellte sie sich sofort davor, dass dieser Mensch auf Distanz gehalten wurde.

Nicht aggressiv, aber es wurde nichts verhandelt! Sie konnte sehr gut unterscheiden, ob sie jetzt beschützen solle, oder besteht nun große Gefahr, vor allem für mein Frauchen?!

Bei einem Spaziergang durch die Felder, lief sie plötzlich los und stellte sich seltsam mit dem Kopf nach unten hin, baute sich förmlich und warnend auf! Zunächst für mich ein Rätsel, aber als ich in den Himmel sah, kreiste über uns ein Milan, wirklich sehr bedrohlich wirkend.

Als ich allerdings zu Nala kam, dachte ich zuerst sie frisst etwas oder leckt auf etwas rum. Doch dann sah ich, dass sie über einem Baby-Häschen stand und es vor dem Milan schützte.

Sie hatte diesem Hasen nichts getan, sie war nur um ihn besorgt.

Ein andermal waren wir ein Gassi-Ründchen drehen und trafen im Wald Leute, die dort mit einem ganzen Bündel von Hunde-Welpen vergnügt spielten. Nala spielte eine Weile mit, bis ich mich von den Leuten verabschiedet habe, um endlich wieder weiter zu gehen.

Plötzlich kam sie mit einem Welpen angetapst, so nach dem Motto: „Kann ich den behalten?!"

Allerdings gab es auch so manche Situationen, wo ich mehr als nur die Luft anhielt! Denn wenn sie mal wieder fremde Menschen stellte, da wurde mir wirklich Angst und Bang, dass sie doch irgendwann zubeißt, wenn dieses Subjekt nicht stehen bleibt oder gar sportlich flieht.

Unseren Nachbar, ein absoluter Tier-Hasser in jeder Form, stand so manches Mal richtig stramm und voller Angst in seinen Augen in unserem heimischen Garten, wenn er Mal wieder die Abkürzung über unser Grundstück nehmen wollte und Nala ihn sah und warnend angrollte.

Dieser Hund hatte so viel Liebe in sich getragen und in diese Welt verteilt.

Aber sie hatte auch all den Menschen die sich nicht mochte, sofort und immer deutlich gezeigt, hier ist STOPP für dich mein Freundchen!

Als sie ihre innere Sicherheit gefunden hatte und auch ich wieder meine Sicherheit hatte, begann Nala Menschen regelrecht zu therapieren, die scheinbar echte Angst vor Hunden hatten.

Wie jeder Hund es spürt, roch sie diese Angst.

Ich nannte es „Rückwärts einparken". Sie ging dann rückwärts zu der Person hin, so dass der Hintern an deren Beinen andockte. Und wenn sie dann nicht gestreichelt wurde, setzte oder legte sie sich immer auf deren Füße.

Das muss man erst einmal verstehen, was dieser Hund da machte?!

Viele fanden das toll, weil der beängstigende und gestreifte Kopf mit den langen scharfen Zähnen nicht drohend zu ihnen schaute.

Doch auch solche Hunde werden irgendwann mal alt.

Die Nase grau, die Spaziergänge immer kürzer.

Du weißt schon am ersten Tag, wenn du deinen Hund bekommst, dass er dich (in der Regel) leider nicht überleben wird.

Wenn wir alleine auf dem Sofa saßen und sie mich tief mit ihren Augen ansah, sagte ich oft zu ihr: „Du darfst nicht sterben, du darfst mich nicht verlassen, du musst hundert Jahre alt werden!"

Für diesen ganz besonderen Hund hätte ich mein eigenes Leben sofort gegeben. Meine Nala ging im Mai 2022 über diese Regenbogenbrücke.

Sie wurde auf ihrem Lieblingsplatz in unserem Garten begraben.

Oft stehe ich auch heute noch da im Garten, denke nur an sie und spreche auch mit ihr.

Manche mögen mich jetzt beim Lesen meiner Zeilen für vollkommen verrückt halten, aber sie ist noch immer hier bei mir!

In meinem Herzen, in meiner Erinnerung und auch in meinen Gedanken.

Ich bitte sie um Rat, in vielen Lebenslagen, manchmal auch nach Tipps für meine jetzige Hündin. Sie ist auch aus dem Tierschutz und auch sehr ängstlich, ähnlich wie damals meine Nala. Ich bitte Nala dann darum, meiner Bonnie einfach nur zu sagen, dass ich ihr niemals etwas Böses wolle.

Nala fehlt mir wirklich sehr!

Tag für Tag muss ich an sie denken, mein gestreifter Seelenhund.

Bei ihrem letzten Atemzug lag sie in meinem Arm, ich hielt ihren Kopf und bat sie nicht zu gehen.

Ein letzter tiefer Seufzer, doch dann hörte ihr Herz auf zu schlagen und für mich hörte sich die Welt vollkommen auf zu drehen.

Ich hatte innerlich das Gefühl, mit ihr zu sterben!

Mir ist klar, dass nicht immer alles nur ein Sonnenschein war und ich viel Geduld und Kraft brauchte. Aber wir waren mehr, als nur ein starkes Team und all die vielen schönen Momente, Stunden, Tage, Monate und Jahre, die mir meine kleine Sonne auf vier Pfoten geschenkt hatte, sind unbezahlbar. Die Erinnerungen kann mir keiner mehr nehmen und sie werden für immer in meinem Herzen wohnen.

Ich hätte jetzt noch weitere 100 Seiten schreiben können, in denen ich alles ausführlich von meinem Seelenhund Nala und unserem Leben erzählen könnte. Aber das hätte wirklich das Buch hier und in seinem Rahmen vollkommen gesprengt.

Also habe ich versucht, in Kürze und in wenigen Zeilen zu verfassen, was Euch als Leser vielleicht zum Schmunzeln bringt, oder ihr eine Vorstellung von diesem wundervollen Wesen bekommen konntet, das ich mit einem Blick zurück, heute meinen Seelenhund nennen darf.

Ich wünsche jedem Menschen so ein wundervolles und sehr besonderes Wesen an seiner Seite. Das so ein Stück weit die eigene Seele heilen kann!

Ein Wesen, das dich wortlos versteht, treu in deinem Leben begleitet und grenzenlos liebt.

Wenn ich traurig war, war sie immer sofort da für mich und brachte mich zum Lachen, oder schmuste sich sehr eng an mich heran.

Wenn ich richtig wütend war (auf was auch immer), konnten wir gemeinsam und vertraut durch den Wald rennen, um den Kopf mehr als nur frei zu bekommen und tief durch zu atmen.

Wenn ich ängstlich war, war sie mein Schutz, mein Schatten und mein treuer Wächter.

Wie sagt ein sehr bekannter und besonderer Hunde-Trainer am anderen Ende der Welt so treffend: „Man bekommt nicht den Hund den man will, sondern man bekommt den Hund, den man braucht und auch verdient!"

Meine Nala, du fehlst mir sehr und jeden einzelnen Tag in meinem Leben!
Mein Seelenhund und unvergessen...

Conny Darge

Kapitel 6

Einer dieser verdammten Tage

Seelenwanderung

Ich habe im Laufe meines Lebens bei zwei Hunden das Gefühl verspürt, dass ich diese Hunde kenne, obwohl ich sie nicht einmal persönlich kannte.
Es waren die Blicke dieser Hunde, ihre Augen und das gesamte Erscheinungsbild, in denen ich etwas absolut Vertrautes glaubte, irgendwie sehen zu können.
Ich fühlte mich bestätigt, als ich diese Hunde bei mir aufnahm und dieses erste Gefühl von Fremdheit einfach nicht eintrat.
Diese Hunde haben sich so selbstverständlich vertraut verhalten, sich so vertraut angefühlt, dass mich mein Gefühl bestätigte, diese Tiere irgendwie bereits zu kennen. Normalerweise lernt man ein Tier über die ersten Tage kennen. Ihre Reaktionen sind einem eigentlich noch fremd, ihr Aussehen ist neu und unbekannt, man tastet sich an sie langsam heran.
Man versucht sie kennen zu lernen, ihre Stärken und Schwächen herauszufinden.
Die Vertrautheit tritt in der Regel dann schnell ein, aber halt nicht sofort.
In diesen zwei Fällen war es völlig anders.
Ich hatte das Gefühl, ihre Verhaltensmuster, ihre Reaktionen zu kennen, sodass vieles genauso ablief, wie ich glaubte, es zu wissen, vor allem wie es ablaufen wird.
Ich habe mir viel Gedanken darüber gemacht, woran das liegen könnte?
Liegt es an einer evtl. Ähnlichkeit im Aussehen gegenüber einem verstorbenen Tier?

Fokussiert man ein persönliches Wunschdenken, sodass man nur das sieht, was man sehen will? Genau das glaube ich letztendlich nicht!

Denn so einfach kann es nicht sein. Ich kann mir ein Tier nicht über ein eigenes Wunschdenken hinaus so formen, wie man es vielleicht gerne hätte. Bei Rivan war ich so unglaublich vertraut, die bereits vorhandenen Hunde allerdings nicht, dass war mehr als sehr eindeutig.

Aber der Hund, den ich glaubte in ihm wiederzuerkennen, lebte lange vor der Zeit, als meiner zu der Zeit schon vorhandenen Hunde.

Bei Marvel war es nicht nur die Vertrautheit mir gegenüber, sondern zusätzlich die Vertrautheit gegenüber den vorhandenen Hunden.

Aber bei meinem Gefühl, welches mich hier getrieben hatte, würde es sich auch tatsächlich um eine Seele handeln, die meine vorhandenen Hunde bereits kannten und Wunschdenken hin, oder Wunschdenken her, genauso ist es vom ersten Moment angelaufen.

Eine Selbstverständlich im Umgang mit uns und den vorhandenen Hunden, sogar bei unseren täglichen und gewohnten Abläufen, war dies einfach unfassbar deutlich vorhanden. Es gibt einfach Dinge zwischen Himmel und Erde, die für uns und in unserer persönlichen Wahrnehmung selbst existieren, oder aber auch nicht.

Wenn man bedenkt, dass unsere menschlichen Sinne nicht einmal in der Lage sind, Dinge auf dieser Welt zu sehen oder zu hören, die es durchaus gibt, dann sollten wir auch nicht so hochmütig sein, Dinge als unmöglich zu erachten, nur weil sie von uns über eine Art Gefühl wahrgenommen werden. Oftmals sprechen wir von Schicksal, einem persönlichen Schutzengel und vieles mehr, weil wir Verbindungen zu Erlebnissen herstellen, die nicht eindeutig erklärbar sind.

Aber wenn ein komisches Gefühl mich zögern lässt und ich aus diesem Grund 10 Minuten später in mein Auto steige und sich herausstellt, dass ich wahrscheinlich in einen schweren Massenunfall verwickelt worden wäre, wäre ich zur normalen Zeit mit dem Auto losgefahren, dann fällt es mir persönlich schwer, nicht an einen Schutzengel zu glauben.

Wenn ich spazieren gehe und völlig gegen meine Gewohnheit einen
anderen Weg einschlage und auf diesen Weg ein hilfloses und verletztes
Katzenbaby finde, fällt es mir schwer, nicht zu glauben, dass das Schicksal
an diesem Tag mir den Weg gewiesen hat.
Manchen Dingen kann man zu viel Bedeutung schenken, aber bedeutenden
Dingen sollte man nicht zu wenig Beachtung zukommen lassen.
Ich persönlich glaube fest daran, dass unser Leben deutlich mehr ist, als ein
kleines Stück biologisch erklärbare Entwicklungs- und Evolutions-
Geschichte. Und nicht alles im Leben kann man mit den richtigen Worten
immer nur erklären. Denn es gibt sie, all diese Dinge zwischen Himmel und
Erde, die einfach nicht erklärbar sind!

Anuschka Schöle 

06:00 Uhr morgens, irgendwo in einem leeren und sehr stillen Zuhause

Jetzt sitze ich hier, schlürfe endlos Kaffee und rauche eine Zigarette nach der anderen.
In Gedanken verloren, Leere, Stille und das Herz brennt wirklich endlos.
Den wundervollsten, wichtigsten Weg-Begleiter und treuen Freund verloren, dem eigenen Leben fehlt es an gewohnter Struktur, kein normaler Alltag möglich. Tränen bahnen sich ihren endlosen Weg über meine Wangen, wenn ich dein leeres Körbchen sehe.
Das ist das wahre Leben, gnadenlos und nicht immer schön!
Aber auch ein großes Stück persönlicher Halt im eigenen Leben ist einfach so verloren gegangen. Dies nennt sich „Leben" und auch der bittere Tod gehört immer wieder dazu!
Heute war mal wieder einer dieser verdammten Tage, wo ich wach wurde und mir mein treuer Freund an meiner Seite fehlte.
Kein vertrauter Stupser mit der Pfote oder seiner feuchten Nase, kein vertrautes und morgendliches Wecken, wie in all den vergangenen Jahren.
Gestern war der Tag gekommen, wo ich ihn gehen lassen musste, nach all den gemeinsamen und schönen Jahren. Mehr als nur ein sehr harter, sehr trauriger und letzter gemeinsamer Weg, im großen Spiel des Lebens.
So viel haben wir gemeinsam erlebt, hatten endlosen Spaß, erkundeten die große Welt. Und was blieb von allem übrig? Eine große Stille, leere Räume, ein gebrochenes Herz und unzählige Gedanken.
Aber es blieb auch die Erinnerung, die Erinnerung an einen wundervollen Freund, meinen treuen Weggefährten, meinen Wächter, mein Vertrauter, mein Schatten…mein Seelenhund!

Stefan klink

Shiva war mein Herzenshund

Leider viel zu früh und unerwartet vor wenigen Wochen gegangen.
Shiva war mein Herzenshund, mehr als nur eine sehr treue Begleiterin.

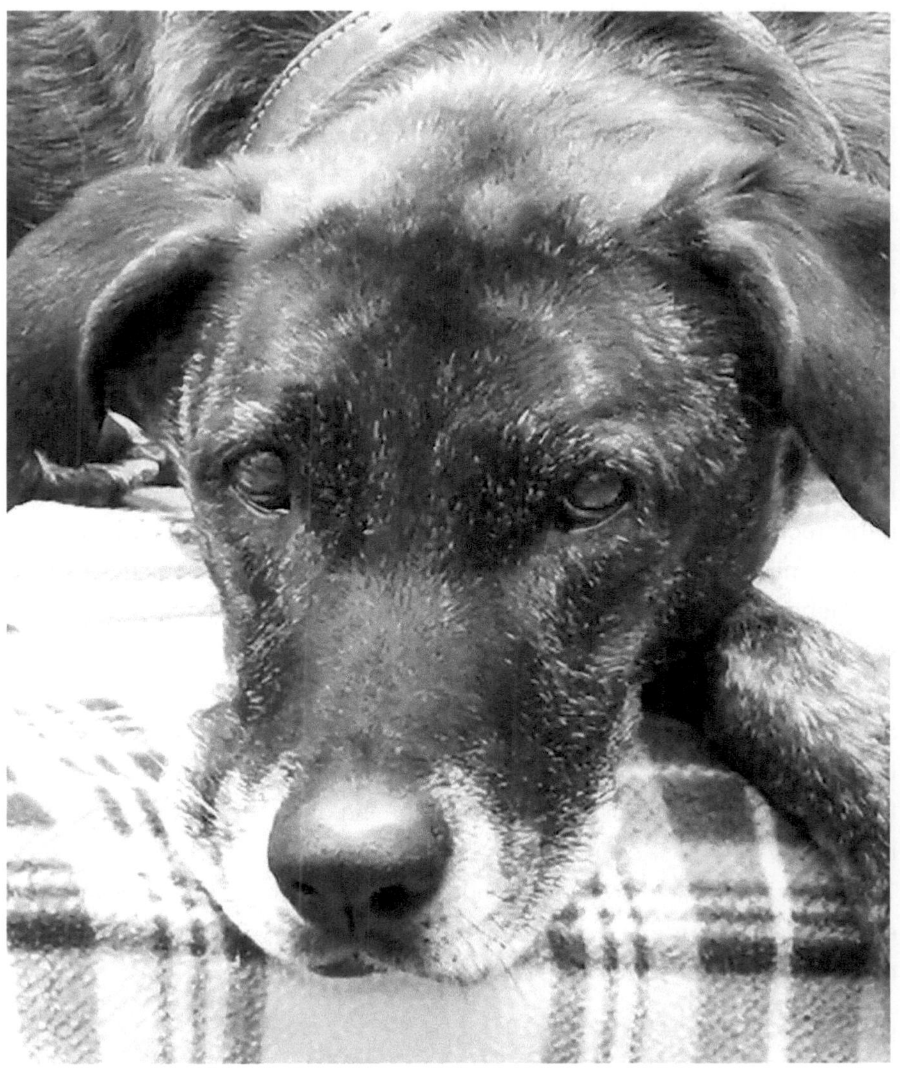

Aber Shiva war nicht mein Seelenhund und sie war mein gestreiftes
Mädchen, was ich wirklich mehr als nur über alles liebte.
Sie war von Anfang an in meinem Haus eine absolut liebe Maus, aber
sobald eine Türe nach draußen geöffnet wurde, hat sie richtig Gas gegeben.
Hauptsache weg, einfach nur weg!
Denn Menschen und viel zu große Nähe waren nicht gerade ihr großes Ding.
Alles brauchte seine Zeit, auch das Vertrauen und vor allem eine gewisse
Nähe eines Menschen. Auch die Erkenntnis, dass der Gartenzaun für sie die
falsche Höhe hatte. Denn sie hatte einen grenzenlosen und sehr starken
Jagd-Trieb! Was in unserem Alltag nicht immer einfach war.
Shiva war wirklich eine wundervolle Hündin und sie bereicherte mein
Leben, auf ihre ganz spezielle und liebevolle Art.
Aber es gab auch eine gewisse Schattenseite bei ihr, was man einen
unschlagbaren Sturkopf nennen konnte!
Sie konnte ihre Menschen penetrant und gnadenlos übersehen, richtig
überhören, ignorieren und wirklich ihren sehr eigenen Kopf durchsetzen!
Ihr „Bardino"- Blut sorgte dafür, dass sie mein Bodyguard, mein
unbestechlicher Wachhund und mein großer Schatten war.
Sie gab mir Halt in dieser Welt und auch in meinem Leben und sie war mir
das Liebste, was ich in den letzten zwölf Jahren treu an meiner Seite hatte!
Nun ja, einen Seelenhund hatte ich auch in einem anderen Leben zuvor an
meiner Seite, aber das ist eine andere Geschichte und sehr lange her.
Shiva war mein großer „Herzens-Hund", gab mir wirklich mehr, als ich von
ihr erwartet hatte.
Es fällt mir gerade wirklich sehr schwer, die ein oder andere Zeile über
meine Shiva und was sie mir bedeutet hatte, hier zu schreiben. Denn ihr
Tod beschäftigt mich noch immer und nichts ist mehr so, wie es vorher
einmal war. Unvergessen und in meinem Herzen lebt sie einfach weiter,
meine Shiva, mein echter Herzenshund.

Heidi Razborsek

Der Tag wird kommen

Der Verlust und der tiefe Schmerz über das verlorene Tier, welches
NIEMALS mehr zu uns zurückkommen wird, welches wir niemals mehr
anfassen können, niemals mehr knuddeln können, ist sowieso da und etwas
bleibendes für uns und fühlt sich noch lange Zeit sehr schmerzhaft an.
Aber ich habe es immer so erlebt, dass die Aufnahme und damit folgende
Fürsorge für einen neuen armen Schatz, auch trotzdem wunderschön sein
kann. Deshalb vergisst man den verstorbenen trotzdem niemals, deshalb
hintergeht man den verstorbenen zu keiner Zeit.
Man lässt sich wieder auf eine neue Liebe ein und sie tut uns BEIDEN gut.
Man muss aus seinem Herzen keine Mördergrube machen und der Tag, an
dem ein neuer oder anderer Hund ein Zuhause bekommt und wieder
geliebt wird, ist für alle nur ein Gewinn.
So sehe ich das, so werde ich es immer sehen und auf diesem Weg hoffe ich
in Folge immer wieder, diese wundervollen Wesen an meiner Seite nicht
missen zu müssen.
Dieser eine ganz bestimmte Tag wird hart genug, aber er wird kommen, an
dem man sich selbst vielleicht dafür entscheiden muss, keinen Hund mehr
an seiner Seite zu haben, weil das eigene Alter und oder Krankheit einfach
nur dagegensprechen.
Das dürfte in meinem Leben die Zeit werden, die ich schon heute als fast
trostlos bezeichnen würde.

Anuschka Schöle

Die Jahre vergehen...

Freunde kommen, Freunde gehen!
Wieder eine neue Narbe mehr, tief im Herzen.

Leere, Stille und auch Trauer!
Was bleibt, sind all diese Narben tief in meinem Herzen.

Aber eins bleibt auch für alle Ewigkeit, das ist die Erinnerung!
Die wird uns niemand nehmen.

Tag für Tag, Nacht für Nacht, vergesse dich nicht.

Ich denke so oft an dich, danke für jeden gemeinsamen Tag,
den das Leben uns schenkte.

Für meinen „Kleinen", wo immer du jetzt bist...du fehlst!

Danke, dass wir uns begegnet sind.

Danke mein „Kleiner", für all die schönen und gemeinsamen Stunden.

Danke mein gestreifter Freund und „Hund mit Streifen",
dass wir beide ein Stück Lebens-Weg gemeinsam gehen durften!

† Pablo, 05.06.2021

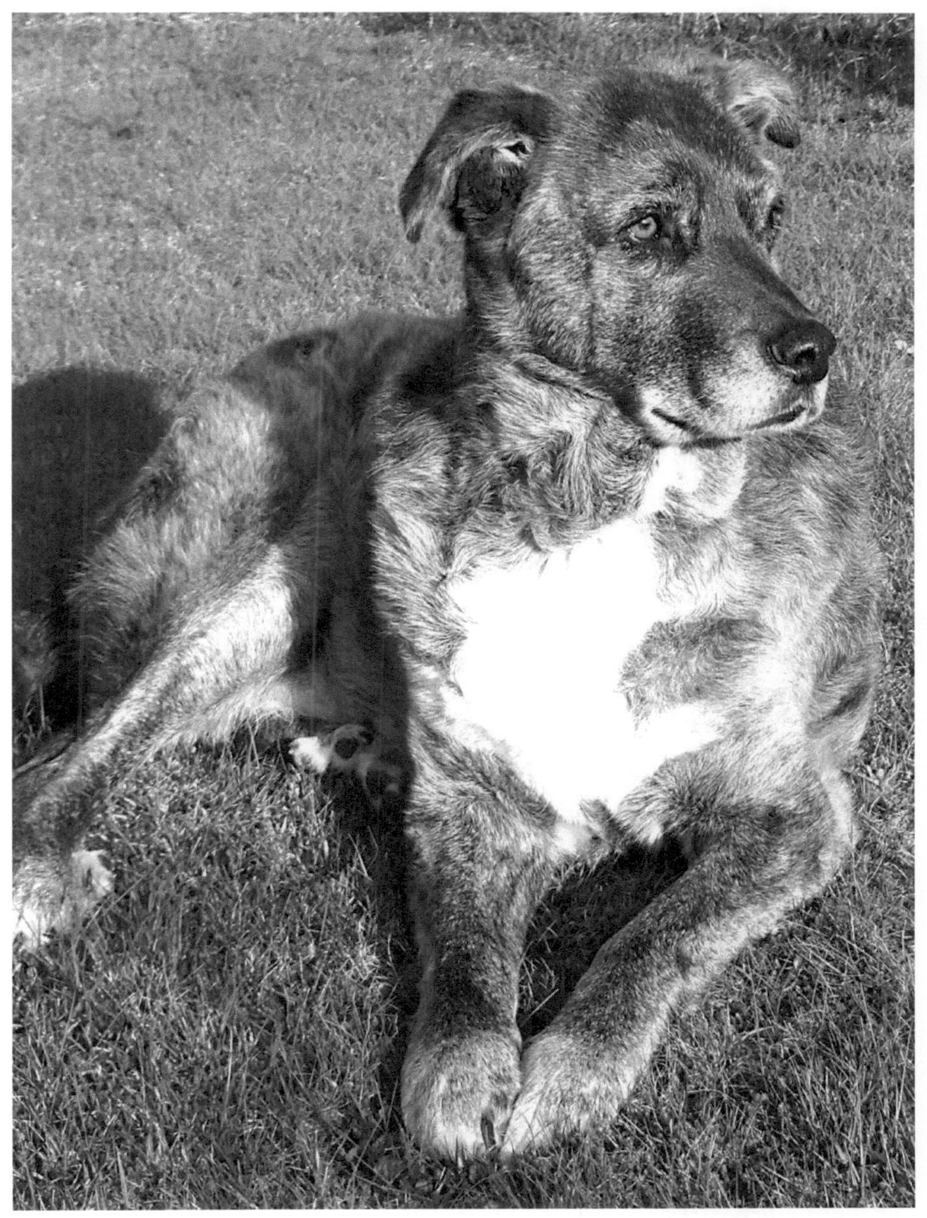

Und immer wieder die große Frage nach dem „WARUM"???

Es ist schon viele Jahre her, als wir uns das erste Mal begegnet sind.
Lange ist es her, als unsere Blicke sich das erste Mal trafen.
Unsere Füße trugen uns weiter und immer weiter, auf dem großen, langen
und gemeinsamen Weg des Lebens.
Viele begegneten uns auf unserem Weg, Freunde kamen, Freunde gingen.
Du bliebst treu an meiner Seite, gabst mir Kraft, passtest auf mich auf.
Danke mein kleiner Freund, dass es dich gab in meinem Leben!
Einer dieser verdammten Tage…
Zwei Jahre ist es jetzt schon her, als du gegangen bist.
Mein bester Freund mit all den Streifen.
Ein letztes Leuchten in deinen großen Bernstein-Augen, ein letzter großer
und sehr tiefer Atemzug.
Ein letzter Herzschlag nur für mich, als du in meinen Armen eingeschlafen
bist. Kein Wiedersehen, kein Lebewohl, viel zu früh, einfach so…
Still und heimlich, auf ganz leisen Pfoten.
Nicht einfach nur ein Freund, nicht einfach nur ein Hund!
Sondern einer von den Freunden, mit denen man ein großes Stück
Lebensweg gemeinsam gegangen ist, vieles gemeinsam erlebt hatte,
gemeinsam diese Welt eroberte, blindes Vertrauen, ohne große Worte.
In guten wie in schlechten Tagen.
Mache es gut mein kleiner und gestreifter Freund, wo immer du jetzt bist!
In Gedanken und ewiger Dankbarkeit immer nah bei dir.
…auf deiner letzten Reise und den letzten Metern deines Weges.
Jetzt stehe ich hier, fühle den Wind der Ewigkeit…
Schaue weit auf das endlose Meer hinaus…
Sehe all die Sterne am Abendhimmel leuchten…
Wohin auch immer der Wind dein Blatt getragen hat…
Irgendwo, irgendwann, in einer anderen Welt…
Ich werde dich suchen…und ich werde dich finden…

Wenn mein letzter und dieser eine verdammte Tag auch für mich gekommen ist, der uns beide wieder vereint, in einer anderen und vielleicht besseren Welt, werden wir uns dann wiedersehen, mein kleiner und gestreifter Freund...

Stefan Klink

PS: Wie schrieb eine wundervolle und sehr beeindruckende Sängerin so treffend in ihrem Song-Text für ein neues Lied („We will find you...") ihrer Gruppe „Clannad", das ich immer wieder höre und was mich auch persönlich sehr bewegt:

„Wohin auch immer du gehst...

Ich werde dich finden!

Dort, wo es keine Grenzen gibt...

Wohin auch immer du gehst...

Ich werde dich finden!

Selbst wenn es tausend Jahre dauern sollte..."

Das Herz in Trümmern

Wir stehen da, alleine und das Herz in Trümmern, die Seele vollkommen
leer und manchmal möchten wir ihnen folgen, wenn wir sie schon nicht
aufhalten können.
Es schmerzt so sehr, dass man es kaum ertragen kann!
Ein Leben ohne meinen Seelenhund konnte ich mir nie vorstellen, ohne
meine Seelenhunde. Sie gingen und ich blieb allein zurück, mit
gebrochenem Herzen und voller Wehmut.
Doch dann spürst du sie, immer noch stets an deiner Seite.
Und irgendwann, dann wenn es soweit ist, spürst du etwas, eine Sehnsucht,
eine Wärme, ein „es ist an der Zeit" und du blickst in zwei Augen und spürst
einen Hauch. Wie ein zartes flüstern „das ist die Seele, die du nun retten
musst! Für sie habe ich Platz gemacht."
Und diese eine Seele wirst du retten und sie rettet dich!
Ein neuer Seelenhund zieht ein, begleitet dich hier auf Erden und du wirst
wissen, dass es gut ist.
Es wird anders sein, kein Ersatz, nur eine neue Seele an deiner Seite.
Aber du wirst spüren, dass diese Seele mit dir innig vereint sein wird und
dass stets unsichtbar die alte Seele immer anwesend ist und euch begleitet.
Sie verlassen uns nicht, niemals, sie sind immer an unserer Seite.
Sie machen nur Platz für die nächste Seele die gerettet werden muss und
die dich damit rettet. Sie treten nur ein Stück beiseite, damit wieder etwas
Wundervolles neu entstehen kann. Damit wieder eine Seele Frieden findet.
Es ist ein ewiger Kreislauf, den nur die Menschen spüren, die sich wirklich
darauf einlassen. Es sind die Menschen selbst, die auserwählt werden,
einsame Seelen zu retten und manchmal auch für selbst den eigenen
Frieden irgendwo zu finden.

Elke Bursch

Kapitel 7

Geschichten zwischen „Zeit & Raum"

Manche Dinge kann man einfach nicht sehr gut erklären

Anouk und Lucie (wohl unsere einzige echte Bardina aus Fuerteventura)
sind ein echtes Team. Sie passen zusammen auf unsere neuen alten Hunde
auf, sie stellen sich voreinander, wenn es droht, Ärger zu geben und sie
bewachten zusammen meinen verstorbenen Schwiegervater.
Er durfte zu Hause sterben und wurde nach seinem Tod vom Rettungs-
Dienst in einen Sessel gesetzt. Die Familie kam zum Verabschieden.
Wir natürlich mit den Hunden. Irgendwann fuhren die meisten nach Hause,
mein Mann und ich gingen dort schlafen, nur meine Schwiegermutter
wollte noch bei ihrem Mann bleiben. Lucie und Anouk blieben bei ihr (für
Lucie auf jeden Fall untypisch, sie schläft sonst immer bei uns).
Morgens erzählte meine Schwiegermutter, dass sie eigentlich zur Toilette
wollte, aber nicht richtig von ihrem Mann weggehen wollte.
Lucie ist dann aufgestanden. So vom Hund animiert, stand Schwiegermutter
auch auf, erzählte uns, dass Anouk ihr mit den Blicken gesagt habe, sie
könne ruhig gehen, er passe auf. Lucie hat sie dann begleitet, Anouk blieb
dort. Als sie wieder ins Bett gehen wollte, passierte ähnliches.
Lucie kam anschließend zu uns und Anouk lag die ganze Nacht bei meinem
Schwiegervater, bis seine Frau wieder da war.
Anouk weiß, was Tod bedeutet. Natürlich weiß er das. Er kennt die
Tötungsstation. Er weiß, wie es riecht, er kann erahnen was passiert.
Außerdem weiß er immer sowieso alles!
Letztens gingen wir an einem überfahrenen Eichhörnchen vorbei.

Ich trauerte um diese Seele, aber Anouk gedachte diesem Leben.

Anouk blieb noch länger am Straßenrand stehen, schaute das Eichhörnchen an, schaute in die Welt und es war deutlich, dass er vor allem um die Sinnlosigkeit dieses Todes trauerte.

Er brauchte ein bisschen Zeit, bis auch er wieder weitergehen konnte.

Mein Mann und ich arbeiten beide im Krankenhaus.

Haben wir einen Verstorbenen, riecht Anouk noch länger und andächtiger an uns als sonst. Je nachdem, wie dieser Tod stattgefunden hat, dreht er schnell ab oder wird ganz andächtig und ruhig. Mal ehrlich, verstehe mal jemand diesen Hund und was mag wohl in ihren Köpfen vor sich gehen?!

Lucie dagegen ist hellsichtig. Bei ihr ist es anders, als bei Anouk.

Für dieses umfassende Wissen ist sie, glaube ich zumindest, viel zu unsicher. Aber sie weiß irgendwie immer schon vorher, was in bestimmten Situationen passieren wird. Besonders, wenn es um ihren Anouki geht.

Wenn wir ihr bei dem Wolfskrallen schneiden weh tun werden, schreit sie schon eine Sekunde vorher. Jetzt achten wir dabei mehr auf sie.

Als unsere Sena starb, jaulte sie bei ihrem letzten Atemzug, wurde dann ganz ruhig und seufzte tief, als Senas Herz aufhörte zu schlagen.

Manchmal weiß sie, wenn mein Mann und ich uns anrufen wollen.

Sie springt genau eine Sekunde vorher auf, bevor jemand überhaupt zum Telefon greift. Sie verkriecht sich oder jammert immer irgendwo im Haus, bevor etwas Unangenehmes passiert. Und natürlich kennt sie ganz genau die richtige Fressens- / Schaffens- / Gassi-Runden-Zeit, was bei uns durch Schichtdienst nicht immer so einfach ist. Unser schlaues Mädchen!

Ich könnte noch so viele merkwürdige und fast unglaubliche Beispiele nennen und ich weiß, dass ich mich auf sie verlassen werde, wenn sie bei stärkerem Wind mal einen bestimmten Weg im Wald nicht gehen möchte.

Miriam Berthold

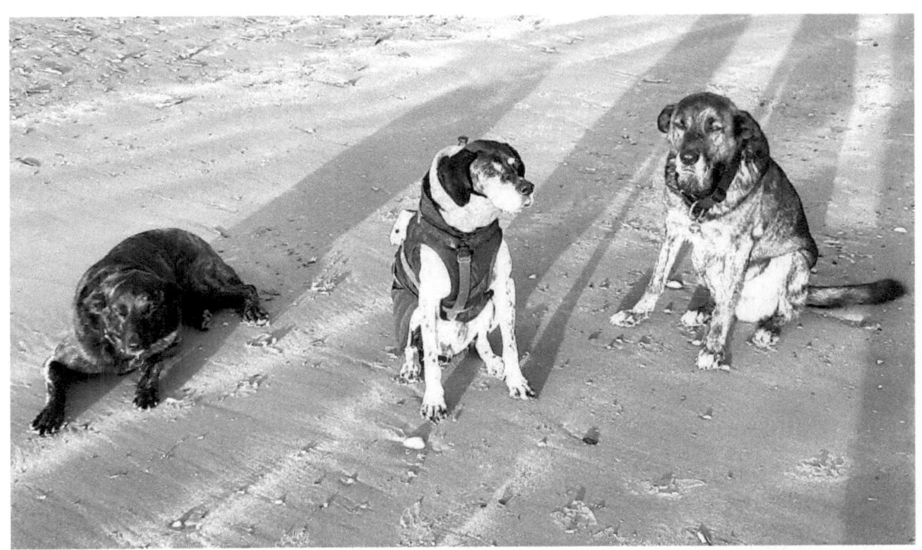

Und dann kam Dana

Kann es sein, dass es eine Verbindung zwischen dem auf der Erde trauernden Menschen und den über die Regenbogenbrücke gegangenen Seelenhunde gibt?

Diese Frage habe ich mir immer wieder gestellt und ja, davon bin ich inzwischen wirklich mehr als nur überzeugt! Ich glaube wirklich, dass es eine starke Verbindung zwischen Himmel und Erde gibt und dass mir meine Bella zum Trost und gegen meine große Trauer unsere Dana geschickt hatte. Da bin ich mir da ganz sicher und dass kam so:

Kurze Zeit nach dem Tod von meiner Bella rief unser damaliger Tierarzt an und hatte eine Bitte an mich / uns.

Es gab da ein Dalmatiner-Welpen-Mädchen, das dringend für ca. drei Monate eine Pflegestelle brauchte und ob wir dazu bereit wären?

Natürlich waren wir das zu diesem Zeitpunkt und auf die Schnelle wirklich nicht! Denn wir waren noch voller Trauer um unsere Bella.

Aber wir überlegten dann doch immer wieder, alleine schon deswegen, weil wir unseren Tierarzt persönlich sehr mochten. Ehrlich gesagt fanden wir auch, es wäre ja nur ein sehr kurzer Zeitraum und das kleine Mädchen braucht wirklich unsere Hilfe. Also sagten wir als Pflegestelle zu.
Der Tag war schnell gekommen und dann kam unser „Pünktchen" namens Dana in unser Leben. Ein allerliebstes kleines Hundekind mit einem blauen und einem dunklen Auge, unzählige lustige Tupfen auf dem Fell und außerdem leider taub. Es war nicht leicht und wir alle mussten einiges dazu lernen, Dana und auch vor allem wir, mit dieser Taubheit umzugehen.
Aber wir lernten schnell.
Ja und darüber wurden wir dann richtige und echte Pflegestellen-Versager! Wir mochten sie nicht mehr hergeben und nicht das wir Bella dabei vergaßen, denn wir sahen es als „IHR" Geschenk an uns, damit wir unsere Trauer besser verarbeiten konnten, nicht zuletzt ein Platz in unserem Herz verschenken, wo eine große Lücke war.
Die Zeit war nicht sehr lange, seit ihrer Ankunft bei uns zuhause, als Danas menschlicher Papa sehr krank wurde.
Irgendwie ein schlechtes Timing für einen Hund in einer neuen Welt.
Unser Sohn nahm dann Dana zu sich und etwas Besseres hätte ihr nicht passieren können!
Sie bekam ein sehr liebevolles und wunderschönes Zuhause, mit großem Garten und bekam auch später noch einen männlichen Kumpel.
Sie war rundum glücklich, endlich angekommen und wir alle waren sehr zufrieden, mit dieser schönen Lösung.
Danke Bella, für diese Entscheidung und danke, dass du uns Dana in unser Leben geschickt hattest.
Auch wenn man dies Außenstehenden nur sehr schwer erklären kann.
Dana war mein geliebter Herzenshund, aber einen echten Seelenhund gibt es nur einmal im Leben! Bitte versteht das richtig.
Dana wurde von uns allen sehr geliebt, bis zu ihrem letzten Atemzug.

Sie ruht nun in einer wunderschönen Urne im Haus ihrer menschlichen Eltern, für immer unvergessen!

Barbara Belz

Ein Versprechen habe ich nicht eingehalten!
Dinge zwischen Zeit und Raum, die man schwer erklären kann…

Als Scapolo über die Regenbogenbrücke ging, sagte ich mir, es kommt „Nie"
wieder ein Hund ins Haus. Ich wollte diese Trauer, diesen tiefen Schmerz
und diese Angst um einen treuen und verlorenen Freund, nicht noch einmal
erleben. Auch versprach ich es Scapolo.
Ich wusste, so einen wundervollen und einzigartigen Hund bekomme ich
nicht noch einmal in meinem Leben geschenkt.
Scapolo war mein erster Hund. Für Anfänger einfach super!
Auch wenn er seinen Dickkopf hatte und manchmal Stur wie ein Panzer
war. Er war mein Lehrer in vielen Dingen.
Er zeigte mir mit ganz viel Geduld, auch das es nicht immer „mit dem Kopf
durch die Wand" geht und auch nicht mit der Brechstange.
So lernte ich sehr viel von ihm und er den Grundgehorsam von mir.
Dass ich dieses Wissen irgendwann mal gebrauchen würde, wusste ich
damals noch nicht. Scapolo wurde später als „Gift-Köder-Suchhund"
ausgebildet. Für einen echten Straßenhund schon nicht schlecht.
Scapolo und ich durften wunderschöne zwölf Jahre gemeinsam verbringen,
bis er seine Flügel bekam. Eigentlich sollte es keinen Nachfolger von
Scapolo geben. Auf der anderen Seite wollte ich immer einem schwarzen
und ängstlichen Hund ein neues zu Hause schenken. Einen Hund, den
eigentlich niemand wollte! So ging es immer wieder gedanklich hin und her.
Warum eigentlich einen Angst-Hund? Ganz einfach!
Weil man mit ihnen viel arbeiten muss, nicht zuletzt auch eine echte
Herausforderung auf vier Pfoten, die eher keine echte Chance auf eine
Vermittlung und eine Adoption in ihrem Leben in Heimen usw. haben!
Sie brauchen Zeit und ganz viel Geduld, das ich ja von Scapolo gelernt hatte.
Warum schwarz? Weil viele Hunde mit schwarzem Fell im Tierheim keine
Chance haben, überhaupt vermittelt zu werden. Warum auch immer?!
Genau einen Monat später, nach Scapolo´s Tod, zog Dilla bei uns ein.

Eine griechische Angst-Hündin. Sie hatte kein schwarzes Fell, sondern
braunes. Sie lebte vorher bei einem Jäger und er hatte sie einfach so
entsorgt, weil sie nicht „Schussfest" ist. Auch Kinder hatten sie dort immer
wieder misshandelt, in diesem verdammten Zuhause und echter Qual.
Leider durfte Dilla nicht ins Tierheim.
Sie wurde an der Kette hinter Sträuchern und Büschen gehalten und
versteckt. Futter und Wasser bekam sie, mehr aber auch nicht!
Keine Liebe ihrer Menschen, keine Geborgenheit, auch kein Vertrauen oder
eine schützende Hand. Bis wir die Bilder sahen.
Aber konnte das wirklich gut gehen? Einen Hund, den man nicht einmal
gesehen hatte, nicht wirklich richtig einschätzen kann, einfach so zu sich zu
holen? Diese Fragen und noch viel mehr beschäftigten mich wirklich sehr.
Und genau das wollte wohl mein Scapolo für mich, einen Hund der mich
richtig forderte! Ich sollte nicht mehr grübeln, nicht mehr traurig sein und
immer wieder weinen, bei all meinen Gedanken an ihn und unsere
gemeinsame Lebenszeit.
Er wollte, dass ich eine „NEUE" Aufgabe bekomme.
Scapolo hat mir Dilla geschickt, davon bin ich fest überzeugt.
Scapolo ist nicht vergessen, denn er lebt in Dilla weiter, nur anders halt.
Die Geduld, die man mit einem echten Angst-Hund haben muss, ist zwar
unendlich lang, aber dafür hatte ich einen sehr guten Lehrer.
Auch wenn ich dieses gewisse Versprechen nicht gehalten habe, bin ich froh
und dankbar für Dilla. Sie ist eine wundervolle Hündin geworden.
Auch nach Scapolo noch einmal das große Glück zu haben, einen solch
treuen und wundervollen Begleiter an meiner Seite zu wissen.
Das ist mehr, als nur ein sehr großes Geschenk. Danke Scapolo, für das
Geschenk von dir, von wo du auch immer zu mir runter schaust.
Danke Dilla, für dein Vertrauen in mich und deine neue Welt.

Sabine Sandberg

Kapitel 8

Grenzerfahrungen…aus der Schattenwelt

Grenzerfahrungen

Gibt es sie wirklich und sind sie real?

Wer sie einmal gemacht hat, wird vielleicht selbst darüber grübeln, ob man in etwas zu viel hineininterpretiert, oder ob man sich diese Erfahrung vielleicht nur eingebildet hat?

Noch bevor ich wusste, dass meine Seelenhündin Donka unheilbar krank war, suchte mich ein schrecklicher Traum heim.

Ich werde diesen Traum, der mich tagelang beschäftigte und sich als verheißungsträchtig erwies, nicht mehr vergessen.

Wir gingen in unseren Feldern spazieren und als wir uns auf den Heimweg machten, lief Donka direkt vor mir und wurde immer undeutlicher.

Ich konnte sie nicht mehr richtig sehen, dass machte mir im Traum sehr große Angst und ich rief sie zu mir! Immer und immer wieder, aber sie löste sich immer weiter auf, bis ich sie nicht mehr sehen konnte.

Sie war einfach weg, spurlos verschwunden.

Als ich aus meinem Traum erwachte, war ich zutiefst erschüttert und es machte sich ein ungutes Gefühl in mir breit, welches wie eine Warnung in meinem Kopf herumschwirrte. Donka war bereits schon älter und zeigte hier und da Tendenzen, dass es ihr nicht so gut ging.

Es war nichts wirklich Greifbares, aber ich konnte es deutlich spüren.

Wir hatten bereits mehrere Tierärzte hinter uns, die alles Mögliche untersuchten, vom Blut bis zum Röntgenbild, aber es gab keine aufschlussreichen Ergebnisse.

Ich hatte das Gefühl, dass man mich schon als bescheuert hielt und erklärte
mir immer wieder aufs Neue, dass Donka nun auch kein junger Hund mehr
sei und es dann halt auch zu alterstypischen Einschränkungen käme.
Ich kannte alte Hunde und ich kannte auch die Symptome, wenn ein Hund
alt und mit der Zeit immer eingeschränkter ist, aber bei Donka war es
irgendwie vollkommen anders! Niemand fand unser Problem heraus.
Also nahm ich an, dass ich mir das alles doch nur einbilden würde.
Nachdem ich aber diesen merkwürdigen Traum hatte, suchte ich erneut
eine fremde Tierärztin auf und plötzlich hatten wir nach einem erneuten
Blutbild sehr schlechte Werte, Donka war anämisch.
Meine neue Tierärztin war noch nicht beunruhigt, aber tief in mir wusste
ich, dass wir unser Problem gefunden hatten und ich wusste sofort, ich
würde meinen Hund verlieren.
Ich gebe zu, bei all den vorherigen Praxisbesuchen und Blutuntersuchungen
gab es noch nichts an Blutwerten, die grenzwertig gewesen wären.
Auf den Röntgenbildern und im Ultraschall fand man ebenfalls nichts
Auffälliges. Im weiteren Verlauf der Untersuchungen und Kontrollen stellte
sich heraus, dass Donka unheilbar krank war und mein Traum wurde schon
bald sehr bittere Realität. Natürlich kann meine vorausgegangene Intuition,
das mit meinem Hund etwas nicht stimmt, dazu geführt haben, dass mein
Geist sich aufgrund dieser Ängste diesen Traum geformt hat?
Aber für mich war das weitaus mehr und wie sich bewiesen hat, spiegelte
der Traum im Voraus etwas wider, was kurze Zeit später unwiderruflich
eingetreten war. Träume haben in meinem Leben schon öfter Zeichen
gesetzt, die oftmals und in erschreckender Weise wahr wurden.
Ich muss offen eingestehen, dass ich aus diesem Grund sehr auf meine
Träume achte.

Anuschka Schöle

Kapitel 9

Meine persönlichen Gedanken

Nacht für Nacht

Ich möchte Euch was erzählen, weil in letzter Zeit so viele unserer Fellnasen die Reise angetreten haben, weil ich ebenfalls jeden Tag um meinen Rivan bange, mich versuche schon immer wieder im Vorfeld zu wappnen, was zwar dann eh nicht greift, aber vielleicht die Zeit danach?
Als ich meine Hündin Nora (HSH Mix) an einer sehr bösartigen Form von Leukämie verloren hatte, dachte ich wirklich, ich erhole mich wirklich niemals davon.
Wenn man nachts nur noch auf die Stelle starrt, an der eben der geliebte Hund doch noch gelegen hatte, die Schnodder-Blasen derart aus der Nase blubberten, dass ich dann auch noch dachte ersticken zu müssen, dann weiß man schon nicht mehr, wie man diesen Schmerz, Trauer und den großen Verlust überhaupt ertragen soll.
Nur noch die pure Erschöpfung und wahrscheinlich der Sauerstoffmangel haben mich irgendwie zu Schlaf kommen lassen.
Die Zeit verging und mein Mann konnte mich kaum noch ertragen, wahrscheinlich weil ich durch die Schwellung um meine Augen auch noch wie ein Frosch aussah und eigentlich immer nur gekünzelt und um gute Laune kämpfte.
Ich hatte noch meinen ganz alten Oskar, der mir natürlich Trost und Ablenkung schenkte, ich ihn auf keinen Fall auch noch verlieren wollte.
Aber auch er war schon sooo alt, dass das nächste Drama realistisch zu erwarten war.

Ich hatte eine kleine Tochter, vor der ich stets Kraft und Zuversicht ausstrahlen musste, was mich unendlich viel Kraft und schauspielerisches Talent kostete. Wir sprachen immer wieder über einen neuen Hund, die Abwehr war irgendwie in mir noch da.

Aus reinem Zufall sah ich dann eine Sendung im TV. Es ging um eine sehr alte Elefantenkuh in Indien, sie hieß Donka. Diese alte Elefantenkuh verstarb und ihre Betreuer waren zwar schon betrübt, dass sie Abschied nehmen mussten, aber anstatt in Tränen die nicht versiegen würden zu verfallen, feierten sie ihre geliebte Elefantenkuh.

Sie feierten ihr wirklich langes Leben. Sie feierten ihre treue Art, ihr tolles Wesen und sie freuten sich für sie, dass sie ein gutes Leben wirklich leben konnte, dass sie vor furchtbaren Dingen verschont geblieben war, dass ihr Leben einfach ein großer Erfolg war, ihre Zeit nun gekommen war, ihre Kraft und Lust am Leben ebenfalls Tag für Tag vergangen waren.

Es war wohl die wundervolle Zeit, die sie auf Erden bei ihren Pflegern verbringen durfte.

Es war die Anerkennung für all die Arbeit die sie geleistet hatte und es war ein großes Fest, dass dieses Tier nun nach einer erfüllten Zeit dem natürlichen Rhythmus folgte.

Mich hatte diese Dokumentation sehr ergriffen und dann übertrug ich das auf meine Nora. Sie wäre fast 13 Jahre alt geworden als großer Hund.

Sie hatte ein sicheres und stets gut behütetes Leben bei mir.

Zwischendurch hatte sie kaum Erkrankungen, es mangelte ihr eigentlich an nichts, sie hatte lediglich einen schlechten Start ins Leben, das sie fast nicht geschafft hätte. Ja, dachte ich mir, für sie ist der Lebensplan doch auch aufgegangen, sie war ein so stolzer Hund, es fehlte ihr an nichts.

Natürlich war sie am Ende sehr schwer krank geworden, aber selten gesellt sich einfach nichts am Ende dazu.

Und trotzdem waren es fast 13 Jahre voller Zufriedenheit und doch ein sehr großer Erfolg für diesen Hund, für mich als Halter doch auch.

Sie hat mir immer Freude geschenkt, sie war meine große Hundeliebe, sie war ein echter Goldschatz.

Aber in Wirklichkeit gab es am Ende, außer der Schmerz des Verlustes, nichts was es zu beklagen gab. Und dann ging mir ein Licht auf!

Diese wundervolle Geschichte soll sich auf jeden Fall für ein weiteres Tier ergeben. Und dann kam Donka (der Name war kein Zufall), sie machte alles wieder wunderschön und auch sie schaffte es fast 13 Jahre alt zu werden.

Sie kam auch aus einer echten Zuchthölle, hatte Probleme mit verschiedenen Allergien, aber fortan einen Menschen an ihrer Seite, der alles möglich machte, damit ihr Leben trotzdem voller Liebe und Spaß vollendet werden konnte.

Oder auch mein Merlin, der auf direktem Wege aus der Hölle kam und diese bereits neun Jahre ertragen musste. Weitere neun Jahre hat er dann aber Leben dürfen, trotz vieler gesundheitlicher Baustellen.

Er freute sich über jeden Tag, über jeden Moment seines Lebens.

Auch für ihn ist der Plan doch noch aufgegangen, was hätte man sich mehr für ihn wünschen können?

Auch ich werde bei jedem weiteren Verlust bitterlich weinen, aber es fällt mir leichter zu versuchen, danach zu erkennen, dass sie jetzt zwar gestorben sind, aber sich ihr Leben voll und ganz erfüllt hatte.

Und auch wenn sie gar nicht so alt werden, haben sie alle eine wundervolle Lebenszeit bei ihren Menschen erhalten, die stets für sie da waren, jedes Problem versucht haben, zu bekämpfen und zu beseitigen.

Wir alle wissen, dass sich „Leben" (leider) nicht für jede Seele erfüllt.

Doch für all die, für die unsere Herzen immer schlagen, erfüllt sich schon ein tolles Leben und daran sollten wir auch immer denken, wenn der tiefe Schmerz in unseren Herzen und Gedanken, uns mal wieder Nacht für Nacht keine Ruhe lässt...

Anuschka Schöle

Ein Stern am Abendhimmel

Ich schaue still und leise in den Abendhimmel…
…denke immer wieder nur an dich.
Weit oben in der Ferne…
…leuchtet dieser eine helle Stern, wohl nur für mich.
Keine Ahnung, ob du es bist…
…der da gerade zu mir herunter schaut, meine Nacht nun hell erleuchtet.
All die vielen Gedanken, all die Tränen, Träume und Erinnerungen…
…irgendwie immer noch bei dir.
„Die Zeit heilt alle Wunden", steht irgendwo geschrieben…
…im großen Buch des Lebens.
Ich ließ dich gehen, als der Tag gekommen war…
…mein kleiner und gestreifter Engel…
…vermisse deine Nähe, vermisse dich Tag für Tag, in meiner kleinen Welt.
So schaue ich in diesen Abendhimmel…
…sehe diesen einen Stern, hell zu mir herunter leuchten…
…nur für mich, ich danke dir.
Mache es gut mein kleiner Freund…
…wo immer du jetzt bist, in einer anderen und fernen Welt.
Ich weine leise in die Zeit…die wir gemeinsam leider nicht mehr haben…
…Zeit, die für uns alle viel zu schnell verrinnt!
Vergessen, unsere schöne und gemeinsame Zeit…
…niemals, denn die nimmt uns niemand weg.
So schaue ich auch heute hoch, in diesen Abendhimmel…
…und denke nur an dich, wenn ich diesen hellen Stern erblicke.
Mache es gut, mein kleiner, treuer und gestreifter Freund…
…leuchte weiter hoch im Abendhimmel, nur für mich.

Stefan Klink

Etwas zum Nachdenken

Es kommt die Zeit, da merkt man, dies ist der letzte gemeinsame
Lebensabschnitt, den man gemeinsam bestreitet.
Manche hatten pures Glück und konnten viele Lebensabschnitte
gemeinsam erleben.
Andere vielleicht nur einen. Den wohl wirklich intensivsten!
Die Zeit, in der sich zeigt, ob deine Liebe echt war. Die Zeit, wenn der
geliebte Hund alt, gebrechlich und inzwischen auch sehr grau geworden ist.

Alt und durchaus mit einigen netten und neuen Besonderheiten.

Der geliebte Hund, der sonst alleine bleiben konnte, schreit jetzt immer lauter und auch öfter...

Der geliebte Hund, der sonst ohne Probleme ein paar Stunden einhalten konnte, muss jetzt alle zwei Stunden seine Blase leeren.

Das Alter hat viele verschiedene Facetten und kein Hund altert wie der andere. Es kommen Zeiten, da fühlt man sich hilflos, regelrecht machtlos bei all den neuen Problemen und läuft auf dem Zahnfleisch.

Alles wird um den Senior herum geplant, um ihm das Leben so einfach wie möglich zu machen.

Und es kommen komische Aussagen und Sprüche von Leuten, die es nicht verstehen. Vielleicht auch, weil sie selbst diese intensive und innige Liebe zu einem anderen Lebewesen noch nie verspürt haben.

Dumme Fragen und Sprüche kommen immer wieder…

„Warum schläferst du ihn nicht endlich ein?!"

„Auf diese Einschränkungen, nur wegen einem Hund, hätte ich keine Lust!"

„Igitt…jetzt pinkelt er dir auch noch in die Wohnung?!"

Warum? Weil das Liebe ist. Echte Liebe!

Ein einfaches Zitat aus dem Buch „Der kleine Prinz" bringt es wirklich auf dem Punkt: „Du bist ewig für das verantwortlich, was du dir vertraut gemacht hast."

Dein Hund war immer für dich da.

Loyal und treu an deiner Seite, egal ob du einen guten oder einen schlechten Tag gehabt hast.

Du bist verpflichtet…nein…du bist es ihm schuldig!

Bis zum letzten Atemzug da zu sein. Ihn mit all seinen Macken zu nehmen.

Ihn zu lieben und zu akzeptieren, so wie er jetzt nun mal ist.

Wenn nicht Du, wer denn dann?!

Und wofür?

Für diese ganz besonderen Momente.

All die Momente, die dein Herz erwärmen und mehr als strahlen lassen,
wenn das Alter kurz vergessen ist.
All die Probleme, all die Einschränkungen.
Wenn du sie strahlen siehst, die echte Lebensfreude, bis zu seinem letzten
Tag. Wenn ihr gemeinsam in der Zeit reist, auf dem langen Weg des Lebens
und du deinen Hund siehst, deinen geliebten Hund, wie er kurzzeitig wieder
das blühende und pure Leben ist.
Wenn du das alles nicht ertragen willst oder kannst, diesen „Vertrag" nicht
bereit bist einzuhalten, mit all den vielen und zahlreichen Konsequenzen,
dann lasse es!
Dann entscheide dich bitte niemals für einen Hund!
Denn wahre Liebe ist auch immer Schmerz.
Liebe ist auch immer Arbeit, Verantwortung und vieles mehr.
Liebe ist nie nur positiv. Nie nur schön!
Liebe kann dir mehr als nur das Herz brechen.
Und sie wird es tun...an diesem einen Tag, wo dein Hund sich auf die Reise
begibt. Doch bis dahin bleibe stark!
Für deinen geliebten und sehr alten Hund.
Lebe und genieße jeden gemeinsamen Moment, denn er wird nie wieder
kommen.
Wir sind es ihnen schuldig, unseren treuen Weggefährten auf vier Pfoten!
Für ihre grenzenlose Liebe, die sie uns einst selbstlos schenkten.
In Erinnerungen tief versunken, an meine alte graue und gestreifte Maus.

Euer Tommy

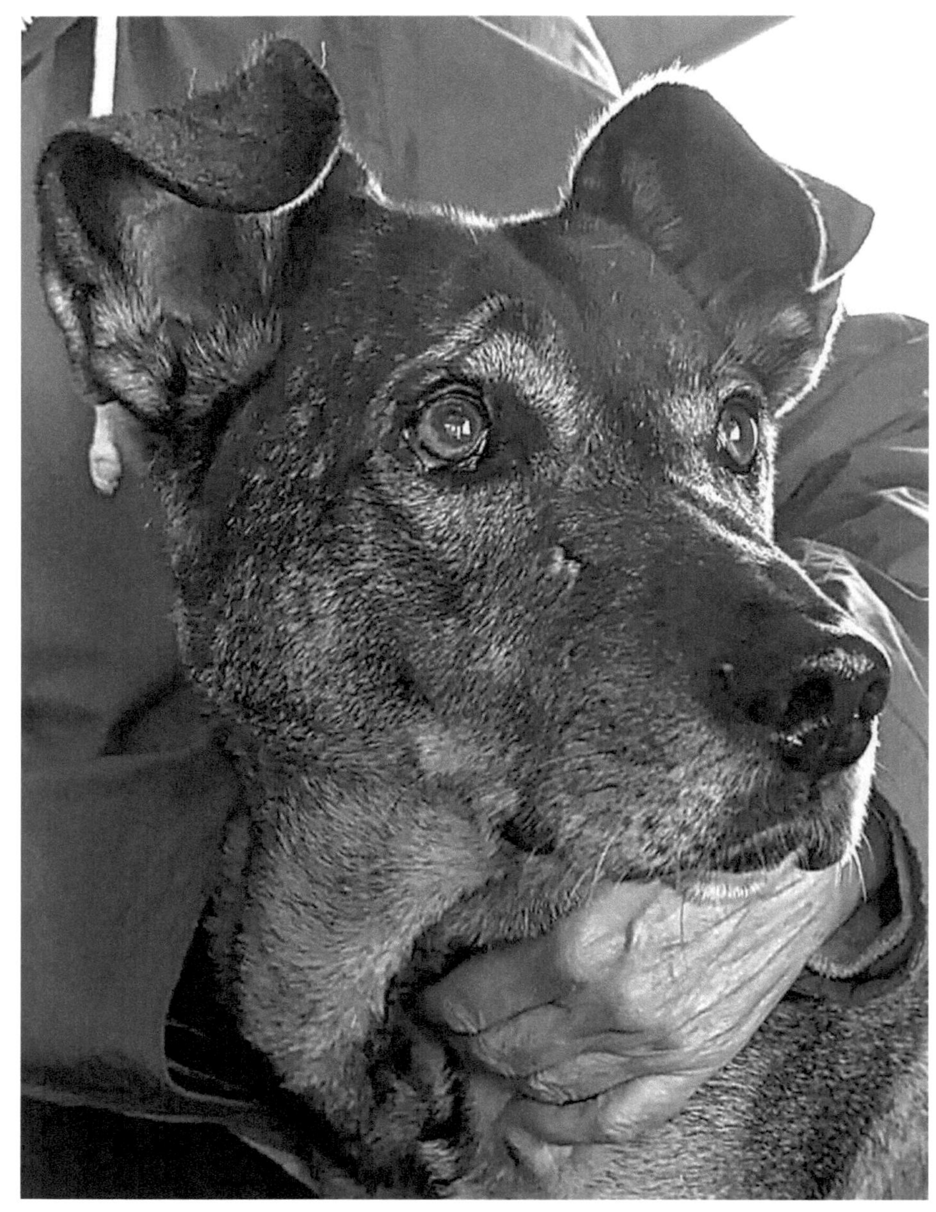

Mein geliebter Hund, ich danke dir für...

...dein Schwanzwedeln, wenn du dich freust.

...deinen sanften Atem, wenn du schläfst.

...dein weiches Fell, das ich streichle, wenn ich traurig bin.

...deine Wärme, wenn ich friere.

...deine Nähe, wenn ich sie so dringend brauche.

...deinen strahlenden Blick, wenn du mir in meine Augen schaust.

...deine grenzenlose Treue, egal was auch passiert.

...deine grenzenlose Liebe, in jedem einzelnen Moment.

Danke, dein Tommy

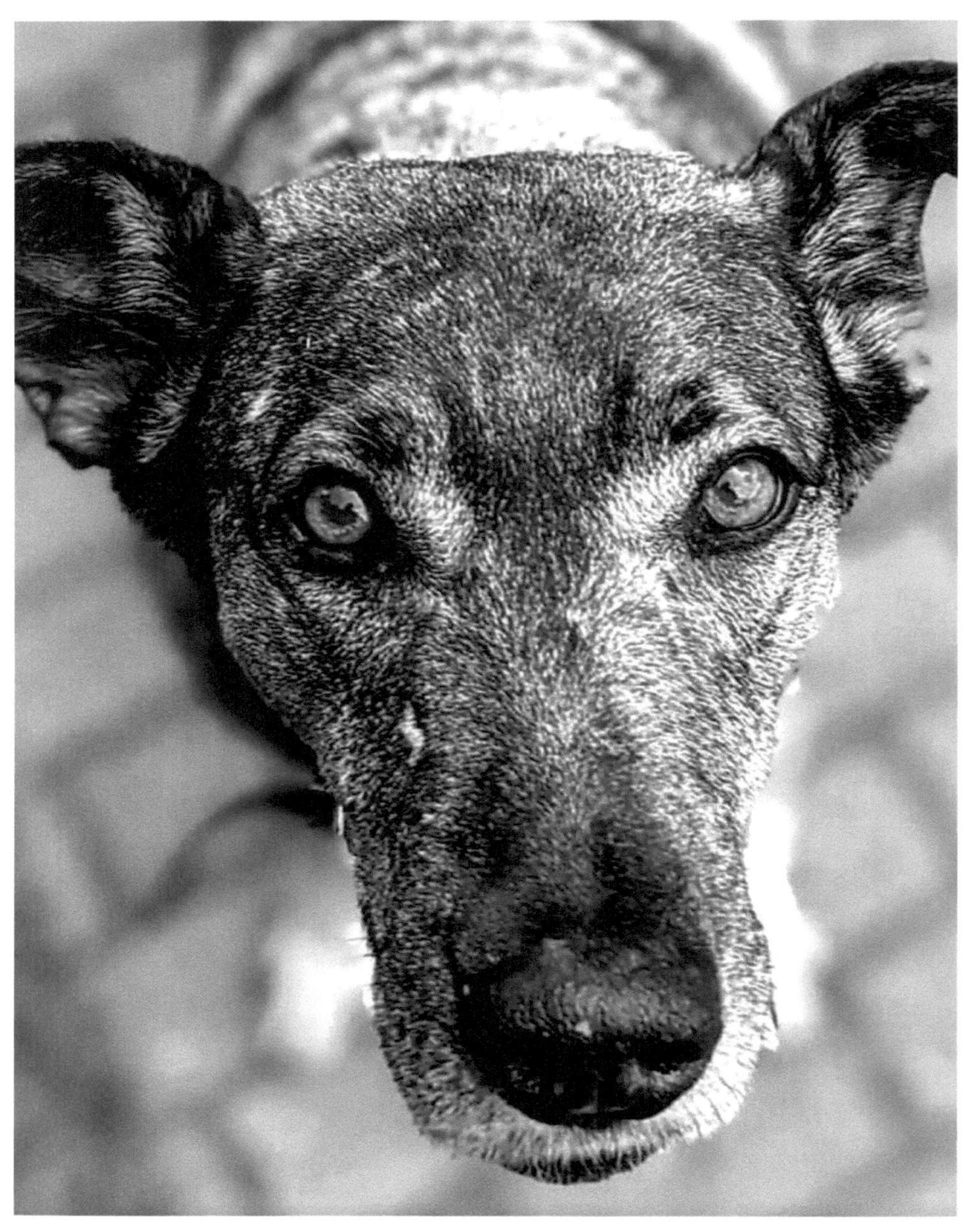

Egal wo unsere große, lange und gemeinsame Reise begann

Kein Weg zu weit, kein Pfad zu steil, viele Steine versperren uns das Ziel.
Immer weiter, soweit die Füße und Pfoten tragen, unaufhörlich auf dem
Weg des Lebens.
Nachts wenn die Dämonen kommen, bist du an meiner Seite.
Deine Treue, deine Liebe, dein Vertrauen, unbezahlbar und mehr als nur ein
echter Schatz. Wachst über mein Herz, meine Seele, meinem Atem, meinen
Pulsschlag. Du schmiegst dich dicht an meinen Körper, stupst mich mit
deiner kleinen feuchten Nase. Schaust mir tief in meine Augen, ein
vertrauter Seufzer, nur für mich.
So wie ich an deiner Seite, Nacht für Nacht, Tag für Tag, halte schützend
meine Hand über dich.
Einfach nur „Vertrauen", der Wächter unserer gemeinsamen Zeit.
Gefangen in Gedanken, in Gedanken nur bei dir.
Aber auch immer der Gedanke, wo wird dies alles enden?
Immer die verdammte Frage, wo werden sich unsere gemeinsamen Wege
irgendwann trennen?
Das weite und tiefe Meer des Lebens, neue und steinige Wege, ferne
Horizonte, ein kalter Wind weht uns entgegen…eine Sanduhr, wo die
Körner unaufhaltsam fallen.
Wenn der eine Tag gekommen ist, wo wir uns trennen, schaue nie zurück
auf dieses eine Leben! Denn ich werde dich finden.
Egal wo, egal wann es endet, der Mond und all die Sterne werden uns den
neuen Weg erleuchten.
Wir werden uns wieder finden, irgendwann und irgendwo!
Gemeinsam neue Wege gehen, gemeinsam weiter durch eine andere Welt
wandern. Du auf deinen leisen Pfoten, ich auf meinen alten Füßen, in einer
anderen und ganz neuen Welt.

Der Gezeiten-Wanderer

Ich warte hier auf Dich

Nichts ist für die Ewigkeit, in Gedanken nur bei Dir, mein kleiner Freund.

Das ganze Leben ist wie ein hoher Berg, dessen Gipfel ist ein großes Ziel.

Jeder einzelne Schritt, auf dem Weg nach oben, oftmals ohne Atem, oftmals ohne Kraft.

Gemeinsam waren wir stark, gingen über Stock und Stein, gemeinsam waren wir unschlagbar.

Jetzt stehe ich hier, alleine auf dem Weg nach oben, ohne dich…und schaue tief ins Tal hinunter, vergieße manche Träne.

Ohne Dich, die letzten Meter muss ich gehen, den hohen Berg des Lebens empor, immer weiter hoch hinauf.

Schenke mir Kraft, mein kleiner und gestreifter Freund, bis wir uns irgendwann wiedersehen, hoch oben in den endlosen Wolken.

Alles ist endlich, in dieser Welt voller hoher Berge und tiefen Täler. Wir sehen uns wieder, mein kleiner und gestreifter Freund, mein Seelenhund. Ohne hohe Berge und ohne tiefe Täler.

Der Gezeiten-Wanderer

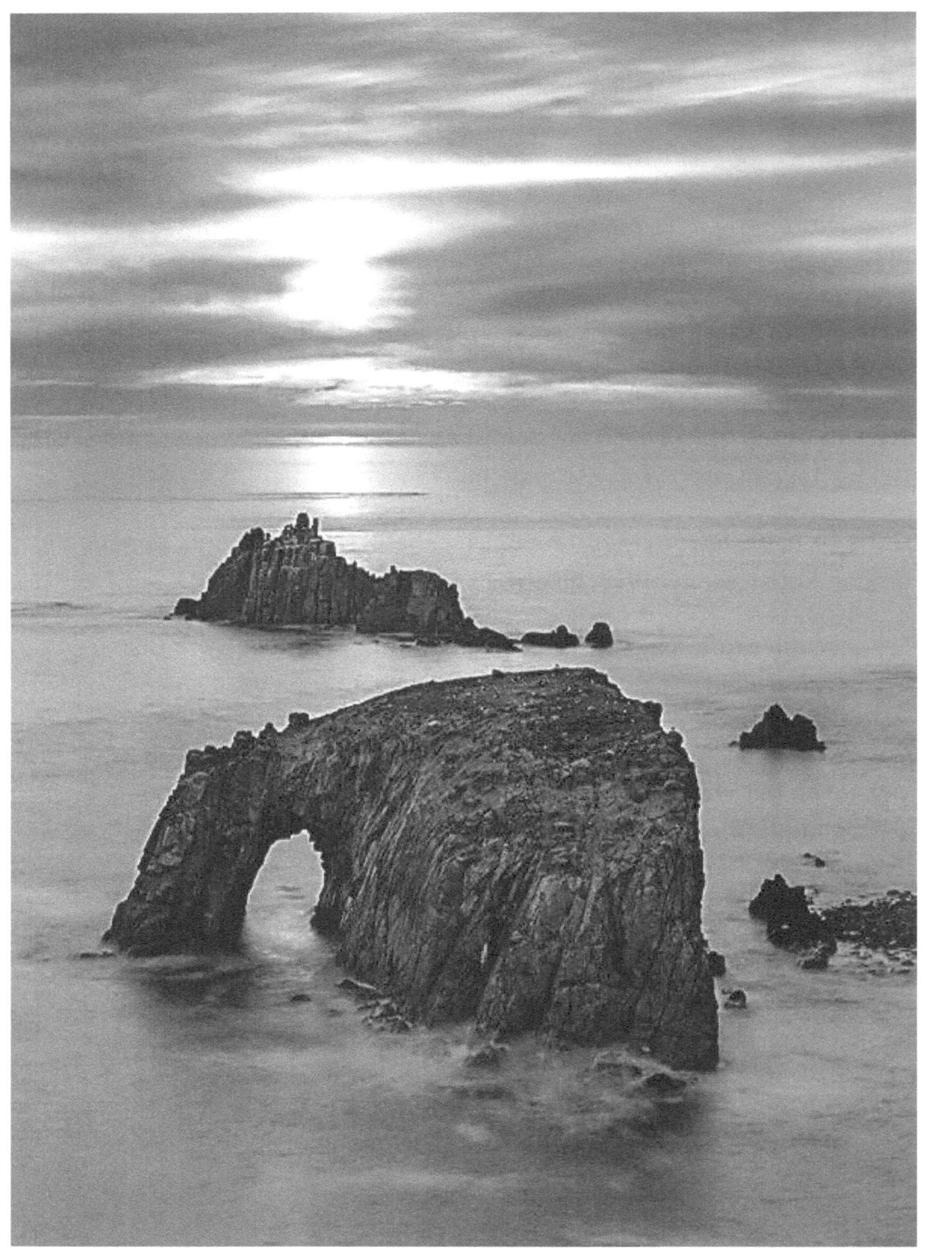

Momente

Momente geschehen, ohne sich vorher anzukündigen…

Momente sind eine echte Offenbarung, an das wahre Leben…

Momente sind ein kurzer Augenblick, den man nie vergisst…

Momente sind Sekunden und Minuten, die nie wieder kommen…

Momente sind das im Leben, was uns niemand mehr nehmen kann…

Momente sind oftmals das, was man später nicht einfach so erklären kann…

Momente sind das schönste auf der Welt, wenn man sie mit seinem besten Freund teilt…

Es ist der ganz besondere Moment…dieser eine Augenblick…der für immer in uns weiterlebt, ohne Wenn und Aber!

Stefan Klink

Haben Tiere eigentlich eine Seele?

Darüber stritten sich namhafte Verhaltensforscher und Psychologen bereits im 18. Jahrhundert. Ich denke, dass Jeder, der einen Hund oder anderes Haustier besitzt, diese Frage definitiv mit „Ja" beantworten wird.
Dabei geht es auch gar nicht um die viel kritisierte „Vermenschlichung" des Tieres, sondern meiner Meinung nach um das, was das Tier in mir auslöst, wenn ich mich mit ihm beschäftige, wenn ich daran denke, es versorge, streichle, mit ihm spiele.
Daher an dieser Stelle mal meine Erfahrungen:
Als Kind litt ich unter Asthma, laut Aussage des Arztes auch an einer Tierhaarallergie…hm, ich kann mich nur daran erinnern, dass ich immer husten musste, wenn ich einen Hund oder eine Katze gestreichelt hatte und dass ich überhaupt generell dauernd krank war.
Ein traumatisches Erlebnis mit einem Schäferhund, als ich ungefähr fünf Jahre alt war, verstärkte das Asthma.
Seitdem hatte ich natürlich panische Angst vor Hunden, mein Heranwachsen bestand, wie bei anderen Kindern, aus Fahrradfahren und „durchs Dorf" laufen. Naja, nicht ganz so wie bei manch anderen Kindern.
Ich bekam beim Anblick eines Hundes eine massive Panikattacke und drehte sofort um, damit es gar nicht erst zu einer Begegnung kam.
Der Handlungsspielraum wurde somit leider immer kleiner und ich entwickelte eine ausgewachsene Phobie.
Man kommt damit irgendwie trotzdem so durchs Leben und auch wenn ich Angst hatte, hatte ich doch ein gewisses Interesse an Tieren.
Jedenfalls hatte ich immer den Wunsch nach einem Haustier.
Logischerweise waren meine Eltern bezüglich der Allergie sehr skeptisch und darum wurde da auch erstmal nichts daraus. Gegen Ende der Schulzeit bekam ich von einem Freund eine Renn-Maus geschenkt, mit allem was dazu gehört (Käfig, Einstreu, Futter), na ja, nicht ganz!

Rennmäuse sind ungern ganz allein, also bekam mein neuer Kumpel „Fördi"
einen weiteren Kumpel dazu: „Mr. Pink".

Und meine Tierhaarallergie?

Tja, nicht mehr vorhanden, Asthma ebenso wenig.

Ich hatte ein paar schöne Jahre mit den beiden, bis Fördi krank wurde und
ziemlich schnell verstarb. Es brach mir das Herz, ich weinte und weinte und
konnte nicht mehr schlafen. Es war nicht nur eben eine acht Euro Renn-
Maus aus dem Zoogeschäft, sondern mein Freund!

Ich schrieb ihm ein Gedicht, bettete das kleine Wesen in eine Kiste und fuhr
mit dem Zug bis zu meinen Eltern, da ich damals in einer Mietwohnung
wohnte ohne Garten. Dort wurde der kleine Fördi liebevoll beerdigt.

Mr. Pink zog zu einer Freundin, die noch mehrere Mäusekumpels hatte.

Das war es dann leider vorerst mit den Haustieren.

Als ich aber nach vielen Jahren meinen Mann kennenlernte und wir in ein
altes Fachwerkhaus auf dem Land zogen, waren wir uns ziemlich schnell
einig, dass zu einem solchen Haus mindestens eine Katze gehörte.

Und so zog kurze Zeit später die kleine „Ursel" ein. Sie begleitete uns elf
Jahre lang und wurde uns letztes Jahr durch einen tragischen Unfall
genommen. Der Schmerz war maximal, es konnte einfach nicht sein.

Unser erstes gemeinsames Haustier, unsere beste Freundin, die einfach zur
Familie dazugehörte, saß zum letzten Mal auf der Veranda vorm Haus und
machte Nasenabdrücke an die Glasscheiben der Haustür.

Keine Verabschiedung, kein letztes Mal kuscheln, nicht einmal den toten
Körper hatten wir, um ihm eine würdevolle Beerdigung zu gestatten.

Wir hatten nur ein paar Haare vom Kratzbaum und die Erinnerungen…

Wenn ich daran denke, kommen mir immer noch die Tränen und es macht
für mich keinen Unterschied, ob es ein geliebter Mensch ist, den man
verliert, oder ein Tier. Wir hatten auch zwei andere Katzen, die leider
verstorben sind und bei jeder von ihnen war danach sehr, sehr lange ein
dunkler Schatten auf meiner Seele.

Mittlerweile hat „Frieda", eine kleine Streuner-Glückskatze einen Platz in unserem Haus bekommen und scheint sich äußerst wohl zu fühlen.

Neben Frieda und 21 bunt gemixten Hühnern haben wir aber noch zwei Mitbewohnerinnen: Rosi und Lilly. Rosi ist ein Spitz-Mix, der auf einem Hof mit 73 anderen Hunden hauste und sich von Müll ernährte.

Das war verrückt, denn eigentlich hatte mein Mann sich für einen Mops-Mischling interessiert.

Dieser war dann aber doch schon vermittelt und da stand nun Rosi in einer Box, schaute uns still an während um uns herum eine unglaubliche Lautstärke von den vielen aufgeregten anderen Hunden herrschte.

(An dieser Stelle sei zu erwähnen, dass ich, wenn ich könnte, grundsätzlich alle Hunde aus dem Heim adoptiert hätte!)

„Was ist mit ihr?" Fragte mein Mann die Frau vom Tierheim.

„Na ja, nichts!" „Die kennt halt keine Leine und so!" Das war die Antwort.

Für meinen Mann und mich war der Fall natürlich sofort klar und am nächsten Tag zog Rosi (damals noch „Basima") bei uns ein, stand ängstlich im Flur, schaute die Katzen an und wusste nicht, wie ihr geschah.

Auch traute sie sich noch nicht die Treppe hoch und verbrachte die erste Nacht erstmal unten im Wohnzimmer.

Hundefutter war ihr irgendwie auch suspekt, also versuchte ich es mit gekochtem Hühnchen und Reis, das wurde dann vorsichtig „weggeknabbert", da der Hunger doch größer war als die Angst.

Generell wurde erstmal alles, was es an Leckerem gab in ein sicheres „Versteck" im Garten geschleppt (so ist es auch heute noch, wenn sie sich etwas klaut, was wir nicht mitbekommen sollen).

Schon nach ein paar Tagen taute das kleine unterernährte Wollknäuel dann langsam auf, die Rute wedelte immer mehr, das Gesicht entspanne sich und irgendwann konnten wir auch mal ihre Stimme hören.

Ich merkte ziemlich schnell, dass es eine ganz besondere Form von Liebe ist, die man seinem Hund schenkt, es erfüllt einen unendlich, wenn man merkt, wie grade die Tiere aus dem Tierschutz nach einer Weile auftauen und wieder Vertrauen finden, wie aus einem ängstlichen, mageren unsicheren Wesen nach und nach ein selbstbewusstes, zuweilen freches und absolut liebenswertes Tier wird.

Nein, nicht einfach nur ein Tier, ein echter Freund und Seelenhund!

Rosi ist nach wie vor sehr sensibel, sie spürt Spannungen schon lange, bevor wir etwas wahrnehmen, sucht dann gezielt die Nähe und beschwichtigt.

Trotz der Sprachbarriere wissen wir beide, wie der andere tickt.

Ein Zusammenleben im Rudel ist einfach ein wunderbares Geschenk.

Zwei Jahre nachdem Rosi einzog besuchte ich das Tierheim mit einer Freundin erneut. Wollte ja „nur mal gucken".

Natürlich klappt das genauso wenig, wie wenn man als Frau im Schuhgeschäft „nur mal gucken" will!

Zwei Tage später zog also Lilly (ehemals Mimi) bei uns ein, ein rumänischer Mischling mit schiefem Schnütchen und weißem Bart (obwohl damals angeblich erst vier Jahre alt).

Lilly war auch so ein kleines, schwarzes Überraschungspaket, das laut Tierheimbesitzer die ersten Wochen nur um sich gebissen hat.

Weiter war über ihre Geschichte nichts bekannt.

Bei Lilly war es ähnlich wie mit Rosi, sie stand in exakt derselben Box im Tierheim und schaute mich ängstlich an.

Ich durfte eine Runde mit ihr um das Gelände gehen, sie ließ sich das Geschirr anziehen und ging mit mir mit, ohne zurückzublicken.

Als die zwei Hunde sich dann auf dem Tierheimgelände kennenlernen durften, wurde geschnuppert und sich dann erst einmal aus dem Weg gegangen. Zumindest keine schlimme „Beißerei" oder sofortige Abneigung, also war Lilly fortan Teil unseres Rudels.

Rosi zeigte ihr unser Zuhause und bei den Spaziergängen alles, was es so Interessantes zu entdecken gibt und schon nach einer Woche tobten die zwei zusammen durch den Garten.

Das war ein wirklich wunderschönes Gefühl!

Lilly hat nach wie vor ein sehr ängstliches Wesen und gelegentlich eine „kurze Lunte", wirklich schlafen geht nur in ihrem Körbchen und es kommt noch manchmal vor, dass sie aus Angst schnappt, wenn man sich ihr zu schnell nähert.

Bei beiden Hunden weiß ich aber, dass es richtig war, dass genau diese beiden zu unserem Rudel gehören, es sind definitiv echte Seelentiere!

Ich mag nicht daran denken, wenn die zwei irgendwann nicht mehr bei uns sind, solange versuche ich, ihnen das schönste Hundeleben zu ermöglichen, was man sich vorstellen kann.

Ich weiß, dass die Tiere eine Seele haben und sie haben so viele tolle Eigenschaften, von denen wir Menschen lernen können.

Sie leben in der Gegenwart, sie freuen sich über den Moment.

Das Leckerchen wird zur größten Freude oder das sich gegenseitig über die Wiese jagen, im Bett liegen und die Decke klauen, in der Sonne brutzeln, bis man hechelt, Hundekumpels besuchen, mit der Katze kuscheln und einfach da sein, wenn es dem Menschen mal schlecht geht.

Tiere haben eine Seele, genau wie wir Menschen und diese magische Verbindung reicht über Sprache hinaus.

Ich weiß für mich, dass ich in meinem Leben immer Tiere haben werde und mein Herz immer für die schlägt, die vielleicht nicht die besten Voraussetzungen haben, denn manche gute Seele liegt vielleicht einfach etwas versteckt, aber es lohnt sich immer, sie zu entdecken.

Ich wünsche mir für alle Tiere eins, dass sie das Maximum an Liebe von ihren Menschen erfahren!

Frei von Leid, Schmerzen, Ängsten und Gewalt.

Sarah-Marie Niggemann

Tiere sterben nicht!
Sie können das gar nicht, da sie selbst nicht wissen, wie das geht.

Sie legen sich in deinem Herz schlafen.
Am Anfang sind sie noch sehr oft wach und freuen sich wie verrückt, so
dicht bei dir zu sein. Freuen sich über den warmen Platz in deinem Herzen,
dass dir die Brust schmerzt und du wirklich Weinen musst.
Dies wird mit der Zeit weniger, denn du musst verstehen, wenn sie einmal
in deinem Herz eingeschlafen sind, werden sie immer weniger wach, sie
schlafen länger und länger.
Also, denke immer daran, wenn du wegen deines geliebten Tieres mal
wieder weinen musst, dir die Brust schmerzt, veranstaltet es gerade in
deinem Herz einen Freudentanz, weil es dort für immer bleiben kann.

Egal wann das sein wird, ich werde immer da sein!
Bei jedem einzelnen meiner Tiere.

Euer Tommy

Echte Seelenhunde

Ja, es gibt sie wirklich!
Sie kommen auf leisen Pfoten in unsere Herzen geschlichen, oder mit einem
richtig großen Knall.
Je nach Temperament, wir haben darauf keinen großen Einfluss.
Sie sind einfach da und bleiben.
Was macht einen Hund zum Seelenhund?
Eine wirklich große Frage!
Ich denke, man kann es kaum erklären.
Vielleicht eine Form von Seelenverwandtschaft?
Oder eher doch das Gegenteil?
Was ist das Geheimnis?
Als ich unseren Bogey zum ersten Mal im Tierheim sah, war mir sofort klar:
„Das ist er, ohne Wenn und Aber!“
„Er oder keiner!“
Als mein Mann ihn begutachtet hatte (ER wollte einen Hund!), war sofort
klar („Bogey“, so hatte ich ihn genannt), kommt jetzt zu uns!
Und so ist es bis zum heutigen Tage.
Er ist mein Hund geworden!
Bogey ist sehr einfühlsam, unglaublich treu, verspielt und passt auf mich
sehr gut auf!
Manchmal kommen dunkle Wolken und komische Gedanken, wenn ich
daran denke, wenn dieser Tag für uns gekommen ist, wo wir uns leider
trennen und verabschieden müssen.
Aber ich hoffe sehr, wir haben da noch etwas Zeit.

Evelyn von Salomon

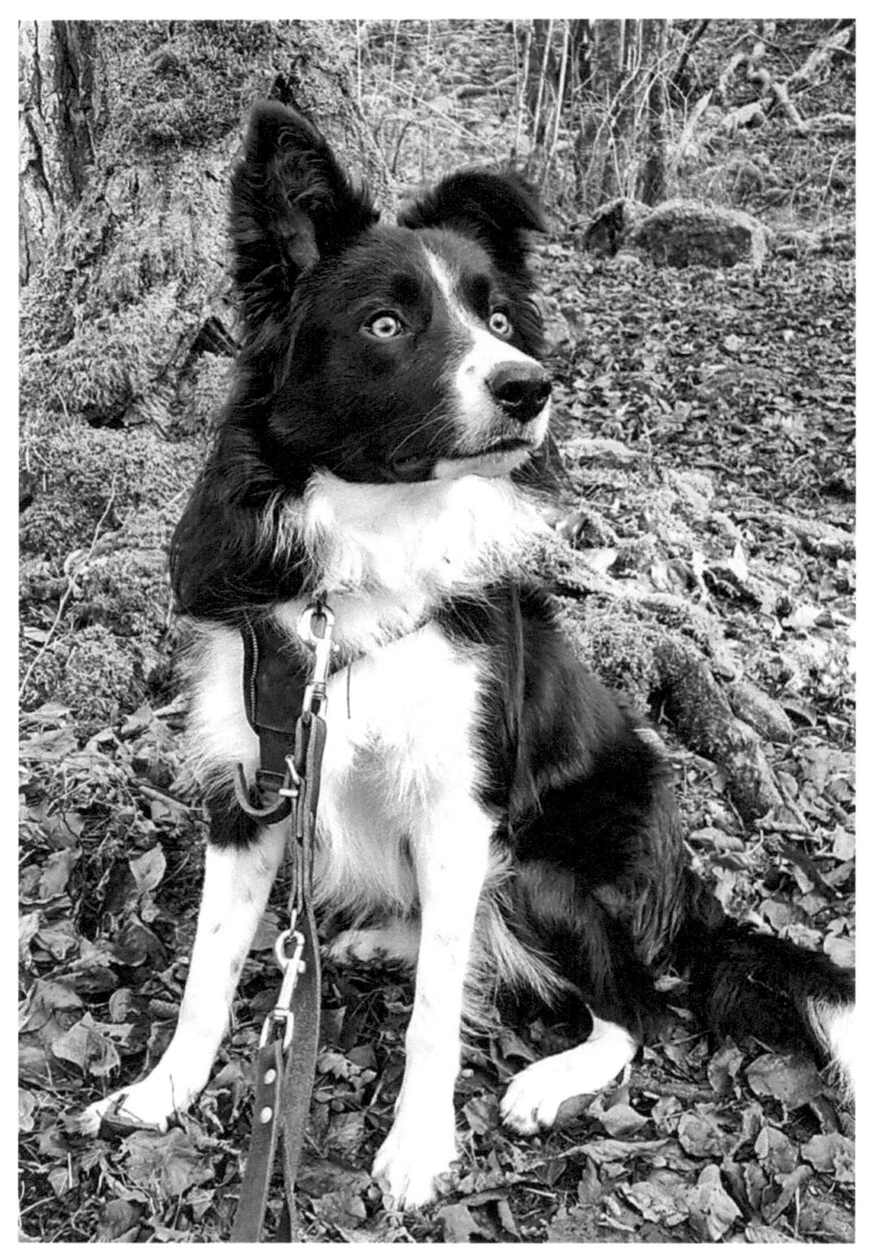

Campino

Ein Jahr ohne dich.

„Lasse nicht zu Mami, dass die Trauer dein Herz zuschnürt, es muss geöffnet bleiben für all die Liebe, die dir die anderen entgegenbringen werden!"
„Lasse nicht zu Mami, dass deine Augen von Tränen verschleiert sind, du musst sie offenhalten, um den anderen die Schönheiten dieser Welt zu zeigen!"
„Lasse nicht zu Mami, dass deine Seele zerbricht am Kummer über meinen Verlust, sie muss heil bleiben, damit die anderen deine unendliche Liebe spüren können!"
„Ich weiß es ist schwer Mami, aber ich bin bei dir!"
„Ich bin der Sonnenschein, der dich wärmt!"
„Ich bin der Regen, der deine Tränen wegspült!"
„Ich bin der Wind, der deine Sorgen fortweht!"
„Ich bin der Schnee, dessen Flocken mit dir tanzen!"
„Ich bin auch der Nebel, indem du Raum für Tränen und Trauer hast!"
„Mami, du warst immer bei mir, mein ganzes Leben lang und ich werde immer bei dir sein, dein ganzes Leben lang!"
„Und wenn die Zeit gekommen ist, werde ich auf dich warten, am Ende des Regenbogens und wir werden wieder zusammen sein, bis in alle Ewigkeit!"
„Dein Seelenhund Campino."

Babsi Bohr

(Von meiner FB-Seite: Chaoten auf vier Pfoten)

Gedanken…immer wieder offene Fragen und immer wieder ein sehr großer Schmerz

Nachdem Stefan aufgerufen hatte, zu den jeweiligen Kapiteln vielleicht etwas zu schreiben, sich Gedanken zum Thema „Seelenhunde" zu machen, wurde mir klar, dass wird wirklich nicht ganz so einfach.
Ich musste wirklich sehr lange überlegen.
Scapolo war die ganzen Jahre „Nie" mein Seelenhund.
Doch beim Schreiben zu diesem Thema wurde mir erst richtig klar, ja so, genauso, war Scapolo also doch ein echter Seelenhund!
Schreiben über den Tod, über meinen Hund, unser gemeinsamer Weg, all das tat schon sehr weh. Die Tränen beim Schreiben nahmen kein Ende.
Aber hatte ich die richtigen Worte gewählt?
Wie sollte ich den tiefen Schmerz beschreiben, den ich in diesem Augenblick fühlte? Wie sollte ich das Gefühl überhaupt beschreiben, wenn man danebensteht, hilflos mit anschauen muss, wie der geliebte Begleiter seinen letzten Atemzug macht?
Vor allem wenn es einem das Herz zerreißt.
Wie ich seine Pfote halte und den Schmerz kaum aushalte.
Es sich alles dreht und man das Gefühl hat, die Beine gehorchen einem nicht mehr richtig. Man hofft, aus diesem Albtraum gleich aufzuwachen und alles ist wieder gut. Aber es war leider kein Traum.
Absolut nichts war gut!
Wie soll man es beschreiben, wenn man in die Augen seines treuen Begleiters schaute, jede noch so kleine Bewegung suchte, ein kleines Zwinkern der Augen, ein letzter Stupser mit der Nase.
Einfach nur irgendetwas!
Aber es ist nur große Leere, vor allem im gebrochenen Herzen.
Das kann man nicht beschreiben, vor allem ich kann es nicht.
Man kennt mich und Scapolo nicht. Plötzlich etwas schreiben, was man eigentlich mit sich alleine im kleinen traurigen Kämmerchen ausmacht.

Echte Gefühle preisgeben, die man vielleicht nur mit seiner besten und vertrauten Freundin bespricht.

Aber mit so vielen Menschen in dieser Welt teilen?

Man kennt unsere Geschichte nicht.

Es sind nur kleine Beschreibungen, von Augenblicken, von einem sch..ß Gefühl, wenn man selbst so hilflos ist.

Vielleicht hätte ich andere Worte wählen können? Vielleicht??

Vielleicht hätten andere, es anders beschrieben, oder anders formuliert.

Ich kann diesen Schmerz, den ich heute immer noch habe, nicht gut beschreiben.

Dafür ist der Schmerz immer noch viel zu groß.

Viele die mich und Scapolo sahen, wussten dass wir eine sehr enge Beziehung und eine sehr starke Bindung hatten. Da passte kein Blatt Papier dazwischen. Dies alles kann man nicht in Worte fassen.

Ich danke Stefan, für dieses sehr besondere Buch.

Danke, dass es dieses Buch gibt und auch ich die Möglichkeit bekam, die Zeilen überhaupt zu schreiben und Scapolo so in ewiger Erinnerung bleibt.

Sabine Sandberg

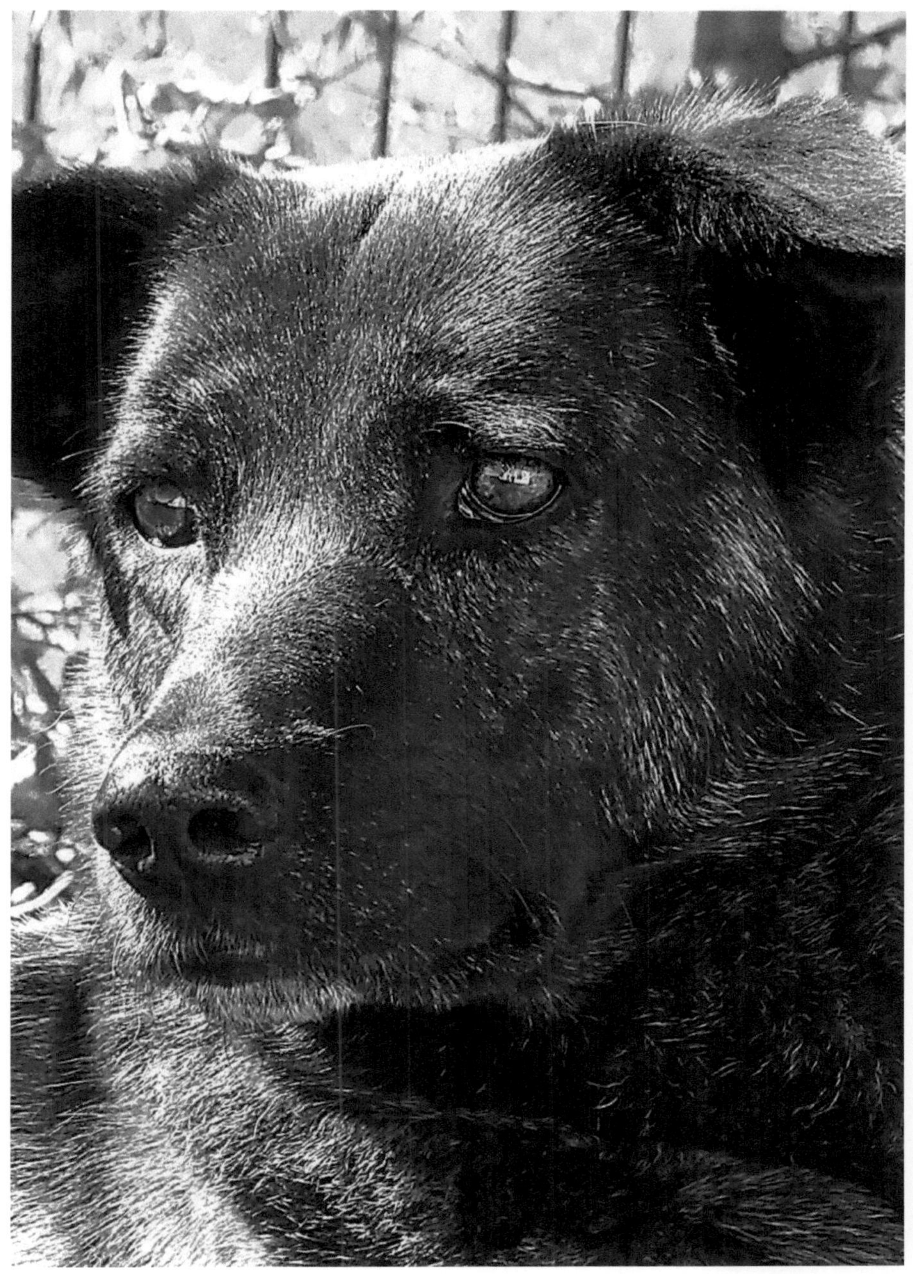

30 Tage für die Ewigkeit

Mai 2000…in einem Hinterhof mitten in Belgrad entsteht neues Leben.
Wer die Mutter und der Vater waren wissen wir nicht, auch nicht ob es
noch Geschwister gab…
Was wir wissen ist, dass Bruder und Schwester nur wenige Wochen später
in einem Tierheim landeten! Klein, schwarz und ungewollt und rasch
vergessen werden.
Ihre Namen Gordana und Steva.
Zwölf Jahre später, sind Gordana, von uns Dana genannt, und ihr Bruder
Steva immer noch in demselben Tierheim, in dem gleichen kleinen und
dunklen Zwinger, in den sie als Welpen eingezogen sind. Kalter Beton,
Gitterstäbe, Metallzäune und das ständige Gebell der anderen Hunde
ringsherum. Das ist ihr ganzes und trauriges Leben.
Viele sind gekommen und gegangen, aber für die beiden hat sich in zwölf
endlos langen Jahren nichts geändert. Nur grau sind ihre Schnauzen
inzwischen geworden, die Knochen müde, niemand der sie liebt und ihre
Herzen vollkommen leer, keine Hoffnung für die beiden.
Dana ist inzwischen blind und bei Steva hatte sich ein bösartiger
Kiefertumor gebildet.
Für beide ist es fünf Minuten vor Zwölf, als die betreuende
Tierschutzorganisation endlich einen Paten für die beiden findet, beide
gemeinsam zu UNS ausreisen dürfen.
Da wir uns über ihre Verträglichkeit mit anderen Hunden nicht sicher
waren, bekamen sie bei uns ihre eigene Gartenhütte, rund 20 m² groß,
beheizt und auch mit Betten und weichen Teppichen ausgestattet.
Während Dana gutes Essen und ein warmes, bequemes Bett zu schätzen
lernte, versuchte ihr Bruder all das nachzuholen, was er in den letzten zwölf
Jahren versäumt hatte.
Und diese Hütte wurde sein ganzer Stolz!
Der Platz hinter dem Ofen, sein „ein & alles".

Beim Reinigen war er immer mit dabei, jede Decke gehörte ordentlich an seinen Platz, auf jedem Napf schien Steva zu stehen.

Brustgeschirr und Leine wurden seine Freunde.

Jeder Spaziergang ein echtes Erlebnis, ein Schnüffeln, ein Laufen und Springen, ja solange bis ihm die Weite auf unseren Feldern Angst zu machen schien.

Er, der nur die Enge seines kalten und dunklen Zwingers kannte, stieß rasch an seine Grenzen. Aber trotzdem ständig bemüht, immer nur sein Bestes zu geben. Aber so sehr er sich auch bemühte, sein Tumor wuchs ständig weiter und war leider inoperabel, seine Kraft am Schwinden und seine Tage mehr als nur gezählt.

Nur 30 gemeinsame Tage blieben uns, nach zwölf endlos langen Jahren im Tierheim. Es war März, als er uns für immer verließ, und obwohl er noch Gras unter seinen Pfoten spüren durfte, so blieb ihm doch der blühende Frühling mit all seiner Pracht und seinen Gerüchen verwehrt.

So sehr hatte ich es mir für ihn gewünscht!

In seiner geliebten Hütte, mit uns und seiner Schwester an seiner Seite schlief er für immer ein.

Es war kein leichtes Gehen.

Ich denke, erst als er sich sicher war, dass wir gut für Dana sorgen würden, nahm er sich die Zeit für seinen Abschied und seinem letzten Atemzug.

Und Dana, sie tat etwas, was sie nie zuvorgetan hatte.

Sie, die das weiche Bett nur ungern verließ, lag den ganzen Tag an Stevas Platz, vor der Hütte und hielt ihre Wache.

An genau jenem Ort, an dem ihr Bruder vier Wochen lang für sie Wache gehalten hatte.

Nun tat sie es für ihn, so als ob sie ihm die letzte Ehre erweisen wollte.

Nach Stevas Tod zog Dana zu uns ins Haus, kam hier gut mit unserem bestehenden Rudel zurecht und erfreute uns noch ganze drei Jahre mit ihrer unglaublich liebevollen und geduldigen Art.

Dana und Steva gekannt zu haben und sie ein Stück ihres Weges begleiten zu dürfen, war uns eine große Ehre.

Es war ein Neubeginn im Tierschutz für uns, weg von der Welpen- und Junghund-Vermittlung, hin zur Alten- und Krankenbetreuung. Weg vom Ausbilden und Funktionieren, hin zum Begleiten und Verstehen.

Viele sind nach ihnen gekommen und doch ist es, als wären die beiden erst gestern gegangen.

Noch immer sehe ich Steva vor seiner geliebten Hütte liegen und höre Danas Aufspringen, wenn das Klappern der Metallschüsseln zum Essen ruft.

Es gibt sie, die Dinge, die für ewig in unseren Herzen bleiben!

Es ist nicht die Dauer der Zeit, die wir miteinander verbringen, sondern das, was wir in dieser Zeit einander geben können. Steva blieb nur kurz, doch er gab so viel. Lehrte uns so viel und wird für immer in unseren Herzen und Gedanken bleiben, solange bis wir einander wieder sehen.

Warum ich das alles schreibe, oder warum wir tun, was wir tun müssen?!? Ganz einfach!

Irgendwo da draußen ist eine wundervolle Seele auf vier Pfoten (vor allem auch im Tierschutz zu finden), die nur auf ihren besonderen Menschen wartet, um genau diesem einen Menschen das Herz und ihr ehrliches Vertrauen zu schenken und genau für diesen einen Menschen das zu sein, was man einen echten Seelenhund nennt.

Andrea Krauskopf
(Gründerin eines wundervollen Gnadenhofes inmitten von Österreich)

PS: Bitte entscheidet euch für einen Hund aus dem Tierschutz, denn auch sie haben mehr als nur ihre Chance verdient, irgendwann und irgendwo ihren Menschen zu finden. Danke!

Denn nicht alle Hunde wollen gerettet werden!

Wieder endet ein mit viel Gefühl und Inbrunst geschriebener
Tierschutzartikel mit diesen Worten. Zurzeit kursieren unzählige ähnlich
klingende Artikel durch die Internet-Foren und FB-Plattformen, alle
vergleichbar und mit dem gleichen Tenor, als hätten sie einfach
voneinander abgeschrieben.
Würde man sie alle in einem Satz zusammenfassen, dann würde hier wohl
stehen: „Genug ist genug, lasst die Auslands-Hunde einfach wo sie sind!"
„Denn sie wollen nicht gerettet werden, sondern sie wollen einfach bleiben
wo sie sind."
Wie so oft fällt mir auch gerade bei diesem Artikel sofort die kleine und sehr
schöne Maya ein. Eine kleine hübsche Promenadenmischung aus
Griechenland, wie so viele andere auch. Maya war sehr schüchtern, ein
aufgelassenes Firmengelände damals ihr Zuhause.
Nein, Maya war ein echter Freigeist, sie wollte nicht gerettet werden.
Die Tierschützerin vor Ort brachte ihr regelmäßig Futter / frisches Wasser
und für die nächste Kastrationsaktion stand ihr Name schon auf der Liste.
Aber soweit sollte es nicht kommen, denn das letzte wirklich grausame Bild
das ich von Maya im Kopf habe, ist ihr vollkommen verkohlter Leichnam
und ihre ungeborenen Welpen, auch verbrannt und noch im Geburtskanal
steckend. Hatte man sie vorher erschlagen und dann verbrannt?
Oder grausam bei lebendigem Leib verbrannt und ihre ungeborenen Babys
gleich mit ihr?
Wir wissen es nicht und wir werden es auch nie erfahren!
Trotzdem bleibt da immer wieder die Frage in meinem Kopf und in meinem
Herzen, lässt mir keine Ruhe.
Hätte Maya gewusst, was da für sie kommen wird, hätte sie dann gerettet
werden wollen?
Hätte sie vielleicht doch die trügerische Freiheit gegen ein Leben in
Gefangenschaft getauscht, für sich und ihre Welpen?

Wollte Maya wirklich nicht gerettet werden?

Oder dient dieser Satz nur unserem eigenen Gewissen?

Reden wir uns einfach alles nur schön, was wir nicht hätten ändern können oder wollen?

Geben wir uns selbst die Absolution, weil wir sie nicht alle retten können?

All die Streuner, all die Ausgesetzen, all die Freigeister unter ihnen und all die Vergessenen?

Zu viele sind es, um für alle eine Familie zu finden!

Eine Familie und eine schützende Hand, wo sie vielleicht für ihre Menschen ein echter Seelenhund hätte werden dürfen.

Und trotzdem produzieren wir Menschen Hunde munter immer weiter!

Wir vermehren immer weiter, Obst verdirbt auf unseren Feldern, Getreide wird verbrannt, Milch in die Gosse geschüttet und auch vor Lebewesen machen wir schon lange nicht mehr Halt!

Die menschliche Profitgier kennt keine Grenzen mehr…immer mehr, viel mehr, noch viel mehr und das auch bei all diesen Hunden!

„Unsere Tierheime sind gnadenlos voll", erklärt mir die nette Dame von neben an, während sie Tomaten aus Spanien und Zitronen aus Italien in ihren Einkaufswagen legte.

„Wir brauchen keine Hunde aus dem Ausland!"

„Und außerdem"…fügt sie hinzu: „Sind diese Hunde ja eh alle vollkommen verstört in ihrem Kopf."

„Was bedeutet vollkommen verstört", frage ich sie.

Sie sucht nach den passenden Worten…

Ich frage sie nach ihrem Akzent und sie erzählt mir stolz, dass sie aus der Slowakei kommt, aber schon seit vielen Jahren in Österreich verheiratet ist.

Ich freute mich für sie, denn was gibt es Schöneres als ein Zuhause mit liebenden Menschen zu haben.

Egal wo auf dieser Welt!

Und trotzdem bleibt ein flaues Gefühl in meinem Magen.

Denn warum ziehen wir bei Tieren eine Grenze, die es weder für Menschen, noch für Obst und Gemüse gibt?

Hat nicht jede Seele ein Recht darauf, gerettet zu werden, egal auf welcher Seite der Grenze sie geboren wurden?!

Offensichtlich nicht, wenn man dem neuen Tierschutzgesetz in Österreich glauben darf. Lange vorbereitet und minutiös geplant, versetzt es dem Auslands-Tierschutz den schon langen geplanten Todesstoß, denn kleine Vereine dürfen kein Zuhause mehr für ihre Schützlinge suchen.

Kommerzielle Vermehrer und Züchter reiben sich die Hände, denn sie vermehren immer weiter, im Hinterhof, im Wohnzimmer oder als eingetragener Züchter im Irgendwo.

So mancher Züchter mag zwar seriös sein und zumindest seine Tiere artgerecht behandeln, aber an der Moral worum es wirklich geht, zweifelte ich trotzdem an vielen Stellen!

Denn wer setzt Leben in diese Welt, wenn nebenan tausende andere brutal entsorgt, getötet und vernichtet werden.

„Zum Erhalt der Rasse" und lauter solche Sprüche!

Ach ja, der von Menschenhand geschaffenen.

Angebot und Nachfrage bestimmen den Markt. Hauptsache der Rubel rollt, zu Lasten all der Tiere! Bleibt die Nachfrage gleich und werden bedauernswerte Auslands-Hunde nicht mehr zu Dumpingpreisen angeboten, so greift der Kunde wieder zur „heimischen" Markenware.

Wer sich vorher den Mischling von der Straße holte, der nimmt jetzt den Weg zum teuren, aber zum ach so gesunden Hund vom Züchter.

Da soll noch jemand sagen, dass Gesetz wäre nicht gut durchdacht und ein Schelm, wer nun böses denkt. Nun ja, Züchter haben eben eine gute Lobby, Straßenhunde nicht! Auf dem Weg nach Hause fällt mir der Artikel wieder ein: „Rausgerissen aus seiner Umgebung und seinem Land, wie traumatisch für den Hund", stand da zu lesen.

Stimmt, denn vergiftet, erschlagen oder lebendig verbrannt zu werden, ist sicher wesentlich weniger traumatisch für all die Hunde!

Viele Hunde haben wir in den letzten Jahren begleitet, viele von ihnen waren wirklich durch das Erlebte traumatisiert. Dennoch haben alle ihren Weg in ihre eigene Familie gefunden und viele wurden echte Seelenhunde für ihre Menschen.

Das Retten dieser Hunde an sich ist nicht das Problem.

Das „Management" danach ist der springende Punkt nach der Vermittlung und das rasche Vermitteln um jeden Preis und das Retten wollen, ohne sich der Tatsache zu stellen, dass es mit diesen oft arg geschundenen Lebewesen immer Probleme geben kann, mit denen man sich auseinandersetzen muss.

Und wenn es nur das Vertrauen ist als Hürde, was sich der Mensch erarbeiten muss.

Man setzt dort an, wo es keine Diskussion geben sollte, nämlich bei der Tatsache, dass jedes Lebewesen ein Recht auf Hilfe hat!

Die Menschen erwarten von diesen Hunden viel zu früh einfach zu viel und die neuen Halter werden zu wenig informiert, vernünftig angeleitet oder gar betreut. Sich in einer Welt zu Recht zu finden, in die man nicht hineingeboren wurde, ist für diese Hunde schon schwer genug.

Am ersten Tag Gassi gehen, am zweiten Tag mit der U-Bahn fahren und am dritten Tag sämtliche Bekannte kennen lernen.

Menschlichen Flüchtlingen gestehen wir Anpassungsprobleme zu, fördern ihre Integration und üben uns in großer Toleranz.

Der „eingebürgerte" Hund MUSS aber vom ersten Tag an sofort und natürlich absolut perfekt und richtig funktionieren!

Nicht selten werden Hunde nur mit der Auflage vermittelt, eine Hundeschule zu besuchen. Wie soll man ihn denn sonst vorzeigen können. Jetzt anzusetzen ist schon fast zu spät!

Der Hund ist panisch, vollkommen überfordert, alles neu, alles anders und vollkommen unbekannt in seiner neuen Welt / Zuhause, die Halter genervt, der Hundetrainer meist mehr als nur ratlos.

Echte Anpassungsprobleme lassen sich weder über ein „preußisches" Sitz
und Platz, noch über Nacht im Ansatz lösen.
Tja, wieder so ein Hund, der nicht gerettet werden wollte!
In einer Zeit, in der nur Schönheit und Vorzeigbarkeit gelten und man
Krankheit und Kosten scheut, bleiben solche Hunde auf der Strecke.
Andersartigkeit hat keinen Platz in unserer Gesellschaft.
Was nicht schnell und kostengünstig angepasst und verändert werden
kann, ist kaum etwas wert.
Vermittlungspotential ist das Schlagwort.
Wer keines hat, dem bleibt nur das Warten auf den Tod.
Und trotzdem gibt es irgendwo für jeden Topf einen Deckel.
Einen Menschen, zu dem genau dieser eine ganz besondere Hund
vollkommen passt, mit all seinen Eigenheiten, Ecken, Kanten und seinen
Bedürfnissen. Wer gibt uns also das Recht zu sagen, dass genau dieser Hund
es nicht wert ist, gerettet zu werden?!
Auch ich als Mensch bin nicht perfekt, funktioniere nicht auf Abruf und
vieles mehr. Nein weit davon entfernt und unzählige Baustellen pflastern
meinen eigenen Weg als Mensch.
Und auch für mich gab es immer wieder Menschen, die hinter die
unperfekte Fassade geblickt haben und mir die Hand gereicht haben.
Rational muss man im Tierschutz denken, nicht emotional.
Ich frage mich auch immer wieder, wie viele Gräber der Verfasser dieser
Worte wohl schon geschaufelt haben muss?!
Wie viele Tiere waren es in all der Zeit, die nicht gerettet werden wollten, er
schon beerdigt hat?!
Wie vielen von den Hunden, die nicht gerettet werden wollten, er beim
Sterben den Kopf gehalten hatte und schließlich ihre toten Augen schließen
musste.
Papier ist sehr geduldig und aus der Ferne rationales Denken leicht.
Aber was, wenn man vor Ort die Gräber geschaufelt hatte?

Ich sehe immer wieder die kleine Maya vor mir, ihren geschundenen,
verkohlten Körper und ich frage mich zum bestimmt tausendsten Mal, ob
sie nicht doch gerettet werden wollte?!
Ob ich es mir zu einfach gemacht habe?
Ja es gibt sie, die Bilder in meinem Kopf und auch all die schweren Steine
auf dem Herzen, die man sein Leben lang mit sich tragen muss.
Und im Tierschutz gibt es leider wirklich viele davon, all die vielen Bilder
und all die vielen Steine!
Manches aber lässt mir keine Ruhe, bei all meinen Gedanken und in einer
stillen Stunde.
Vor allem aber auch immer wieder die beklemmende Frage, ob Maja für
jemand in dieser Welt ein einzigartiger und wundervoller Seelenhund hätte
werden können? Wenn sie diese Chance geschenkt bekommen hätte?!
Ich weiß es leider nicht...

Andrea Krauskopf

(Inhaberin / Leitung eines Lebenshof / Gnadenhof in Österreich)

Warum ich diese Zeilen hier schreibe?
Ich möchte einfach Menschen dazu animieren, ihren möglichen Seelenhund
im Tierschutz zu suchen und es wäre mehr als nur sehr schön, wenn der ein
oder andere genau diesen Seelenhund (egal woher sie kommen!) auf
diesem Wege auch finden würde, Danke.

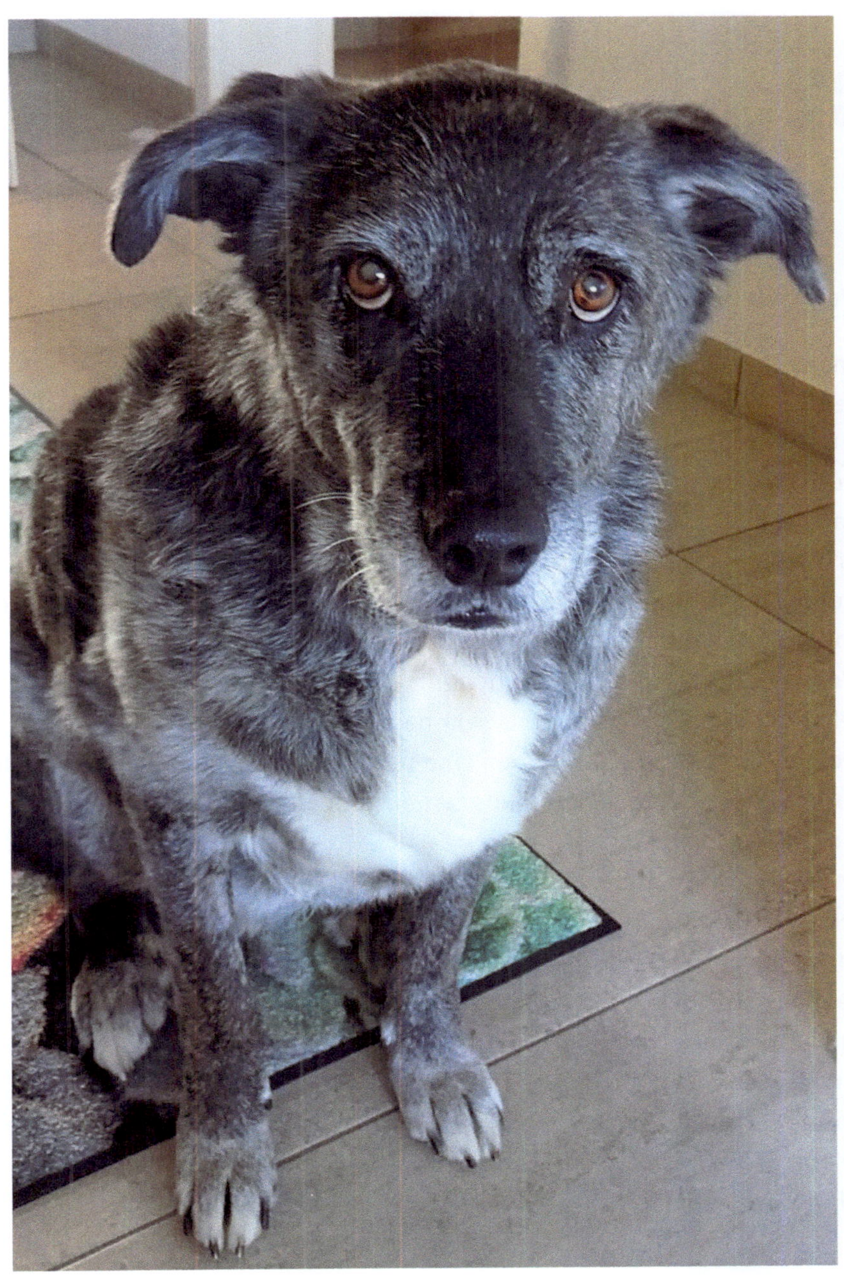

Kapitel 10

Der letzte Tag…Abschied

Wenn wir von einer geliebten Seele Abschied nehmen müssen

Unausweichlich treffen wir eines Tages auf dieses bittere Ereignis.
Der Abschied von einem Lebewesen dürfte für uns alle der schlimmste Tag
in unserem Leben sein.
Jeder Einzelne, der ein geliebtes Lebewesen verloren hat, wird
wahrscheinlich diesen Tag niemals mehr vergessen können.
Ein Abschied, weil ein Lebewesen verstirbt, ist durch seine brutale
Trennung gekennzeichnet, die so unendlich grausam erscheint, weil dieser
Abschied ein Abschied für immer sein wird.
Wenn uns dieser Abschied bevorsteht, nehmen wir Abschied von einer
geliebten Seele, die uns bereits sehr nahestand.
Wo der Abschied von dem einen eine schmerzhafte Erfahrung ist, kann der
Abschied von einem anderen uns fast unseren Verstand kosten.
Woran liegt das?
Ich glaube, umso mehr wir eine gefühlte und sehr tiefgreifende
Seelenverbindung mit einem Lebewesen eingegangen sind, umso
schwerwiegender trifft uns die Trennung durch den Tod.
Denn unsere Seelen und unser Herz scheinen eine tiefe Verbindung und
eine unsichtbare Verbundenheit eingegangen zu sein, die durch den Tod
zerrissen wird.
Unserer Seele wird eine andere Seele genommen, mit der wir gemeinsam
gelebt, gefühlt, geliebt und gelitten haben. Viel zu viele Tiere musste ich
schon verabschieden, durch Alter, Krankheit oder Unfall.

Jeder Einzelne Verlust steckt noch heute tief in meiner Erinnerung und in meinem Gefühlsleben. Wahrscheinlich hat jeder Mensch in dem Moment, wo der Abschied zur Realität wird, sein eigenes Empfinden dazu?
Ich möchte berichten, welche Empfindungen ich persönlich wahrgenommen habe.
Meine Hunde, die ich zu meinen Seelenhunden zählte, haben eine besondere Herausforderung an mich gestellt.
Denn die echten Seelenhunde, die ihren Abschied plötzlich und manchmal auch völlig unerwartet durch Krankheit ankündigten, waren besonders schmerzhaft, weil die Angst und das Bewusstsein darüber, dass unsere gemeinsame Zeit nun deutlich begrenzt war, ab dem Moment der Diagnose ganzheitlich mein Gefühlsleben sehr beeinflusste.
Die Angst diesen Seelenhund zu verlieren, die eigene Machtlosigkeit daran nichts ändern zu können, dass Unbehagen darüber, dass es meinem Hund schlecht geht, die Angst den Tag des Abschiedes zu früh oder zu spät zu treffen und der schwere Gedanke an das DANACH.
Der Seelenhund wird ausgelöscht sein, man kann ihn nicht mehr fühlen, auch nicht mehr spüren.
Sein Platz wird leer sein, unsere Gewohnheiten werden überflüssig sein.
Ich bin immer wieder darüber sehr erstaunt gewesen, wie klar und nüchtern ich selbst trotzdem in der Lage war, anscheinend den unausweichlichen Zeitpunkt genau wahrzunehmen.
Mein Seelentier hat mir unmissverständlich zu verstehen gegeben, dass es an der Zeit ist.
Dieser eine und verdammte Zeitpunkt, um zu gehen.
Ab diesen Moment war ich ruhig, eigentlich fühlte sich in mir alles in dieser Zeitspanne eher leer an.
In meinem Leben ist noch keiner meiner Tiere durch Alter oder Krankheit einfach so eingeschlafen. Ich musste immer diesen einen bitteren und grausamen Termin vereinbaren.

So fanden diese Termine entweder in der Tierarztpraxis statt, oder direkt zu Hause, was immer der deutlich bessere Weg war.

Aber leider nicht immer zu realisieren!

Aber egal, ob in der Tierarzt-Praxis, oder auch daheim, der Tierarzt untersuchte mein Tier nochmals, um meinen Eindruck bzw. Entschluss zu bestätigen und bereitete alles Weitere vor.

In der Zeit hielt ich mein Tier immer fest in meinen Armen und meine Tränen liefen sehr langsam und beherrscht, meine Stimme war leise und ich versuchte diesen letzten Moment intensiv zu erleben.

Es war der letzte Moment, in dem ich mein Tier lebend fühlte, sein Herz in meinen Armen schlug. Dann wurde die Narkose gesetzt und man hat das Gefühl, dass die Erde aufhört sich zu drehen!

Selbst Geräusche konnte ich kaum noch wahrnehmen, konzentrierte mich auf das Gefühl des Erlebens gegenüber meinem Tier.

Ein letzter vertrauter Blick, ein letztes Augenzwinkern, ein letzter Atemzug.

Als dann die Euthanasie einsetzte, machte sich ein Grollen in mir breit, ich nahm alle meine Tiere noch fester in den Arm, als würde man doch noch versuchen, sie festzuhalten und genau dieses Gefühl machte sich in mir breit, als der Tierarzt bestätigte, dass das Herz nun nicht mehr schlägt.

Ich hielt mein totes Tier und es wurde dann so unglaublich still, aber auch so unglaublich friedlich und ich hatte das Gefühl, dass wir durchaus noch verbunden sind, nur der Schmerz und Leid von meinem Tier gewichen sind.

Aber dann…dann schien das innige Band zwischen uns abzureißen, erschreckend war das Gefühl von Ruhe und Stille und plötzlich stieg der Schmerz unaufhaltsam in mir auf, wie eine Naturgewalt und die Tränen flossen nun nicht mehr in dezenter Ruhe, sondern glichen eher echten und großen Wasserfällen.

Die Stimme war gebrochen, die Worte fehlten und das Tier, was mein Seelenhund war, erschien mir plötzlich wirklich fremd.

Nur ein toter Körper, kein Stückchen Leben mehr!

Für mich war die Seele tatsächlich gewichen und nur noch die Hülle des Hundes war geblieben.

Aber diese leblose Hülle erschien mir fast schon fremd.

Ab diesem Moment, wo das Band zwischen uns unterbrochen war, überkam mich diese tiefe Trostlosigkeit, eine Zerrissenheit die man kaum beschreiben kann.

Eine Trauer, die überaus sehr mächtig ist.

Tage, Wochen und Monate war / ist dieser Verlust und der tiefe Schmerz kaum zu überbieten!

Aber trotzdem hatte ich immer wieder das Gefühl, die Seele meines Hundes irgendwie in meiner Nähe wahrzunehmen.

Immer wieder spürte ich etwas, was ich nicht erklären kann.

Das ging nicht auf Abruf, aber es kam immer wieder!

Mal unerwartet und sehr sonderbar, ein anderes Mal plötzlich und auch vertraut. Diese kurzen Momente habe ich genossen und sie mir immer wieder herbeigewünscht, weil sie eine Vertrautheit ausgestrahlt haben, als stünde dieses Tier unmittelbar in meiner Nähe oder neben mir.

Andere Tiere haben einen durchaus vergleichbaren Schmerz des Verlustes ausgelöst, aber ich muss gestehen, ich konnte mich aus dieser Trauer heraus schneller stabilisieren.

Über sie konnte ich viel schneller berichten, ohne diesen inneren und starken Schmerz wahrzunehmen, der sich frisch und ganz nah anfühlt und auch die Augen waren in der Lage, trocken zu bleiben.

Aber meine echten Seelenhunde, die mich mehr als nur berührten, treiben mir noch heute, selbst nach all den Jahren, die Tränen des Abschieds ins Gesicht, sobald ich an sie denke, Bilder sehe, oder wenn ich sie in mir und meinen Gedanken abrufe.

Eine andere Erfahrung musste ich machen, als mir einer meiner Seelenhunde plötzlich, völlig unerwartet und überraschend durch einen Autounfall genommen wurde.

Das war ein Moment, der unvergleichbar grausam war.

Es war kein Abschied möglich, man konnte nicht „auf Wiedersehen" sagen, kein letzter Blick der einfach nur berührte, einfach nichts...

Mein Seelenhund wurde von einer Sekunde auf die andere aus meinem Leben gerissen, auch aus seinem viel zu jungen Leben.

Es traf mich unvorbereitet und ich konnte die Seele meines Hundes nicht mehr wahrnehmen.

Das was mir blieb, war eine leere Hülle und diese Seele, die nun gehen musste. Nichts war mehr greifbar, sie wurde mir direkt aus meinem tieferen Inneren und meinem Herzen gerissen.

Dies war mehr als nur ein Abschied gewesen und ein sehr großer Verlust, der mich gefühlt fast um den Verstand gebracht hatte!

Auch getrieben von der brutalen Tatsache, dass dieser Abschied noch lange nicht hätte sein dürfen und natürlich auch große Vorwürfe, die mein Gewissen in mir drinnen weckte.

Bei diesem Seelenhund hatte ich lange nicht das Gefühl, ihn später noch irgendwann und irgendwie wahrnehmen zu können.

Es war, als wäre auch seine Seele nahezu traumatisiert gewesen.

In meiner Vorstellung finden die Seelen unserer Hunde irgendwo immer einen Platz, die einen brauchen länger, bis sie sich komplett von ihrer Verbindung lösen, die anderen sind nach ihrem Ableben einfach weg.

In meiner Vorstellung können sie auch zurückfinden, in meiner Vorstellung finden sie einen Weg, der uns auf sonderbare Weise auf sie aufmerksam macht, um diese Seele wieder bei uns aufzunehmen.

Mit dieser Vorstellung zu leben, versöhnt mich ein wenig mit dem Kommen und Gehen von Leben.

Aber eins wird immer gleich sein, der Abschied meiner Tiere und meiner Seelenhunde ist und bleibt das immer wiederkehrende schmerzhafteste, was mich schon viel zu oft getroffen hat. Und trotzdem gebe ich nicht auf, solange ich es kann, diese Seelen bei mir aufzunehmen!

Egal ob neue oder vertraute und die Suche nach meinen Seelenhunden wird
niemals enden!
Wenn mein eigenes Leben eines Tages endet, ist es mein größter Wunsch,
all die treuen und geliebten Seelen meines Lebens wieder zu treffen.
Sie berühren, sie zu spüren, ihren Herzschlag einfach nur zu hören, in einer
anderen und vielleicht besseren Welt.
An dieser Vorstellung möchte ich mich festhalten, in Gedanken tief
versunken, es wäre einfach wunderbar.

Anuschka Schöle

Der Tag ist gekommen, es ist die Zeit des Abschieds

Eben noch gemütlich gefrühstückt, in den Kreisen meiner Lieben, stehe ich
jetzt da und weiß, dass nun die Zeit des Abschieds gekommen ist.
Gibt es tatsächlich einen richtigen Zeitpunkt für das Sterben?
Diese Frage habe ich mir immer wieder gestellt, alleine schon deshalb, weil
mein Hund nie wirklich der gesündeste war.
Kommt der Tod nicht immer viel zu früh oder doch zu spät, oder einfach nur
plötzlich und unerwartet zur falschen Zeit? Oftmals (bei anderen Hunden im
Vorfeld) hat sich mein Gefühl bestätigt, dass mein geliebter Seelenfreund
bereits alles gegeben hat, des Kämpfens müde war und mehr als bereit war,
an einem ganz normalen Tag zu gehen.
Sein letzter Blick war ruhig und irgendwie auch sehr vertraut, als begrüßte
er den Tod als Befreiung seiner großen Seele.
Lange schon habe ich mich vor diesem einen ganz bestimmten Moment in
unserem Leben sehr gefürchtet.
Irgendwann wird es immer weniger weh tun im Herzen, behaupten
zumindest viele Menschen.
Wirklich dankbar werde ich zurückdenken an jeden schönen Augenblick,
jeden noch so schönen Moment, jede Stunde und Sekunde, den er treu und
ergeben an unserer Seite war.
Irgendwann, wenn der Verlust den Gedanken etwas weicht.
Deine Seele ist jetzt dort, wo es keine Schmerzen mehr für dich gibt.
Und wir treffen uns noch immer in meinen Träumen. Viele Gedanken gehen
mir durch den Kopf und in Erinnerung an unsere Zeit, wenn ich so manchen
Abend in den Himmel schaue.
Da stehst du wieder neben mir, mit wedelnder Rute und deinen
leuchtenden Augen.
Du lachst mich an, stupst mich so vertraut mit deiner Nase, so wie es früher
immer war.

Und wenn ich dann aus meinem Traum erwache, bin ich mir mehr als
sicher, dass du noch da bist und sich unsere beiden Seelen sich wieder
finden werden, hier oder irgendwo da draußen in einer völlig anderen Welt.
Viele meiner Freunde nennen es das Land der „Regenbogenbrücke".
Und ich hoffe sehr, wir werden uns irgendwann dort wiedersehen mein
kleiner treuer und geliebter Freund!

Stefan Klink

Jana

Meine Jana war nach manchen „Definitionen", die man so findet, eine echte Seelenhündin. Wir achteten uns so sehr. Wir verließen uns aufeinander. Zacki (mein lieber Pitbull- / Staff-Mischling) und Jana änderten mein Leben, mich, meine Einstellung zu allem.
Jana gab mir so viel Kraft und unsere Seelen waren so tief verbunden.
Diana (so hieß sie ursprünglich) kam als Welpe in ein spanisches Tierheim, in dem dort gerade die Tötungen abgeschafft wurden, hatte dort ihre traurigen und ersten sechs Lebensjahre verbracht. War dort mehrfach trächtig (aus Kostengründen wurden die Hunde ja nicht kastriert), die Welpen wohl recht spät abgetrieben (so wurde es uns erzählt).
Ich hatte die damals Möglichkeit, selbst mit einem Transport für den Verein, der sie mir als Pflegehund vermittelte, mitzufahren.
Als ich sie sah, war ich nahezu entsetzt. Sie war dick (wusste sich wohl am Futterautomaten durchzusetzen), nicht wirklich ein Pointer (wie zuvor beschrieben), hatte ein stark hängendes Gesäuge…
Es hieß, sie wäre nahe dran, sich aufzugeben und ich wollte ja auch einfach eine Hündin, die dort dringend aus der Tötungsstation raus musste.
Ich setzte mich zu ihr in den Zwinger, irgendwann kroch sie auf meinen Schoß und daraufhin war für sie alles klar.
Sie vertraute mir und vergötterte mich auf ihre Art.
Als Jana (wie ich sie nannte) zu uns kam, kannte sie absolut nichts, außer Beton- und kalte Lehm-Böden des spanischen Tierheims und den dortigen Kampf um das tägliche Überleben.
Sie wusste nicht über eine Wiese zu laufen, geschweige denn, wie man auf dem Boden liegende Stöckchen überwindet. Aber Jana war eine sehr starke Hündin, eine echte Persönlichkeit auf ihren vier Pfoten. Zacki half ihr natürlich, diese für sie neue Welt kennenzulernen und zu erkunden.
Sie blieb Fremden gegenüber reserviert, hatte ihre klaren Vorstellungen, aber da sie nie misshandelt worden war, hatte sie auch keine Ängste.

Nach ein paar Jahren kam der erste Schicksalsschlag für uns, Tumore in der Gesäuge-Leiste. Es folgte eine OP und sie machte es großartig.

Ein gutes Jahr herrschte Ruhe, dann erneute Tumore, wahrscheinliche Metastasen-Bildungen und mir war klar, mehr Therapie und weitere OPs mute ich ihr nicht mehr zu. Ich verbrachte die Zeit damit irgendwie zu versuchen Mittelchen zu finden, die all die Probleme nebenwirkungsfrei hinauszögern können, ihr etwas Kraft zu geben, bei ihr zu sein, alles mit einer tollen Tierärztin an unserer Seite.

Eines Abends zeichnete sich eigentlich schon ab, dass es ihre letzte Nacht sein würde. Sie war sehr unruhig und irgendwie anders als sonst.

Es tat mir in der Seele und im Herz so unendlich weh, dass ich ihr kaum Ruhe geben konnte. Morgens war dann alles klar.

Sie war ruhig. Sie war entspannt, konnte aber kaum aufstehen und war auch schon irgendwie „auf ihrem letzten Weg".

Ich rief meine Tierärztin an!

Da Jana trotz allem entspannt wirkte und sich, glaube ich zumindest, einfach von uns in Ruhe verabschiedet hatte, vereinbarten wir, dass die Tierärztin erst abends zu uns kommen und ihr helfen würde.

Jana und ich verbrachten einen letzten und sehr innigen Tag.

Sie lag neben mir auf dem Sofa, schleckte zwischendurch ein bisschen Ziegenkäse und mir schien, als versuchte sie mir klar zu machen, dass es nicht schlimm sei, dass sie bald an einen anderen Ort gehen würde.

Wir waren so inniglich verbunden.

Wir waren eigentlich immer zusammen (durch meine Unüberlegtheit hatte ich ihr eine massive Trennungsangst anerzogen, so dass sie keine fünf Minuten alleine bleiben konnte). Es waren fünf wunderschöne und gemeinsame Jahre, die wir miteinander verbringen durften.

Sie kam zu mir und entschloss sich für immer zu bleiben.

Und jetzt sollte sie bald weg sein? Ohne mich?!

Sie war so stark, so stolz, mein wundervolles Mädchen.

Sie hat sich immer auf mich verlassen und so wusste ich, dass auch ich mich
nun von ihr verabschieden musste.
So schlief meine wunderschöne Jana am 31.5.2013 in meinen Armen ein.
Tagsüber hatte ich schon mehrere Krematorien angerufen.
Ich hatte Jana versprochen, dass ich sie nie alleine lassen würde.
Das war ihre größte Angst. So war klar, dass ich mit ihr dorthin fahren
würde, dort warte, bis sie verbrannt war und ich sie wieder mitnehmen
würde. Mir war das klar, den Krematorien nicht so wirklich.
Es gestaltete sich alles etwas schwierig, aber 600 km und einige
Diskussionen weiter bekamen wir am nächsten Tag, was wir wünschten.
Jana war keine Sekunde alleine!
Das war ich ihr einfach schuldig, meiner sehr geliebten Jana.
Meine Schöne, danke für alles, was Du für mich warst und immer für mich
sein wirst! In Gedanken immer noch bei dir und unvergessen.

Miriam Berthold

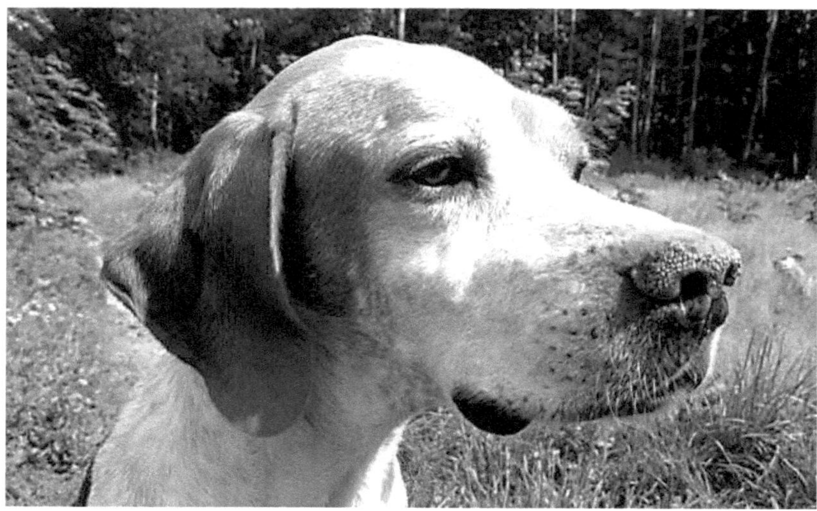

Mein „Bones"

An einem verregneten Tag im Februar 2024…der Tag, an dem mein Seelen-Hund gegangen ist.
Ich wüsste jetzt eine Million Dinge über diesen ganz besonderen Hund in meinem Leben zu sagen, aber es fällt mir unbeschreiblich schwer.
Vor allem sehr schwer anderen zu erklären, was mir dieser Freund auf Pfoten wirklich bedeutet hat.
Ich muss ständig aufhören zu schreiben, in Gedanken ganz woanders, in Gedanken bei meinem „Bones".
Nichts ist mehr so, wie es einmal war!
Mein „Bones", der immer quatschte wie ein großer Wasserfall.
„Bones" war einfach einzigartig und unbeschreiblich in seinem Wesen.
Es gab kein Tier, dem er Leid zugefügt hätte, er freute sich wirklich über alles und jeden!
Er passte immer total strahlend auf seine Hühner-Babys auf und kuschelte mit wirklich allem, was wir in den Jahren angeschleppt haben, egal ob nun auf Pfoten, oder auch mit Federn.
Dabei war es vollkommen egal, ob es ein Igel, Eichhörnchen, Küken, Meerschweinchen, Hasen, Raben oder sonst etwas Lebendiges war.
Es war schon sehr komisch, denn alles kuschelte sich an Bones oder suchte seinen Schutz…immer!
Er hatte eine ganz besondere und sehr außergewöhnliche Aura, denn alle kamen immer zu ihm, von Anfang an.
Dinge wie Sitz, Platz und Fuß hat er nie lernen müssen, auf Grund seiner alten Frakturen und vielen Verletzungen aus seinem Vorleben, bevor er zu uns kam.
All das war unwichtig für uns und vor allem auch für ihn.
Er wusste auch so, wie es geht.
Er blieb immer bei dir…wie ein echter Schatten und auch ohne Leine.
Er war sehr besonders, auf seine ganz eigene und ganz spezielle Art.

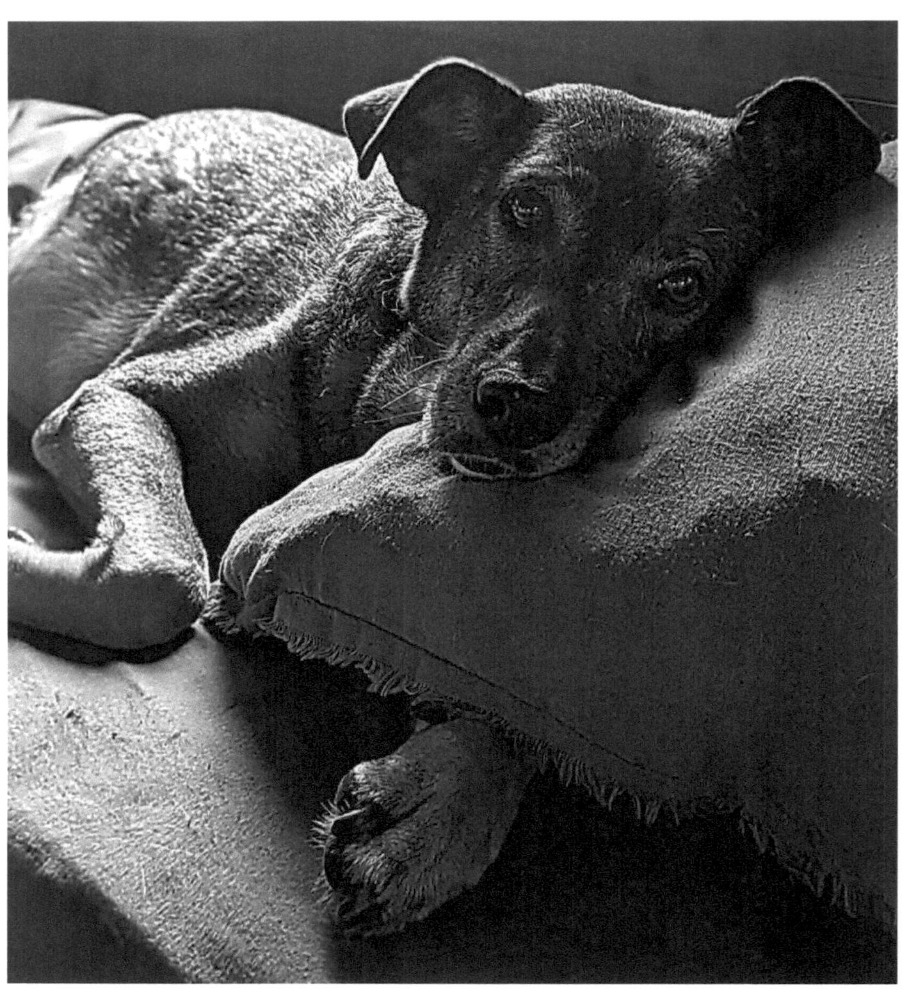

Aber auch wirklich anders, als all die Hunde die ich kannte.

Er hat alles erzogen, was wir ihm vor die Nase gesetzt haben oder durch unser Haus und Garten lief, ohne Ausnahme! Er war zu Lebzeiten schon der größte Engel auf Erden und ich weiß nicht, wie ich das schaffen soll, ohne meinen gestreiften Opi und meinen besten Freund.

Es tut halt so unbeschreiblich weh, als wenn dir jemand ein Teil deines Herzens herausschneidet! So fühlt es sich an.
Ich habe selten so viel geheult, wie die vergangenen und schier endlosen Stunden.
Er war unser Baby, mein echter Seelenhund und ich bin dankbar dafür, dass wir die Chance und die Zeit mit ihm bekommen haben.
„Bones", wenn du gerade zu uns runter schaust, gebe deinem großen Freund „Seppi" bitte ein Zeichen, das es dir jetzt gut geht, wo immer du jetzt bist. Denn er liegt auf deiner Decke und weint ganz fürchterlich.
Auch dein Freund „Rocki" sucht dich und ich höre dich überall, als wärst du immer noch bei uns.
Wir legen für dich ein kleines Einhorn in deine Urne, ich habe es dir ja versprochen und als kleines Zeichen meiner Dankbarkeit.
Er hatte ja einen verrückten „Einhorn-Papa", der ihn über alles liebte!
Ich höre mal besser auf jetzt hier zu schreiben, habe einen schweren Stein auf meiner Brust und einen dicken Kloß im Hals.
Ich muss jetzt wirklich stark sein, für all die anderen!
„Bones", mein treuer Seelenhund und bester Freund, wir sehen uns wieder in einer anderen Welt, irgendwann.

Passt gut auf euch und eure Lieben auf!

Euer Tommy

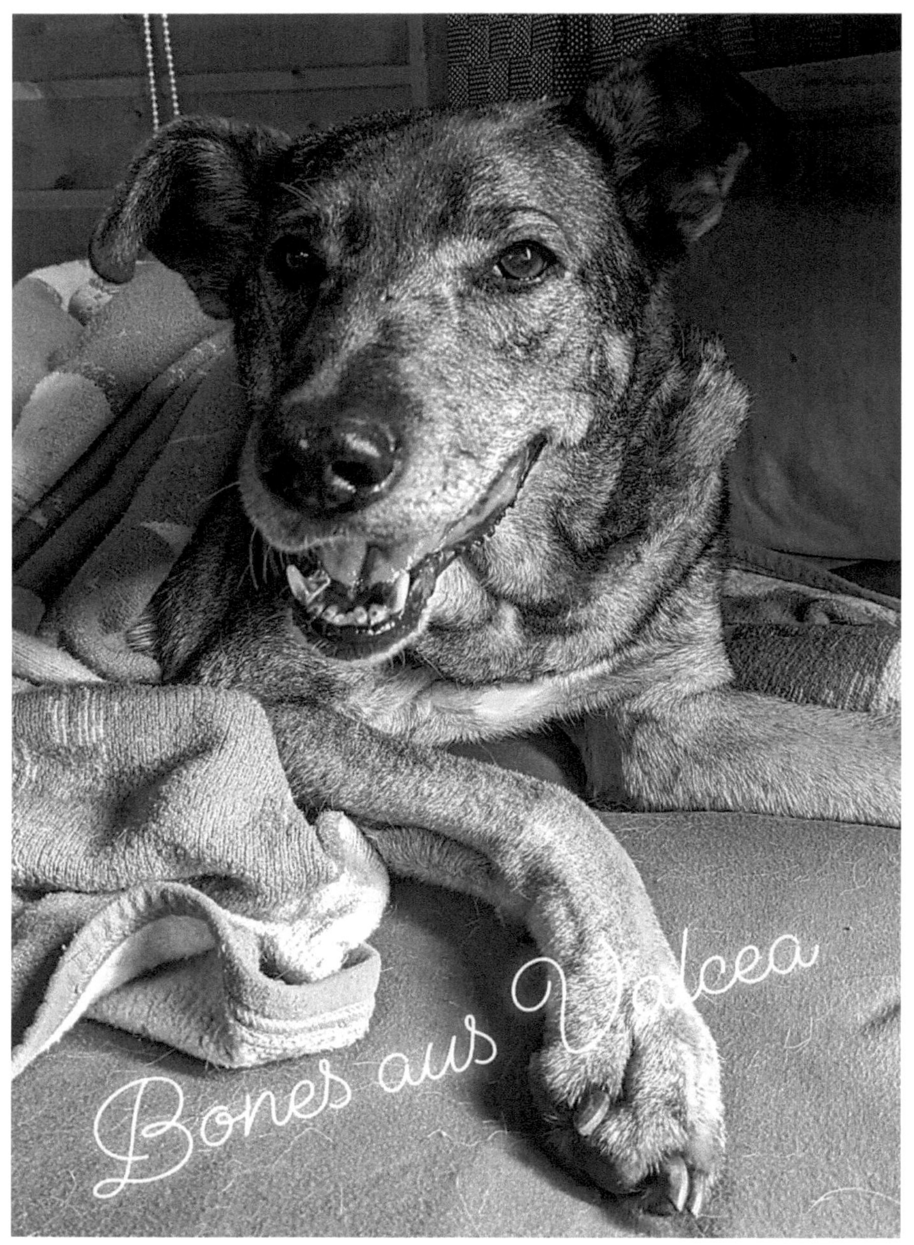
Bones aus Valcea

Kapitel 11

Die letzte Reise eines Freundes

Ich bin immer noch bei dir…
…wache über dich und passe auf dich auf!

Letzte Nacht stand ich an Deinem Bett um einen Blick auf Dich zu werfen,
und ich konnte sehen, dass Du leise weintest und nicht schlafen konntest.
Während Du eine Träne wegwischtest, winselte ich leise vor Deinem Bett,
nur um dir zu sagen: „Ich bin's, ich habe Dich nicht verlassen!"
„Ich bin wohlauf, es geht mir gut und ich bin immer noch hier bei Dir."
Heute Morgen beim Frühstück, da war ich ganz nah bei Dir und ich sah Dich
deinen Kaffee einschenken, während Du daran dachtest, wie oft früher
Deine Hände zu mir herunter gewandert kamen, nur um mich zu streicheln.
Eigentlich so, wie in all den Jahren zuvor auch.
Heute war ich auch mit Dir an meinem Grab in unserem Garten, dort wo ich
immer gerne lag, um einfach in Deiner Nähe die Tage zu genießen.
Aber glaube mir, ich bin nicht dort in dieser kalten Erde, inmitten unseres
schönen Gartens. Ich ging zusammen mit Dir in unser Haus
hinein…eigentlich so wie immer in all den Jahren.
Du sahst so müde aus, als du Dich auf deine Ruhe-Couch sinken ließest.
Ich versuchte wirklich alles, Dich spüren zu lassen, dass ich ganz nah bei Dir
bin. So bin ich Tag für Tag bei Dir, denn ich bin niemals wirklich fort
gegangen! Du schautest Dich um, warum auch immer?!
Hast ganz still und leise auf Deiner Couch gesessen, dann hast Du gelächelt
und ich glaube wirklich, Du wusstest in all der Stille, dass ich ganz nahe bei
dir war.

Der Tag ist nun vorbei, ich lächle und sehe Dich müde gähnen…

…sagte noch zu Dir in meiner Sprache: „Schlafe gut mein Freund, denke an mich und passe gut auf Dich auf, wir sehen uns morgen in aller Frühe, wenn Du deinen Kaffee trinkst!"

Und wenn auch für Dich dieser eine Tag gekommen ist, werde ich für Dich da sein und auf Dich warten. Denn es gibt so viel, dass ich Dir hier zeigen muss…in einer völlig anderen Welt.

Nur Du und ich, wieder vereint, nicht nur in unseren Gedanken und auch nicht nur im Herzen.

Aber habe noch etwas Geduld mein großer Freund, setze Deine Reise durch Dein Leben fort, ganz ohne Eile!

Ich bin ja da, um aus der Ferne auf Dich auf zu passen, Du bist bis dahin nicht alleine!

Und wenn der Tag gekommen ist, werde ich da sein und hier auf Dich warten. Dich mit meiner feuchten Nase stupsen so wie früher, damit Du mich auch wieder richtig fühlen kannst.

Der Gezeiten-Wanderer

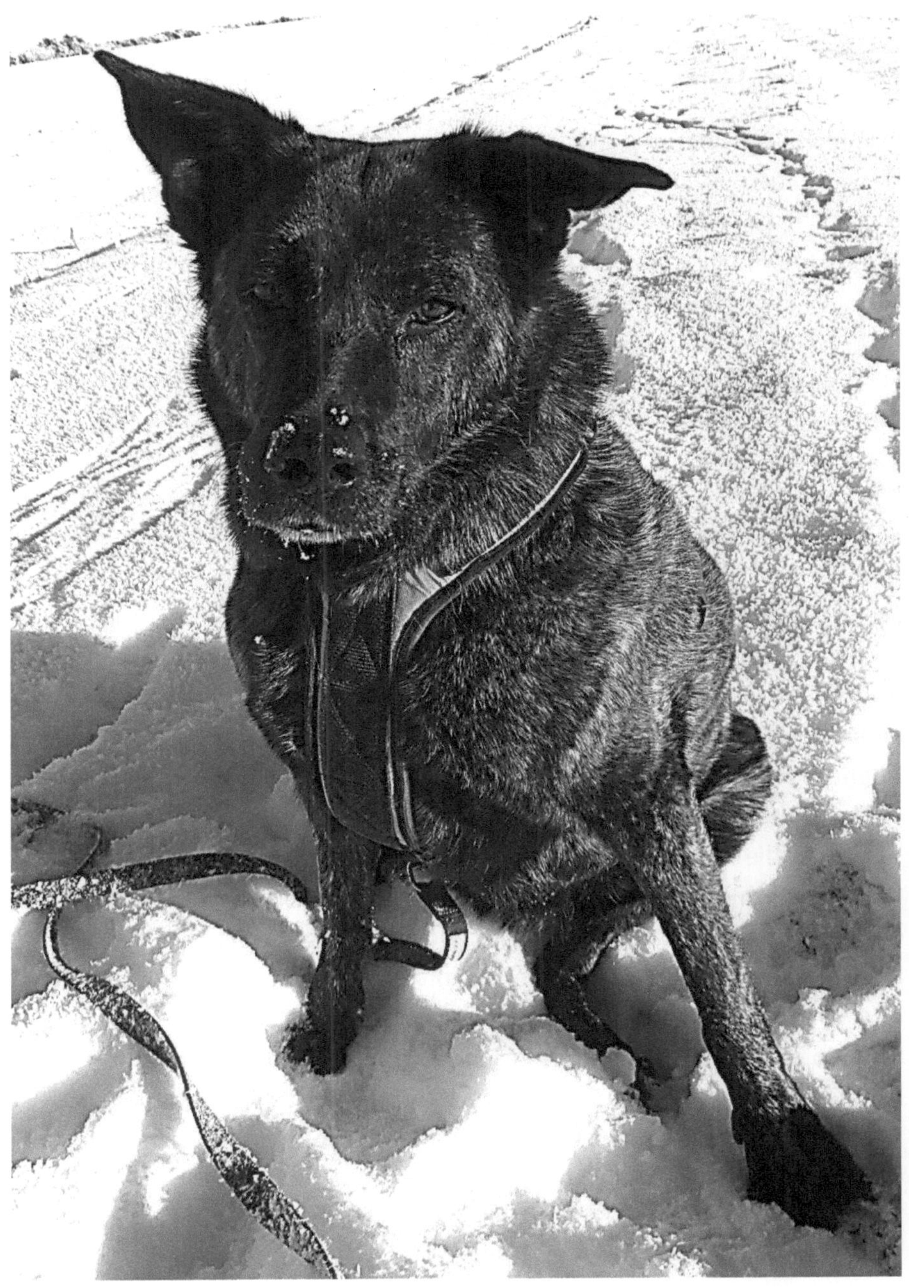

Tränen über Tränen

Scapolo ging es schon die letzten Tage schlecht. Es wurden nur noch kurze
Gassi-Runden. Meine erste Vermutung war der Rücken.
Damit hatte Scapolo schon öfters so seine Probleme.
Einen Termin beim Tierarzt hatten wir auch schon und inzwischen hatte er
kaum bzw. überhaupt nichts mehr gefressen.
Es war an einem Montag, im August 2021 und wir fuhren in die Tierklinik.
Scapolo ging es wirklich nicht gut an diesem Tag, er ging auch kaum noch
raus. In der Tierklinik wurde vermutet, dass Scapolo etwas gefressen hatte,
was er nicht sollte!
Das konnte ich aber zu 100 % ausschließen. Denn Scapolo war
ausgebildeter Gift-Köder-Suchhund, nahm absolut nichts Unbekanntes auf.
Also Spritze und Medikamente für zu Hause.
Die folgende Nacht war ruhig.
Dienstag, Scapolo wollte nichts fressen.
Aus der Hand dann irgendwann ein wenig, aber das war zum Leben für
einen Hund leider viel zu wenig.
Abends kam Franz (mein Mann) von der Arbeit. Scapolo sah ihn, aber kein
wedeln mit dem Schwanz, keine echte Freude, wie es sonst immer war.
Wieder in die Klinik, vor lauter Sorge.
Dort wurde endlich Blut abgenommen, Scapolo musste in der Klinik bleiben,
denn die Nierenwerte waren inzwischen wirklich schlecht.
Wir wussten, dass er mit den Nieren immer wieder Probleme hatte, aber
jetzt so schlecht? Auf einmal und doch so plötzlich?
Scapolo musste bei fremden Menschen bleiben, gar nicht seine Art.
In einer fremden Umgebung, an einem fremden Ort. Alleine ohne mich!
Er ging wie selbstverständlich mit der Arzthelferin mit und hatte sich nicht
einmal zu mir umgedreht.
„Egal, morgen holen wir Dich wieder mit nach Hause", dachte ich mir noch.
„Bis morgen, mein geliebter Freund!"

Mittwoch, 18.08.21 und ich habe mich immer wieder gefragt:

„Hätte ich es merken müssen?"

„Hätte ich seine Schmerzen fühlen müssen?"

Ich konnte ihn doch immer so gut lesen…

Aber die Schmerzen habe ich wohl vollkommen falsch gedeutet.

Um 06:00 Uhr habe ich die Tierklinik angerufen.

Man sagte mir, Scapolo sei stabil.

Gott sei Dank, ein kleiner Lichtblick am Horizont.

Ich atmete erleichtert auf. Jetzt wird alles wieder gut!

Aufatmen? Nun ja, ich saß auf der Couch.

Normalerweise wäre ich jetzt mit Scapolo raus.

09:30 Uhr, erneuter Anruf von der Klinik, mich ereilte plötzlich ein sehr
ungutes Gefühl. Man sagte mir: „Wenn wir Scapolo nochmal lebend sehen
wollen, möchten…sollten wir sofort kommen!"

Auf der Arbeit angerufen und meine Situation kurz erklärt.

Franz auf er der Arbeit angerufen, er kommt sofort.

Die Minuten zogen dahin, eine gefühlte Ewigkeit und Franz holte mich
endlich ab. Jetzt schnell zur Klinik.

Die Fahrt dauerte eine ganze Ewigkeit und unterwegs auch noch gebetet:

„Lieber Gott, lasse Scapolo nicht sterben!"

„Und dass er nicht bei diesen fremden Menschen über die
Regenbogenbrücke geht, ohne mich!"

„Bitte warte Scapolo, bitte warte auf mich!"

Ich wollte ihn begleiten auf seinen letzten Weg, auch wenn es mir sehr
schwerfiel. Ich wollte seine Pfote halten, einfach bei ihm sein.

In der Klinik angekommen, wurden wir in einen Behandlungsraum geführt.

Dann brachten sie Scapolo zu uns rein.

Vor diesem Tage hatte ich immer so eine echte sch..ß Angst.

Er lebte! Aber was ich da sah, war ein lebloser Körper, der vollkommen in
sich eingefallen war. Sein Fell war vollkommen zerzaust.

Er war in einem sehr schrecklichen Zustand. Alles Leben war jetzt schon in ihm erloschen. Seine wunderschönen Augen hatten ihren Glanz verloren.
Aber ich war froh, dass er noch lebte, auch wenn es kein echtes Leben mehr in ihm war. Das war nicht der Hund, den ich gestern in die Klinik gebracht hatte, auch wenn es ihm da schon schlecht ging.
Er kam mir alles vor, wie in einem bösen Traum!
Scapolo war mit einer grünen Decke zugedeckt, schrecklich!
Schlimm zu sehen, wie er nun dort lag.
Wenige Augenblicke später ließ man uns mit Scapolo endlich alleine.
Wir durften uns von ihm verabschieden. Wir waren endlich bei Scapolo.
Ich sprach und streichelte Scapolo immer wieder.
Die Tränen liefen schon die ganze Zeit endlos über meine Wangen und ich konnte nicht aufhören. Ich bat ihn um Verzeihung! Für alles, was ich in all den Jahren vielleicht falsch gemacht hatte.
Ich sah ihn an, aber er sah mich irgendwie nicht mehr.
Ein leerer Blick von ihm, denn die Medikamente waren daran schuld.
Scapolo war ganz ruhig, atmete sehr leise.
Dann kam die Ärztin wieder zurück zu uns, viel zu früh für mich, denn ich war wirklich noch nicht so weit. Ich hielt ihn ganz fest an mich gedrückt und Scapolo bekam in meinen Armen die erlösende Spritze.
Um 11:50 Uhr hörte das kleine Herz für immer auf zu schlagen.
Er schlief ganz friedlich in meinen Armen ein.
Auch jetzt durften wir mit Scapolo wieder alleine sein.
Ich wollte es nicht glauben. Mein Scapolo lebte nun nicht mehr.
Wir sehen uns wieder und bitte verzeihe mir, mein treuer Begleiter.
Es tut so endlos weh!
Wir brachten Scapolo nach Hause. Ich hatte es ihm versprochen.
In meinem Herzen lebst Du weiter. Ich werde dich niemals vergessen.
Franz legte Scapolo auf seinen Lieblings-Teppich.
Wieder sprach und streichelte ich ihn. Wir hatten ganz viel Zeit, nur für uns!

Und doch war es viel zu wenig, an diesem traurigen Tag des Abschieds.

Wir brachten ihn am Tag danach zum „Rosengarten" (Tierbestattung), wo ich schon angerufen hatte.

Viele sagen, die Welt steht still, ich musste funktionieren.

Für mich stand die Welt nicht still, schon gar nicht an diesem einen Tag, der mein Leben sehr veränderte.

Es folgte nun der „Rosengarten". Dort wurden wir schon erwartet.

Franz legte Scapolo in das fremde Auto. Wieder ein Abschied.

Aber ich wollte Dich nicht gehen lassen. Hätte ihn am liebsten wieder aus dem Auto geholt. Es tat so unendlich weh.

Ein letztes Mal, strich ich über diese Decke.

Die Dame vom „Rosengarten" versprach mir, dass alles sehr schön zu machen. Ich musste ihr Vertrauen.

Zu Hause war nichts mehr so, wie es vorher einmal war.

Sapolos Körbchen war nun leer, Fressen und Wasser hatte ich am Anfang sofort weggetan. Er hatte die letzten Tage seines Lebens fast nichts mehr gefressen. Selbst das beste Futter rührte er nicht mehr an.

Franz hatte noch Fleisch gekauft, dass wollte ich noch kochen. Wollte ich...

Es war kaum zu ertragen und immer wieder die Frage nach dem „Warum"?

Hätte ich seinen Tod vielleicht verhindern können?

Vielleicht auch, wenn wir früher zum Arzt gegangen wären?

Ich quälte mich mit Vorwürfen. Doch es war viel zu spät.

Ich ging nach der Arbeit nicht mehr raus. Warum auch?

Keiner erfuhr, dass mein kleiner Freund, mein treuer Begleiter, nun nicht mehr an meiner Seite war. Außer meine Freundin Rosi.

Damals wusste ich noch nicht, dass sie eine große Rolle spielen würde.

Wie ich die folgenden Wochen überstanden hatte, kann ich heute nicht mehr sagen. Ich habe alles einfach ausgeblendet, ich habe funktioniert.

Haushalt, Arbeit usw., alles musste irgendwie weiterlaufen. Ich hatte so viel Zeit zum Weinen. Keiner mehr auf Pfoten, der auf mich wartete und Gassi-Runde machen wollte.

Keiner der nach Fressen fragte!

Dann kam der Anruf vom „Rosengarten".

Scapolo wäre bereit für seine letzte Reise.

Ich hatte große Angst, was würde mich dort erwarten?

Was und wie hatten sie alles für die letzte Reise vom Scapolo vorbereitet?

War es so, wie ich es mir gewünscht und vorgestellt hatte? Diese und viele andere Fragen stellte ich mir auf den Weg zum „Rosengarten".

Nach einer langen Autofahrt und einem kurzen Spaziergang durften wir zu Scapolo, endlich.

Wir wurden in einem Raum geführt, wo Scapolo aufgebahrt war.

Der Raum war sehr hell und auch sehr freundlich.

Überall waren Kerzen und Blumen. Scapolo lag wie in einem Sarg. Er lag auf seiner Decke. Unter seinem Kopf lag sein Kissen (was ich mitgegeben hatte).

Zugedeckt war Scapolo mit einer roten dünnen Decke.

Es war so schön gemacht, obwohl es doch so traurig war.

Ich habe Scapolo seinen Schutzengel dazu gelegt. Auch einen Brief den ich geschrieben hatte, legte ich unter seinen Pfötchen.

Für den Abschied konnten wir uns so viel Zeit nehmen, wie wir brauchten.

Wieder sprach und streichelte ich ihn.

Er war ganz kalt, es tat so unfassbar weh.

Ich wäre am liebsten nicht gegangen, aber auch diese Zeit ging rasch vorbei.

Leider! Wir mussten dann den Raum verlassen.

Scapolo wurde zur Einäscherung vorbereitet. Man fragte uns, ob wir dabei sein möchten, wenn Scapolo über die Regenbogenbrücke geht.

Natürlich wollten wir! Auch wenn ich nicht wusste, was mich da erwartete.

Hinter Scapolo war die Regenbogenbrücke zu sehen.

Durch ein Fenster konnten wir sehen, wie er in den Ofen „geschoben" wurde. Nun war Scapolo endgültig und für immer von mir gegangen!

Mein kleiner Freund.

Selbst das hatte der „Rosengarten" sehr würdevoll gemacht.

Wir blieben dort und warteten darauf, seine Asche für immer mit nach
Hause zu holen. Scapolo wurde uns in seiner Urne, mit Bildern und Rosen
überreicht. Zuhause bekam Scapolo dann seinen Platz im Wohnzimmer.
Er sollte immer bei uns sein. Immer in dem Raum, wo er sich am meisten
aufhielt, für immer in unserer Nähe.
Aber etwas fehlte! Ich konnte es nicht gut beschreiben. Meine Unruhe ließ
nicht nach. Ich verstand dies alles nicht. Was war mit mir los?
Es war ein sehr merkwürdiges Gefühl in mir, als wenn Scapolo zwischen hier
und der Regenbogenbrücke irgendwie feststeckte. Aber konnte es sein?
War es nur Einbildung? Nein, es war für mich keine Einbildung.
Ich sprach mit meiner besten Freundin Rosi.
Da sie sehr gut basteln kann, bat ich sie, mir die Regenbogenbrücke
kunstvoll zu gestalten. Sie versprach es, sie kannte auch Scapolo und fand
ihn immer Klasse. So entstand die Regenbogenbrücke für Scapolo.
Als ich das Päckchen aufmachte kamen mir die Tränen.
Jetzt konnte Scapolo rüber auf die andere Seite, in eine bessere Welt
gehen. Jetzt hatte er keine Schmerzen mehr.
Ob er drüben auf der anderen Seite und in einer anderen Welt spielen
würde? Ich hoffe es!
Mir ging es ab diesem Tag ein wenig besser. Ich wurde ruhiger.
Wenn ich Trost brauche, gehe ich zur Regenbogenbrücke und dann spreche
ich mit meinem Scapolo.
Aber auch so sind meine Gedanken jeden Tag bei ihm.
Es gibt so viele schöne Erinnerungen, Bilder und auch Gespräche.
Ja und es gibt noch etwas!
Scapolo hat mir Dilla, eine griechische Angsthündin geschickt.
Einen Monat später zog Dilla bei uns ein.
Ich glaube fest daran, dass Scapolo seine Pfötchen im Spiel hatte!
Beide haben wirklich nichts gemeinsam und doch sind da diese
Augenblicke, wo ich Scapolo in Dilla wieder erkenne.
Durch Dilla lebt nun Scapolo weiter, tief in meinem Herzen.

Danke mein treuer Freund, für unvergessene Jahre der Treue, der Liebe und deiner Geduld, die du mit mir hattest.

Geboren in Italien, ungeliebt und gnadenlos verstoßen, dann adoptiert, wunderschön gelebt und würdevoll bei uns gestorben. Unvergessen und sehr geliebt, tief in unseren Herzen und auch für immer!

Sabine Sandberg

Der letzte Tag

Wir wissen schon am ersten Tag, wenn wir unsere Seelchen auf vier Pfoten kennenlernen und sie bei uns einziehen, dass sie uns nur für eine bestimmte Zeit begleiten und dieser eine Tag kommen wird.

Bei einem früher oder später oder aber auch ganz plötzlich und vollkommen unerwartet.

Man wächst mit der Zeit sehr eng zusammen und versteht sich auch ohne große Worte, weil uns unsere Vierbeiner blind vertrauen.

Es kommt der Zeitpunkt, wo man es in den Augen des Gefährten lesen kann und dass es nun an der Zeit ist, voneinander Abschied zu nehmen und ihn mit Respekt und Würde gehen zu lassen.

Irgendwie will man es einfach nicht wahrhaben, dass uns unser treuer und vertrauter Begleiter nun verlassen muss.

Es beginnt die Zeit, die man einfach nochmals intensiver genießt und sich langsam voneinander verabschiedet.

Jeder Tag, jede Stunde und Minute, ist nun ein wirklich kostbares Geschenk, wo wir Sie tapsen hören, ihren Atem spüren, sie sich an uns ran kuscheln und für einen immer noch da sind.

Auch wir müssen an dieser Stelle lernen loszulassen und sie nicht mit Zwang festhalten, sondern auch ihnen zeigen und sagen, dass sie auch gehen dürfen, wenn der Tag gekommen ist.

Aber leider ist einem nicht immer das Glück gegeben, sich auf diesen endgültigen und wirklich schweren Tag vorzubereiten.

Auch wenn viele immer sagen, man ist nicht ganz normal im Kopf!

Aber ich finde sie zeigen uns sehr wohl an, wann sie gehen möchten, die Blicke zwischen uns werden intensiver und die Körpersprache ändert sich auch. Spätestens jetzt sollte man auch mit seinem Tierarzt in Kontakt treten und sich absprechen, wenn es soweit ist wo und wie diese Erlösung stattfinden soll.

Ich hatte bei meiner letzten beiden Fellnasen das Glück, die Zeit und die letzten Tage intensiv zu genießen und sich auf den Tag vorzubereiten, auch wenn es einem dabei das Herz vollkommen zerreißt!

Aber wir sind es Ihnen mehr als schuldig, sie würdevoll gehen zu lassen und dabei ihre Pfote zu halten, bis zum letzten Atemzug.

Hierbei nicht bei seinem Hund zu sein, ihn nicht zu begleiten, das ist absolut nicht in Ordnung. Denn das wirklich Letzte was sie sehen sollten, ist ihr Mensch, dem sie ein Leben lang vertrauten.

Und dann kam der Tag, vor dem wir uns alle so sehr fürchten!

Der Abschied

Bei meinem Dago und auch bei meinem Ömchen Csicsi wusste und spürte ich ein paar Tage vorher, jetzt ist es nicht mehr lange bis zum letzten ihrer Tage und ich sprach nun mit meiner Tierärztin den Termin ab.

Am letzten Tag haben wir nochmals all die Dinge gemacht, die Sie immer geliebt haben. Es gab eine extra Portion Futter!

Natürlich selbst gekocht und alle Leckerlies, worüber sie sich immer ganz besonders gefreut haben.

Es wurde der letzte Spaziergang auf ihrer Lieblingsstrecke angetreten, wo sie nochmals intensiver als sonst alles ab geschnüffelt hatten.

Eine letzte Autofahrt zu ihren Lieblings-Orten.

Eben all das, was Ihnen immer große Freude bereitet hatte.

Und ganz wichtig! Nochmals intensiv kuscheln, den Duft des Felles einatmen, die Finger darin vergraben und viele Schlabber-Küsschen.

Als wollten sie sich bedanken, für all die vielen gemeinsamen Stunden und auch die schöne Zeit. Auch da hatte ich Ihnen gesagt, es ist völlig in Ordnung, wenn Sie gehen! Denn im Herzen bleiben Sie ja alle ein Leben lang bei uns. Ebenso konnten sich die anderen Vierbeiner nochmals verabschieden, denn auch sie spüren es sofort, dass etwas anders ist.

Dann kam der Zeitpunkt des Eintreffens der Tierärztin zuhause, beide haben sich so gefreut Sie zu sehen und haben sich auch gleichzeitig von ihr verabschiedet! Was auch ihr Tränen in die Augen drückte, nach all den Jahren wo sie sich kannten und vertrauten.

Man hatte wirklich den Eindruck, als sagten sie nun danke zu unserer Ärztin und danke, dass du uns auf unserer letzten Reise hilfst.

Wir hatten auf der Terrasse, welcher von beiden der Lieblingsplatz war, alles schön hergerichtet und sie legten sich freiwillig, total ruhig und entspannt hin.

Alle waren wir bei ihnen und trotzdem haben Sie sich durch einen Blick vergewissert, seid ihr alle wirklich hier.

Ich nahm Sie in den Arm und streichelte Sie bis zum letzten Atemzug, auch danach blieben wir noch lange sitzen und auch die anderen beiden Gefährten auf vier Pfoten konnten sich verabschieden. Stupsten sie nochmal ein letztes Mal an und legten sich dann daneben hin.

Das durften sie solange sie wollten, bzw. bis Dago für die Einäscherung abgeholt wurde und bei Csicsi, bis wir sie im Garten eingegraben hatten.

Unser Sam hing sehr an seinem Ömchen und lag auch daneben, als wir das
Grab verschlossen hatten und er war auch derjenige, der noch Tage danach
in der Früh und immer wieder zur Grabstelle ging, als wollte er „Guten
Morgen" sagen.
So ein Abschied für immer tut wirklich weh!
Aber bitte lasst eure Vierbeiner zu diesem Zeitpunkt niemals alleine.
Es ist so wichtig, sie auch hierbei zu begleiten, ihnen vertraut die Pfote zu
halten und ihnen so Sicherheit zu geben.
Sie können dadurch ruhig und entspannt rübergehen in eine andere Welt
und glaubt mir, sie merken es sehr wohl, ob wir dabei sind oder nicht.
Für die Vierbeiner ist es unnötiger Stress und absolut nicht schön, wenn sie
diesen letzten Weg ohne uns gehen.
Ohne ihre vertrauten Menschen, die Ihnen alles bedeutet hatten und für
die sie auch durchs Feuer gegangen wären.
Haltet sie einfach fest und signalisiert Ihnen, alles hat so seine Richtigkeit
und sie dürfen nun in Würde gehen, nun diese Welt in Ruhe verlassen!
Auch wenn sie bereits nicht mehr atmen und dann gegangen sind, bleibt bei
Ihnen, streichelt sie noch einmal und flüstert ihnen ein Danke in ihr Ohr,
für all die wundervollen Jahre, für all die schöne und gemeinsame Zeit.
Sie waren unsere SEELENHUNDE und das werden sie in unseren Herzen,
unseren Gedanken und unserer Erinnerung auch für immer bleiben, bis
auch der Tag für uns gekommen ist, wo wir uns allen wiedersehen!
Denn sie werden auf uns warten, in einer vollkommen anderen Welt,
jenseits dieser Regenbogenbrücke.

Andrea Verleye

Kapitel 12

Zitate & Gedanken

„Nur ein Hund"

Von Zeit zu Zeit sagen Leute zu mir „wach auf, es ist nur ein Hund!"
Sie verstehen nicht, warum man diese Wege zurücklegt, so viel Zeit und
Gefühle investiert, oder die Kosten auf sich nimmt, die „nur ein Hund" mit
sich bringt.
Manche meiner schönsten Momente verdanke ich „nur einem Hund."
Viele Stunden sind vergangen, in denen meine einzige Gesellschaft „nur ein
Hund" war, aber ich fühlte mich nicht ein einziges Mal missachtet oder gar
allein. Einer meiner traurigsten Momente wurden durch „nur einen Hund"
hervorgerufen und an dunklen Tagen war es „nur ein Hund", dessen
freundliche Berührung mir Wohlbefinden und die Stärke, um den Tag zu
überstehen, brachte. Falls du auch denkst, es ist „nur ein Hund", dann wirst
du vermutlich auch Sätze kennen, wie „nur ein Freund", nur ein
Sonnenaufgang oder nur ein Versprechen.
Es ist „nur ein Hund", welcher das Wesentliche aus Freundschaft, Vertrauen
und purer unverfälschter Freude in mein Leben bringt.
„Nur ein Hund" ruft in mir das Mitleid und die Geduld hervor, die mich zu
einem besseren Menschen macht.
„Nur ein Hund" bringt mich dazu früh aufzustehen, lange Spaziergänge zu
machen und sehnsüchtig in die Zukunft zu blicken.
Deswegen ist es für mich und den Menschen, wie ich es bin, eben nicht
„nur ein Hund", sondern eine Verkörperung aller Hoffnungen und Träume
für die Zukunft, geliebte Erinnerungen und der pure Genuss der Gegenwart.

„Nur ein Hund" zeigt, was gut an mir ist und lenkt meine Gedanken ab.
Ich hoffe die anderen Menschen können eines Tages verstehen, dass es
nicht „nur ein Hund" ist, sondern etwas, dass mir Menschlichkeit verleiht
und mich zu mehr macht als nur „ein Mensch".
Also wenn du das nächste Mal den Satz „nur ein Hund" hörst, dann lächle,
weil sie es „nur" nicht verstehen. Wenn du in seine Augen blickst, lässt du
all deine Ängste, Sorgen, Traurigkeit und Probleme zurück, denn Hunde
geben uns die Flügel, die wir nicht haben und niemals haben werden.

Richard Dehmel (1863-1920)

Ich stehe draußen im Dunkeln...
Es ist alles weg...
Keine Hoffnungen, keine Träume, keine Welt...
Ich gehöre nicht hierher...
Alleine nur mit meinem Hund...
Du und ich für immer, zusammen eins!

Der Gezeiten-Wanderer

PS: Auch wenn man kein gläubiger Mensch ist, es gibt wirklich etwas zwischen „Zeit & Raum", was man nicht gut erklären kann!
Und manches davon hat eine kalte Nase, wacht über uns, wenn wir schlafen, hat ein großes Herz und auch vier Pfoten.
Ob Schicksal oder etwas höheres, wenn sich zwei ganz besondere Seelen irgendwann im Leben finden, wen interessiert da schon der Rest der Welt!

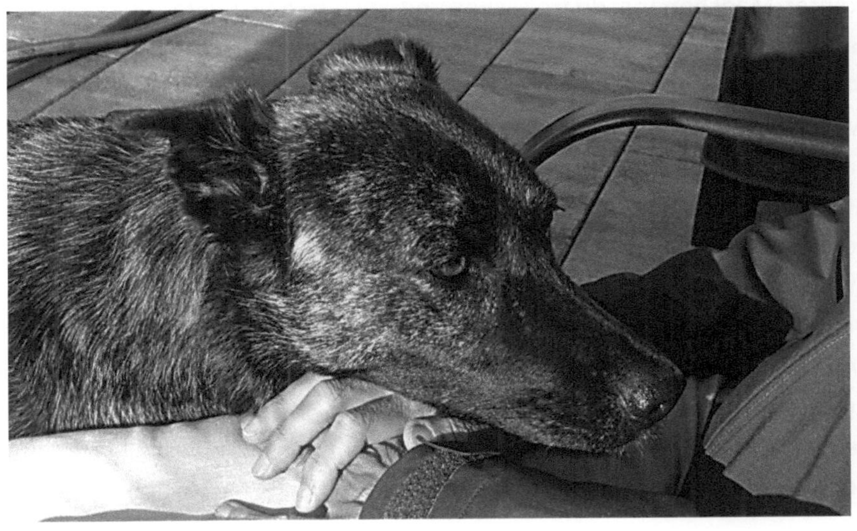

Kapitel 13

Abseits all der Seelenhunde

Mein Zacki

Mehr als alle anderen Hunde hast du mein Leben vollkommen verändert.
Mein kleiner, lieber Pitbull-Staff-Mischling.
Die wohl größte Gefahr, die wirklich von dir ausging, war, dass du mit
deiner Zunge Menschen hättest ersticken können, weil du ihnen so
dringend das Gesicht und am besten das ganze Maul abschlabbern
musstest. Durch dich habe ich gelernt, was wirklich Bedeutung hat im
Leben. Du hast mir so viel beigebracht!
Du hast mich begleitet, in einer der schwersten Zeiten meines Lebens, hast
mir so viele Türen geöffnet.
Pointer-Mädchen Iris, du fröhliches und doch so angstvolles Mädchen, hast
Zacki und mir so viel Freude bereitet, hast mir die Tierschutz-Welt eröffnet.
Meine allererste Pflegehündin.
Was habe ich um dich geweint, als du endlich deine Familie gefunden
hattest. Aber ich wusste, es waren die Richtigen!
Abu(elete), ich habe dich in der Perrera gesehen, du altes, wackeliges
Kerlchen, ich konnte dich nicht da im Stich lassen, musste dich einfach
mitnehmen! Wir hatten leider nur eine kurze Zeit zusammen.
Du bekamst Krämpfe wegen Unterzuckerung durch ein Insulin
produzierenden Tumor, konntest kaum noch richtig laufen. Aber mit deiner
Ausstrahlung hast du sogar unsere Jana immer in Schach gehalten und
deine freudigen, leuchtenden Augen haben mir so unendlich viel gegeben!
Vor allem aber auch das Gefühl, alles wirklich richtig zu machen.

Alter Pointer-Opi Alex, mit halb eingeschlagenem Schädel, auf alle
Mittelmeerkrankheiten positiv getestet, aber trotzdem so unendlich
freundlich und voller Lebensfreude. Du warst nur ein paar Wochen bei mir,
bis du einen wunderbaren Menschen gefunden hast, der dich bis zum
Schluss geliebt und auch begleitet hat.
Alter Pointer-Opi Sony, auch du hattest bald deinen ganz besonderen
Menschen irgendwo gefunden. Einen etwas älteren Herrn, dem du gezeigt
hast, dass es sich doch noch zu Leben lohnt!
Ihr habt Euch gehalten, bis zum letzten Atemzug.
Sena, unser Senchen. Ein wirklich irres Pointer-Weib.
Ich wollte dich in Janas Gedenken aus genau diesem spanischen Tierheim.
Wir passten einfach nicht zueinander und ich war, als du zu mir kamst,
eigentlich nicht in der Verfassung, dir nur annähernd gerecht zu werden.
Du hibbeliges, verschrecktes, von Allergien geplagtes Ding.
Meine Freundin sagte immer, du seist noch gar nicht bei mir angekommen.
Mir tat das alles so unendlich leid, aber es änderte sich erst mit dem Einzug,
meines jetzt Ehemannes. Er war dein „passender" Mensch!
Durch ihn bist du angekommen und auch ich konnte dich mit anderen
Augen endlich sehen. Du liebes Hundchen.
Du wurdest eine wundervolle Pointer-Omi. Du wolltest immer dabei sein.
Das war dir so wichtig und bis zum Schluss hast du alles dafür gegeben.
Unser Erbsen-Hirnchen, unsere sanfte Zicke.
Du warst später unsere unangefochtene Herrin, hattest Anouki und Lucie
im Griff und erst jetzt, nachdem du über die Regenbogenbrücke gegangen
bist, merke ich erst richtig, was du in unserem Zuhause und Gefüge für eine
riesengroße Lücke hinterlassen hast.
Wundervoller alter Inesta, von Jana geschickt, hast mich nach ihrem Tod
wieder ins Leben zurückgebracht und mir die Welt der Bardinos eröffnet.
Du warst nicht mehr gut zu Fuß auf deinen vier Pfoten, hörtest sehr schwer
(ob bewusst, oder nicht, man weiß es ja nicht…) und es war klar, erziehen
konnte man dich eh nicht. Du warst das Sinnbild für echte Würde!

„Inesta“ war mir irgendwie zu kompliziert und ich suchte lange nach einem passenden Namen. Irgendwann blieb es dann einfach bei Öppes.

Ich könnte ein eigenes Buch über diesen wunderschönen, starken Hund schreiben, der wirklich alles nur aus seiner eigenen Überzeugung tat und der mich durch sein Vertrauen zu mir und seinem daraus resultierenden Verhalten mehr als nur sehr ehrte. Er machte, was er wollte und Vieles mir zum Gefallen. Er gab mir meine eigene Stärke in dieser wieder.

Er wurde inkontinent, verschluckte irgendwann einen kompletten Echthaar-Kaninchen-Dummy (ich war so stolz, dass er damit mal ein wenig spielte, dann war er weg), weigerte sich standhaft, die große Dose Sauerkraut mit entsprechendem Brechmittel bei meiner Tierärztin wieder abzugeben, so dass wir schlussendlich aufgaben (ihm eine Bauch OP zuzumuten ging auch nicht, schon wegen seines kaputten Rückens).

Ich starb echte 1000 Tode, aus Angst vor einem Darmverschluss.

Nichts passierte. Du sahst es gar nicht ein!

Du sprangst in den Rhein, um eine Ente zu jagen,- ich dachte „jetzt ertrinkt er“ und gerade, als ich unvernünftig hinterher springen wollte, schafftest du es hinaus und legtest dich zufrieden ans trockene Ufer.

Du wusstest, welche Menschen gut oder schlecht für uns waren.

Bei manchen verdrehte er nur den Kopf (wie bei seiner geliebten Physio-Therapeutin), andere ignorierte er einfach auf seine ganz spezielle Art.

Als mein jetziger Mann, nach einem Jahr mit Öppes, zu uns kam und völlig hundeunerfahren nach ein paar Wochen meinte, er könne jetzt auch mal mit allen „Dreien“ alleine Gassi gehen, kam Öppes nach ein paar Minuten alleine zurück. Weitere paar Minuten später mein wutschnaubender und verzweifelter Lebensgefährte!

Öppes hatte einfach keine Lust, mit ihm zu gehen und drehte irgendwann eben einfach um. So war erhalt, echte Sturheit für mich ganz neu definiert.

Öppes war auf seine Art vielleicht auch ein echter Seelenhund.

Er hatte den Schmerz über Janas Tod in wunderschöne dankbare Erinnerungen gewandelt, hat mir so viel Kraft gegeben,

war unglaublich würdevoll und stark und aus purer Überzeugung bei mir.
Eine unglaubliche Ehre für mich persönlich!
Danke, du wundervolle Seele auf vier Pfoten, dass du auf Jana gehört und
zu mir gekommen bist! Ich habe dich so sehr gebraucht!
Und einem unendlichen Danke für Anouk an dich!
Denn ich bin mir mehr als sicher, ihn hast du zu uns geschickt.
Lucie, unsere liebe kleine Lucie. Lucie, ca. zwei Jahre alt, sollte wirklich
„nur" ein Pflegehund sein. Als Häufchen Elend kamst du bei uns an.
Der Flughafen und deine Ankunft waren so schrecklich für dich!
Du machtest dich platt, wie eine echte Flunder. Bloß nicht bewegen!
Absolut nichts von einer großen und stolzen Bardina, wie wir es eigentlich
erhofft hatten. In der ersten Nacht weintest du bitterlich, vermisstest wohl
all deine gewohnten Kumpanen von der Finca, fandest erst dann Ruhe,
nachdem sich Anouk um dich gekümmert hat.
Ab dem nächsten Morgen hast du ihn vergöttert, bis heute!
Du machtest alles, was er machte, suchtest bei ihm Schutz.
Wir haben Dir nie etwas beigebracht. „Stopp", „Okay" und „Hier" (mehr
müssen unsere Hunde bei uns nicht ernsthaft können, aber das finde ich
notfalls wichtig) hast du dir von Anouk abgeschaut. Du machst es perfekt,
weil Anouki dir gezeigt hat, was wir meinen und es dir einfach wichtig ist,
uns zu gefallen. Du suchst immer noch bei ihm Schutz, wenn es droht, Ärger
zu geben und stellst dich sogar vor ihn, wenn du meinst, es gibt für ihn
Ärger. Ihr seid so stark verbunden!
Große Pfützen (eher Seen) hast du anfangs gepinkelt aus purer
Unsicherheit, natürlich am meisten dann, wenn wir es richtig eilig hatten.
Irgendwann war uns klar, dass es bei deinem Verein eigentlich nur um die
Schutzgebühr ging, niemals um die Tiere selbst, oder deren Schicksale.
Wir hatten große Angst, dass sie dich einfach irgendwohin vermitteln
würden…und so bliebst du hier bei uns. Wir konnten dich doch nicht von
deinem über alles geliebten Anouki trennen!
Wir sind so froh und glücklich, dass wir dich haben, mein Mottchen.

Du machst alle „jeck" mit deinem Gequäke, wenn du uns sagen willst, dass es jetzt an der Zeit ist, irgendetwas zu tun. Unsere echte Knatsch-Liese. Unser hässliches Entlein, unser Dreckskind (du liebst es, dich in Kuh- oder noch besser in Fuchs-Scheiße endlos zu wälzen) und weißt dann mittlerweile schuldbewusst, dass es danach Zeit für eine Dusche ist, auch das besonders gerne, wenn wir natürlich für so etwas gerade gar keine Zeit haben. Unsere Schöne, meine kleine Maus!

Du schaffst es auch heute noch, Anouki zum Rennen und Rumschupsen zu animieren. Er tut es dir zum Gefallen, aber ich denke, es tut ihm auch gut und er hat so richtig Spaß, nochmal mit dir über die Wiesen zu rennen, auch wenn ich manchmal nicht wirklich hingucken möchte, aus lauter Sorge.

Du bist unser echter Hüte-Bardino. Gehen wir unterschiedliche Wege, ist es das Schlimmste für dich. Du bleibst unser kleines unsicheres Mädchen.

Gleichzeitig bist du unser Hardcore-Hund!

Völlig schmerzfrei, völlig unempfindlich, du tust immer das, was du tun musst! Gehst überall mit hin, auch wenn du es eigentlich nicht möchtest (z.B. ins Meer…), weil du es eben tust.

Es ist dir so wichtig, dass wir alle gut und wohlbehalten zusammen sind.

Du bist unser schlaues, hellsichtiges, aufmerksames kleines Mädchen.

Ich würde niemals einen Weg gehen, den du nicht gehen möchtest, weil du Dinge, die passieren im Voraus sehen kannst.

Du hast Sena so vermisst, ihr zwei Weiber, die Ihr euch manchmal mit eurem weibertypischen Getue angezickt habt, aber auch sie war dir eben mehr als wichtig. Unsere gute liebe Lucilie.

Bucky, du kleiner, alter rumänischer Herdenschutzhund.

Wir dachten, wir müssten unseren Teil zu der Misere in Osteuropa leisten.

Du musstest wohl Zeit deines Lebens um alles hart kämpfen, hattest verständlicherweise Schwierigkeiten, dich in unser Hauptkredo: „hier kriegt jeder genug, immer alle und deswegen wird keinem etwas weggenommen" einzufügen.

Du hast es toll gemacht, aber gut, dass du schnell die passenden Menschen gefunden hast und dort bis zu deinem leider viel zu schnellen Tod, geliebter Einzelprinz sein durftest.

Jetzt bist du frei, aber auch du wurdest mehr als nur geliebt!

Bardino Mix Buddy, jetzt Theo (Buddy war uns dann doch zu ähnlich zu Bucky), wieder ein Hund von Fuerteventura.

Alter Herr, du kamst vor einem Jahr zu uns und fügtest dich perfekt ein.

Du bist ein Paradebeispiel dafür, wie wunderschön es ist, einfach einen alten Hund aufzunehmen und ihm ein schönes Leben zu schenken!

Manchmal etwas vertrottelt, aber herzensgut, willst einfach keinen Ärger machen, liebst Autos, bist Bardino typisch natürlich mehr als stur.

Du kannst absolut eigenständig sein, nimmst aber auch gerne Unterstützung an.

Der erste Hund, der uns wirklich echte Dankbarkeit zeigt.

Auch du scheinst einige Traumata zu haben (wen wundert es), die dich prägten. Du bist einfach liebenswert und wundervoll, zahnloser, halb blinder Kampf-Bardino, unser einziger Hund, der mal um sein Spielzeug mit uns richtig rauft.

Du hast so viel gelernt! Du kannst uns vertrauen und wir sind so stolz, dass du es nicht mehr nötig hast, andere Hunde, die schnell auf uns zukommen und die du mit Deinen Augen schlecht sehen kannst, sofort anzugiften, weil du weißt, dass wir jetzt auf dich aufpassen und du dich auf uns verlassen kannst. Du bist so offenherzig, durch nichts kaputt zu machen (wie unsere Tierärztin immer sagte!), lieber, guter und alter Hund, mein Bardino!

Du nimmst die Dinge einfach an und wenn du sicher bist, etwas zu wollen, gehst du durch jede Hecke, die dir im Wege stehen.

Es freut mich so sehr, gemeinsam über all die Wiesen zu rennen, deine Eichhörner jagen, dich auf der Wiese wälzen und das Leben genießen zu sehen. Du gibst uns so viel, ihr wundervollen und einzigartigen Wesen!

Ich könnte wohl über jeden von euch ein Buch schreiben.

Vielleicht seid oder wart Ihr keine echten Seelenhunde, aus den
unterschiedlichsten Gründen, aber Ihr habt mich und uns zu dem gemacht,
was wir heute sind.
Wir fahren die Autos, die wir fahren wegen euch, wir leben, wo und wie wir
leben wegen euch!
Wir machen Urlaub, wo wir Urlaub machen, wegen euch und ihr euch wohl
fühlt. Ich möchte nichts in unserem gemeinsamen Leben anders machen!
Ihr habt uns Liebe und Vertrauen geschenkt und uns damit mehr als nur
geehrt, als es irgendetwas andere oder gar andere Menschen jemals hätten
tun können.
Ich mag es wirklich nicht, wenn die Leute immer wieder von dankbaren
Tierschutzhunden reden, oder dieses gar erwarten!
Aber ich bin unendlich dankbar, dass IHR alle für mich und uns da wart und
seid, ob nun Seelenhund oder nicht.
Denn ohne Euch wäre ich nicht ich, denn ich verdanke euch allen mein
kleines Leben!
Ein großes Danke und mit mancher Träne in meinen Augen.
Danke, dass es euch gibt!
Denn ihr gebt mir alle mehr zurück, als es Menschen jemals könnten.

Miriam Berthold

Kapitel 13

Fazit zum Thema Seelenhunde

Es gibt Hunde und es gibt auch echte Seelenhunde!

Ob jetzt jemand einen Hund oder einen echten Seelenhund an seiner Seite
hat(te), das möge bitte jeder für sich selbst entscheiden.

Denn diese wirklich sehr große und ganz besondere Frage in dieser Hunde-
Welt kann niemand wirklich pauschalisieren oder gar verallgemeinert in
einen Stein meißeln.

Man kann schon so manchem Hund im eigenen Leben begegnet sein, viele
Wege gemeinsam gegangen sein, aber es gibt / gab immer diesen einen
ganz besonderen und außergewöhnlichen Hund, der nicht nur unser Herz
und Vertrauen erobert hat(te), sondern vollkommen anders ist, als all die
anderen Hunde in unserem persönlichen Leben.

Manchmal ist es nur das Bauchgefühl, was man einem anderen Menschen
nur sehr schwer erklären kann.

Manchmal sind es all die besonderen Dinge oder Erlebnisse, die wir mit
unserem Hund oder Hunden erleben, aber es gibt immer diesen einen ganz
besonderen Hund, wo wirklich alles anders ist.

Manche Menschen erleben dies oftmals in ihrem Leben und bei ihrer
Hunde-Haltung, wenn man von einem echten Seelenhund spricht.

Andere dagegen warten ein Leben lang darauf, genau diesem einen, einzigartigen und sehr besonderen Hund endlich zu begegnen.

Manchmal ist es auch das pure Schicksal, was eine gewisse Rolle spielt,
manchmal ist es Zufall, der unser Leben komplett verändert.

Aber alles in allem müssen wir uns alle hier eins eingestehen!
Bei unserem großen Thema Seelenhunde, all den Geschichten von vielen
Freunden und Menschen mit ihren ganz besonderen Hunden, all den vielen
Zeilen und auch bei unseren eigenen Gedanken in diesem Buch.
Es gibt etwas zwischen einem Menschen und einem Hund, vielleicht sogar
etwas zwischen Zeit und Raum, was niemand von uns gut erklären kann!

Schlusswort

So viele Worte, Zeilen und Kapitel wurden in all den Jahren von uns schon geschrieben.

Unzählige Geschichten, Abenteuer und Erlebnisse von uns und zahlreichen echten Freunden und ihren ganz besonderen Hunden begleiteten uns auf unseren gemeinsamen Wegen durch all die Jahre.

Nun wird Zeit für uns, hier den letzten Satz zu schreiben!

Denn hier an dieser Stelle ist unser gemeinsamer Weg und unsere Reise nun zu Ende und es wird Zeit, Abschied zu nehmen, von meinem treuen und gestreiften Freund, mein geliebter „Hund mit Streifen".

Mache es gut mein treuer Freund, in meinem Herzen lebst du für immer weiter, mein kleiner gestreifter Freund Pablo, mein Wegbegleiter, mein Fels in der Brandung des Lebens, mein echter Seelenhund.

Zwischen Himmel und Erde gibt es etwas, was man anderen nicht gut erklären kann! Aber wir beiden wussten all die Jahre, was uns in dieser Welt mehr als nur verbunden hat.

Wir verstanden uns ohne große Worte, du gabst mir deine Pfote, als ich sie brauchte. Ich gab dir meine Hand, mein Herz, mein Vertrauen und meine Seele, als du sie brauchtest.

Du und ich, für immer eins!

Jetzt ruhst du hier, ganz in meiner Nähe und jetzt ich sitze hier alleine auf meinem Stein in unserem Garten, direkt neben dir und deiner Asche.

Meine Gedanken ziehen in die Ferne, dort wo wir gemeinsam mehr als nur sehr glücklich waren.

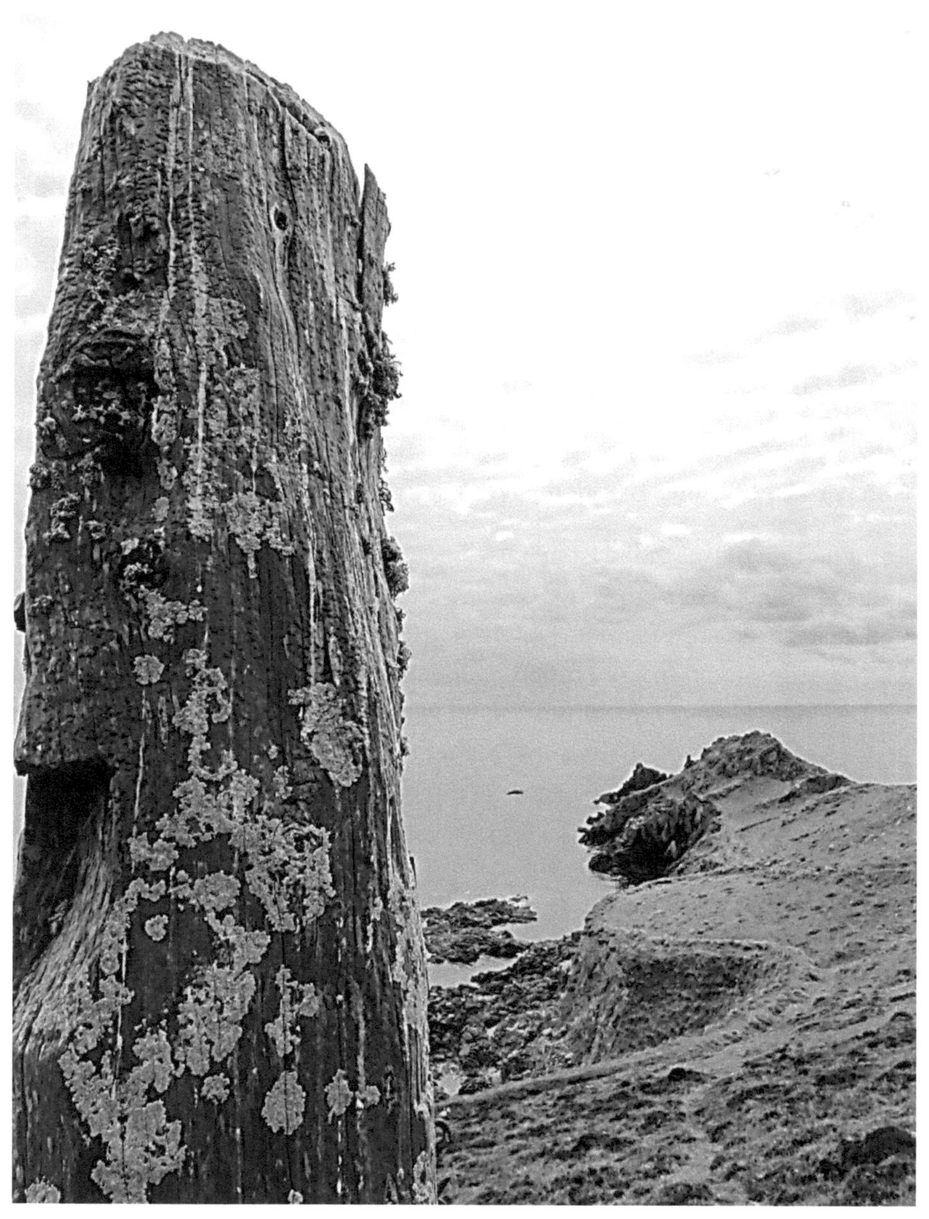

Gemeinsam auf unseren Klippen, all unseren Wegen weit draußen immer
am Atlantik entlang, nur du und ich, soweit die Füße / Pfoten trugen.
Eine Träne geht auf Reisen, ich weine leise in die Zeit. Mögest du den
Frieden finden, mein gestreifter Freund und einer der „Vergessenen".
So schließe ich nun nach all den Jahren dieses etwas „andere" Buch!
Das ich dir und vielen deiner gestreiften Freunde und „Vergessenen"
gewidmet habe. Mache es gut mein kleiner Freund und Seelenhund!
Danke für all die wundervollen Jahre, für immer dein und unvergessen.

Bis wir uns irgendwann dann wiedersehen…

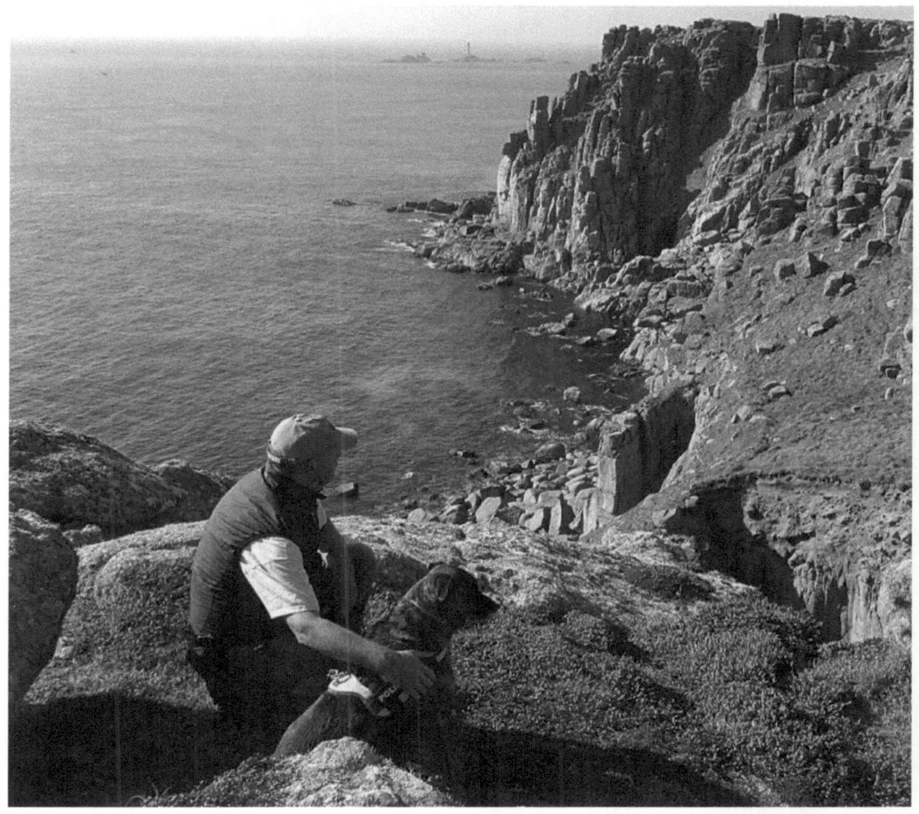

Seelenhunde…

…hat sie jemand genannt.

…jene Hunde, die es nur einmal gibt im Leben.

…jene Hunde, die wie Schatten waren.

…wie die Luft zum Atmen.

…jene Hunde, die uns ohne Worte verstanden.

Aus dem wundervollen Buch: „Der kleine Prinz"
(geschrieben von Antoine de Saint-Exupéry)

Etwas zum Nachdenken

Es wird die Zeit kommen, da werdet ihr spüren, dies ist der letzte
gemeinsame Lebensabschnitt, den man zusammen bestreitet.
Manche hatten das pure Glück und konnten viele Lebensabschnitte
gemeinsam erleben. Andere vielleicht nur einen.
Den wohl intensivsten Abschnitt ihres Lebens.
Die Zeit, in der du zeigen kannst, ob deine Liebe und Zuneigung wirklich
echt gewesen waren. Die Zeit, wenn dein geliebter Hund alt geworden ist.
Alt…durchaus mit einigen netten und auch neuen „Besonderheiten".
Der geliebte Hund, der sonst immer alleine bleiben konnte, schreit jetzt
immer wieder. Denn er hat Angst, jammert stundenlang.
Immer neue Wehwehchen wie Arthrose, Demenz und andere böse Dinge
machen es auch nicht immer leichter.
Der geliebte Hund, der sonst ohne Probleme ein paar Stunden einhalten
konnte, muss jetzt alle zwei Stunden seine Blase leeren.
Unter Umständen kannst du keine Nacht mehr richtig durchschlafen.
Er verfolgt dich nun auf Schritt und Tritt.
Das Alter hat viele verschiedene Facetten und kein Hund altert wie jeder
andere! Jeder von ihnen hat seine eigene Geschichte, seine ganz eigene
Vergangenheit, die ihn geprägt haben.
Es kommen Zeiten, da fühlt man sich hilflos und läuft auf dem Zahnfleisch.
Man fühlt sich kraftlos, überfordert, dem ganzen manchmal nicht mehr
gewachsen, einfach nur noch müde.
Alles wird um deinen geliebten Senior herum geplant, um ihm das Leben so
einfach wie möglich zu machen.
Und es kommen Aussagen von Leuten, die dies nicht verstehen.
Wenn ich diese Sätze höre, werde ich einfach traurig und auch wütend.
Weil sie diese intensive Liebe zu einem anderen Lebewesen noch nie selbst
verspüren durften. Jeder der solche Dinge sagt, hat so eine echte
Freundschaft im Grunde überhaupt nicht verdient!

„Warum schläferst du ihn nicht endlich ein?"

„Auf diese Einschränkungen wegen einem Hund hätte ich keine Lust!"

„Igitt, dein Hund pinkelt dir schon wieder in die Wohnung?"

Und warum ist dies alles mir egal?

Weil das Liebe ist, echte Liebe!

Ein einfaches Zitat aus dem Buch „Der kleine Prinz" bringt es auf dem Punkt. Ein sehr gutes und passendes Zitat, wie ich persönlich finde:

„Du bist ewig für das verantwortlich, was du dir vertraut gemacht hast."

Dein Hund war immer für dich da. Loyal an deiner Seite, egal ob du einen guten oder einen schlechten Tag gehabt hattest.

Er sagte nie: „Papa heute nicht, habe keine Lust!"

Du bist verpflichtet…nein…du bist es ihm einfach schuldig, bis zuletzt für ihn da zu sein.

Ihn mit seinen Macken zu nehmen!

Ihn zu lieben und zu akzeptieren, so wie er ist!

Wenn nicht Du, wer dann?!

Und wofür dies alles?

Für diese ganz besonderen Momente in unserem kurzen Leben!

Die Momente, die dein Herz erwärmen und richtig strahlen lassen.

Für die gemeinsamen Momente, wo du alles andere auf der Welt um dich herum vergisst.

Wenn das Alter kurz vergessen ist...

All die Probleme, die Einschränkungen und was auch immer.

Wenn du sie strahlen siehst, all die pure Lebensfreude, auch wenn es manchmal nur der Blick ist, in seinen treuen Augen.

Diese unzähligen Momente, wo er einfach nur für dich war, bedingungslos.

Dieses unbezahlbar strahlende graue Hunde-Schnäuzchen.

Wenn ihr in der Zeit reist und du deinen Hund in Gedanken siehst.

Deinen geliebten Hund, wie er kurzzeitig wieder das blühende Leben ist.

Einfach unbezahlbar, diese kostbarsten Augenblicke.

Wenn du das alles nicht ertragen willst, diesen Vertrag und Bund fürs Leben nicht bereit bist einzuhalten, mit all den Konsequenzen, dann lass es!

Dann entscheide dich bitte niemals für einen Hund!

Denn Liebe ist auch immer Schmerz.

Liebe ist immer Arbeit und kann auch sehr anstrengend sein, auch viele Nerven kosten. Liebe ist nie nur positiv, nie nur schön!

Liebe kann dir das Herz brechen und darauf rum trampeln, bis das es schmerzt. Und sie wird es tun, ohne dich zu fragen!

An dem Tag, wo dein Hund sich auf seine letzte Reise begibt, dein geliebter Seelenfreund.

Doch bis dahin bleibe stark, für deinen geliebten alten Hund!

Lebe und genieße jeden gemeinsamen Moment.

Wir sind es ihnen einfach schuldig...für ihre echte, wahre und bedingungslose Liebe!

Tommy

In Gedanken bei meinem „Bones"

Danksagung

Zunächst einmal ein großes **Dankeschön** und in Erinnerung an meinen gestreiften und ganz besonderen Freund **„Pablo"**!
Er war es eigentlich, der mich überhaupt dazu bewegte, all diese gestreiften und etwas anderen Bücher, zusammen mit vielen tollen Freunden, in den letzten Jahren überhaupt zu schreiben.
Denn gerade all die Abenteuer, reale Erlebnisse und nicht zuletzt die vielen verrückte und teils merkwürde „Begegnungen" sind das wahre Leben.
Vor allem aber der reale und ehrliche Grundstein für all unsere Bücher.
Aber oftmals auch die gnadenlose Realität unserer ganz besonderen und einzigartigen Hunde, die oftmals nicht gerade eine wirklich schöne Vergangenheit oder traurige Herkunft hatten.
Hinzu kommt auch, dass wir mit all unseren Büchern nach wie vor den „Vergessenen" eine Stimme in dieser Welt schenken möchten, weiterhin aktiv mit unseren Büchern den ehrlichen Tierschutz unterstützen möchten.
Das Buch hier entstand einfach aus der Idee heraus, nicht nur Pablos persönliche Geschichte zu Ende zu erzählen, sondern so auch ein Buch zu schaffen, wo zahlreiche wundervolle Hunde darin ihren letzten Platz finden, um nicht in dieser Welt vergessen zu werden!
Denn wir sind es all unseren wundervollen und treuen Wegbegleitern / Seelenhunden auf ihren vier Pfoten schuldig, einfach mal Danke zu sagen und an sie in unseren Zeilen zu erinnern.
Wenn das letzte Sandkorn in der Uhr des Lebens irgendwann gefallen ist, der letzte Atemzug oder der letzte Schlag des Herzens still und leise verstummt, ist die ERINNERUNG an einen treuen Freund, wundervollen und einzigartigen Wegbegleiter…an unseren geliebten Seelenhund, wirklich das Einzige, was uns für immer bleibt und wirklich zählt.

Ein sehr großes und herzliches **Dankeschön** gebührt **all unseren Freunden,** die mit ihrem persönlichen Herzblut dazu beigetragen haben, dieses Buch hier zu schreiben und mit ihren Zeilen, Erlebnissen und Geschichten zu bereichern. Es ist einfach nur schön, dass es so wundervolle Freunde & Menschen wie euch in unserer Welt überhaupt gibt!

Unser großer Dank geht an dieser Stelle an:

Anuschka Schöle, die uns und in unserer gestreiften Welt seit vielen Jahren treu begleitet! Ob mit ihren Zeilen in all unseren Büchern, oder als unglaubliche tolle und einzigartige Freunde in unserem Leben und auf unserem Lebensweg.

Des Weiteren möchten wir unseren großen Dank aussprechen an:

Bianca Komes, Sandra Toms, Miriam Berthold, Martina Margolf, Petra Preußler, Sabine Sandberg, Elke Bursch, Evelyn von Salomon, Sarah-Marie Niggemann, Anette Wengel, Alexandra Sigmund-Wild, Tanja-Evelyne Müller, Emine Zehir, Barbara Belz, Kornelia Harder, Monika Zwosta, Sandra Braun, Heike Hirschka, Farina Markmann, Babsi Bohr, Irmgard Töpelmann, Heidi Razborsek, Tanja Roßmann, Gwendolyn Malsch, Katja Petersen, Conny Darge, Ralph Lindenau, Markus Bugger („Popeye"), Thomas Große („Tommy"), der Gezeiten-Wanderer, uva.

Mein persönliches Dankeschön richtet sich natürlich an **Katharina Tonner**, die es in mühevollen Stunden des Lektorats geschafft hat, all unser „Geschriebsel" auf die Grammatik zu prüfen und unsere chaotischen Hieroglyphen zu entwirren. Sollte sich jetzt wirklich noch ein Geschriebsel-Feehler im Buch befinden, hat sich garantiert der pöööse Fählerteufel noch einmal (nach getaner Arbeit von Katharina!) heimlich in die Zeilen & Kapitel eingeschlichen! Man möge es uns verzeihen...

Ein großes Dankeschön an unsere wundervolle und ganz besondere Freundin **Andrea Verleye** im wunderschönen Österreich!
Eine mehr als nur sehr beeindruckende, besondere und sehr herzliche Freundin, die selbst mehr als nur so manchen Seelenhund gerettet hat und ihnen ein echtes Leben und eine Chance schenkt...

Nicht zu vergessen unsere **Andrea Krauskopf** und ihr Partner **Christian**, die beide einen wundervollen und einzigartigen Lebenshof / Gnadenhof in Österreich betreiben, um zahlreichen wirklich UNVERMITTELBAREN (!) Hunden ein schönes Zuhause zu bieten, sie rund um die Uhr zu pflegen und sich vertrauensvoll bis zum letzten Atemzug um alle kümmern und begleiten. Euch beiden ein großes Dankeschön und Danke für alles!

Ein ganz besonders und großes Dankeschön gebührt unserem **„Nordmann"**.
Denn er ist es, der oftmals anonym, still und leise und ohne große Worte zu
verlieren, vielen „Vergessenen" mehr als nur tatkräftig hilft und den echten
und wirklich ehrlichen Tierschutz immer wieder aufs Neue unterstützt!
Danke für Deine wundervolle Freundschaft, Dein Vertrauen und vor allem
Danke für dein großes Herz für all die „Vergessenen" und Seelen auf vier
Pfoten…

An dieser Stelle natürlich nicht zu vergessen, unser Nordlicht **Angela Toms**!
Ein echter Engel für so viele Seelen auf vier Pfoten, in dieser Tierschutz-
Welt. Ob hierzulande oder in anderen Ländern, sie ist immer da, wenn man
ihre herzliche Hilfe und Unterstützung braucht.
Danke für alles Angela und Danke für dein großes Herz und Vertrauen, in
der Welt der „Vergessenen" und im Namen all der Hunden in echter Not.

Zum guten Schluss möchte ich mich auch bei zwei ganz besonderen
Wegbegleitern, Gefährten in der Tierschutz-Welt und mehr als nur echten
Freunden in dieser verrückten Welt und im Kampf für all die „Vergessenen"
ganz herzlich bei euch beiden bedanken!
Vielen Dank **Michaela & Thomas Arnold,** für unsere sehr besondere,
wundervolle und langjährige Freundschaft.

Die Tierschutz- und Hunde-Bücher von „Hund mit Streifen", meinem Freund Stefan Klink und vielen seiner Freunde, würde ich euch nun gerne ans Herz legen und sehr empfehlen! Dies sind nicht einfach nur etwas andere Hunde- und echte Tierschutz-Bücher, sondern diese Bücher sind ein ehrliches und sehr beeindruckendes Projekt, zahlreicher Menschen und echter Tier-Schützer, die all diesen „Vergessenen" (wie sie diese Hunde und Tiere in ihren Tierschutz-Kreisen nennen) nicht nur so eine Lobby verschaffen möchten, sondern ihnen eine reale Stimme geben, um diese und all ihre wahren und erlebten Geschichten zu erzählen und unterstützt / finanziert werden. Übrigens werden mit diesen Büchern und deren Erlöse auch meine Projekte / Aktionen aktiv unterstützt.
Schaut bitte unbedingt mal rein, in diese wirklich außergewöhnlichen und ganz besonderen Bücher, es lohnt sich!

Liebe Grüße, euer Markus Bugger / „Popeye"

PS: Weitere Infos & Details zu all unseren Hunde & Tierschutz- Büchern Tierschutz- & Nothilfe-Projekten usw. findet man auf unserer Buch-Homepage:

www.hund-mit-streifen.de

Wichtiger Hinweis und in eigener Sache:

Werte und sehr geschätzte Leser dieses Buches!

Bei der Gestaltung der Kapitel kam es uns weder auf die Form oder
Schreibweise der Texte an, noch auf den Wortlaut mancher Zeilen.
Viel wichtiger war es uns, dass alle Zeilen, Texte und Kapitel das
wiedergeben, was uns das reale Leben vorgibt und was ich persönlich mit
meinen Worten berichten und euch nicht zuletzt authentisch erzählen
möchte. Frei nach dem Motto:
„Auf den Inhalt und dessen Aussage kommt es an!"
Ob da nun so manche Zeile, Text oder Kapitel den Leser wirklich berührt,
vielleicht sogar zum Nachdenken animiert, ein Lächeln ins Gesicht zaubert
oder einfach nur für unterhaltsame Lesestunden sorgt, möge nun der Leser
für sich selbst entscheiden. Wichtig für uns bei der Gestaltung dieses
Buches war es immer und ausschließlich, der Wahrheitsgehalt und natürlich
mein reales Leben! An dieser Stelle muss man natürlich anmerken, dass
vielleicht manche Themen und Texte auch Kritiker auf das Programm rufen,
oder einfach nur Menschen, die ganz anderer Meinung sind, oder lieber
vieles einfach nur „schön geschrieben" sehen / lesen möchten?!
Aber Fakt ist und bleibt; dieses Buch ist so wie es ist und spiegelt all die
Erfahrungen, Geschichten und Erlebnisse, wie ich es Tag für Tag in meinem
persönlichen Alltag erlebe und erlebt habe!

Um schon hier im Vorfeld einer gewissen Buch-Kritik zu begegnen...

- ➢ **1.)** Der Preis dieses Taschenbuches
- ➢ **2.)** Fehler, Rechtschreibung und Grammatik
- ➢ **3.)** Bilder & Fotos (Farbe und Qualität)

1.) Der Preis des Buches begründet sich in erster Linie in den Druck- und Herstellungs-Vorgaben des Verlags. Hinzu kommt die Problematik, dass bei einem solchen Buch nicht gerade hohe Stückzahlen zu erwarten sind und eine sogenannte Kleinauflage schwierig zu finanzieren ist.

Auch die Tatsache, dass dieses Buch-Thema sicherlich nicht in das Schema der modernen Nachfrage und des heutigen Zeitgeistes passt und eine gewisse / notwendige Anzahl / Interesse von Lesern zu diesem Buch-Thema fehlt. Dies alles führt zu einer gewissen Problematik einer solchen Buch-Veröffentlichung.

2.) Es finden sich sicherlich im Buch gewisse Fehler, und der Fehlerteufel hat sich bestimmt in so manchem Kapitel ausgetobt?!

Manche Fehler, Wortwahl usw. im Buch sind sogar bewusst und ganz beabsichtigt so gewählt! Denn dies ist meine / unsere persönliche Sprache. Dieses Buch soll ja auch mein Leben real wiedergeben, so wie es nun mal ist, ohne etwas nur wegen der richtigen Grammatik, oder der richtigen Wortwahl oder Schriftform zu verfälschen!

Persönlich sind wir alle hier in diesem Buch weder professionelle Schriftsteller, noch Dozenten der deutschen Sprache.

Auch um die Kosten des Buches überhaupt in Grenzen halten zu können und dieses zu realisieren, konnte kein professioneller Lektor finanziert und bezahlt werden. Auch stand leider kein entsprechendes Verlags-Team oder fachliche Hilfe mir / uns in einem bezahlbaren Rahmen zur Verfügung, oder uns vor der Buch-Veröffentlichung zur Seite.

Was aber den Inhalt des Buches, die Authentizität des Geschriebenen, dem Erlebten und all die Fakten, Berichte und Geschichten angeht, entspricht dies alles meinem realen Leben.

Nur darauf kommt es wirklich an!

3.) Leider können wir in diesem Buch nicht annähernd so viele Bilder & Fotos in „Farbe" (auch in Hinsicht Druck-Qualität) veröffentlichen, wie wir es wirklich gerne gewünscht hätten! Farbliches Bildmaterial kostet hohe Aufschläge bei der Buchherstellung und dem entsprechenden Buchdruck. Daher mussten wir uns leider auf eine sehr begrenzte Anzahl von Farbfotos einschränken und dies bei der Auswahl der Bilder berücksichtigen!

Danke für das Verständnis!

Jedes Buch geht leider einmal zu Ende und irgendwann sind auch die
letzten Zeilen und Kapitel geschrieben.
Dennoch haben wir als Abschluss dieses Buches an alle Leser, Tierschützer,
Hunde-Freunde, eine sehr große „Bitte"!

**Bitte gebt nie auf zu „SUCHEN"…nach eurem Seelenhund,
der irgendwo einsam und alleine auf euch wartet, nur um euch sein
großes Herz, sein ganzes Vertrauen und seine grenzenlose Treue zu
schenken…bis zu seinem letzten Atemzug.**

Danke!

 **Ende**

Und keine Angst, liebe Freunde und sehr geschätzte Leser
unserer etwas anderen und gestreiften Bücher!
Wir kommen wieder, denn bekanntlich heißt es ja so schön:

„Nach dem Buch ist vor dem Buch!"

Denn es gibt noch so viel von all den „Vergessenen",
den Seelenhunden und auch den anderen auf vier Pfoten zu erzählen…